450 JAHRE STAATSKAPELLE BERLIN 1570–2020

Im Klang der Zeit
450 Jahre Staatskapelle Berlin

VON Detlef Giese, Ekkehard Krüger und Tobias Schwinger
MIT Illustrationen von Adam Simpson

Diese Publikation wurde dank der freundlichen Unterstützung des Vereins der Freunde und Förderer der Staatsoper Unter den Linden ermöglicht.

CARL HANSER VERLAG

INHALT

ZUM GELEIT
von Matthias Schulz und Daniel Barenboim 7

**GESCHICHTE UND GEGENWART EINES
HAUPTSTADT-ORCHESTERS. EINE EINLEITUNG**
von Detlef Giese 12

I **VON DER KANTOREI DER KURFÜRSTEN ZUR
KAPELLE DES ERSTEN KÖNIGS**
von Ekkehard Krüger 22

II **DIE NEUE ZEIT. DIE HOFKAPELLE UNTER FRIEDRICH II.**
von Tobias Schwinger 54

III **DER NEUERE GESCHMACK. DIE BERLINER HOFKAPELLE
AUF DEM WEG ZUM KONZERTORCHESTER**
von Tobias Schwinger 84

IV **VON DER BEGRÜNDUNG DER »SINFONIE-SOIREEN«
DER KÖNIGLICH PREUSSISCHEN HOFKAPELLE BIS ZUM ENDE
DES DEUTSCHEN KAISERREICHS**
von Detlef Giese 116

V **DEMOKRATIE UND DIKTATUR. DIE STAATSKAPELLE BERLIN
IN WEIMARER REPUBLIK UND NATIONALSOZIALISMUS**
von Detlef Giese 148

VI **ZWISCHEN ZWÄNGEN UND CHANCEN. VON DER »STUNDE
NULL« BIS ZUM VORABEND DER FRIEDLICHEN REVOLUTION**
von Detlef Giese 182

VII **AUFBRUCH UND KONTINUITÄT. DIE STAATSKAPELLE BERLIN
AUF DEM WEG IN DIE GEGENWART**
von Detlef Giese 220

CHRONIK
von Detlef Giese, Ekkehard Krüger und Tobias Schwinger 258

Ausgewählte Literatur 272   Register 276   Bildnachweise 283
Die Freunde und Förderer der Staatsoper Unter den Linden 286
Über die Autoren 287   Impressum 288

1570	1594	1618	1642	1666	1690	1714
1571	1595	1619	1643	1667	1691	1715
1572	1596	1620	1644	1668	1692	1716
1573	1597	1621	1645	1669	1693	1717
1574	1598	1622	1646	1670	1694	1718
1575	1599	1623	1647	1671	1695	1719
1576	1600	1624	1648	1672	1696	1720
1577	1601	1625	1649	1673	1697	1721
1578	1602	1626	1650	1674	1698	1722
1579	1603	1627	1651	1675	1699	1723
1580	1604	1628	1652	1676	1700	1724
1581	1605	1629	1653	1677	1701	1725
1582	1606	1630	1654	1678	1702	1726
1583	1607	1631	1655	1679	1703	1727
1584	1608	1632	1656	1680	1704	1728
1585	1609	1633	1657	1681	1705	1729
1586	1610	1634	1658	1682	1706	1730
1587	1611	1635	1659	1683	1707	1731
1588	1612	1636	1660	1684	1708	1732
1589	1613	1637	1661	1685	1709	1733
1590	1614	1638	1662	1686	1710	1734
1591	1615	1639	1663	1687	1711	1735
1592	1616	1640	1664	1688	1712	1736
1593	1617	1641	1665	1689	1713	1737

1738	1762	1786	1810	1834	1858	1882
1739	1763	1787	1811	1835	1859	1883
1740	1764	1788	1812	1836	1860	1884
1741	1765	1789	1813	1837	1861	1885
1742	1766	1790	1814	1838	1862	1886
1743	1767	1791	1815	1839	1863	1887
1744	1768	1792	1816	1840	1864	1888
1745	1769	1793	1817	1841	1865	1889
1746	1770	1794	1818	1842	1866	1890
1747	1771	1795	1819	1843	1867	1891
1748	1772	1796	1820	1844	1868	1892
1749	1773	1797	1821	1845	1869	1893
1750	1774	1798	1822	1846	1870	1894
1751	1775	1799	1823	1847	1871	1895
1752	1776	1800	1824	1848	1872	1896
1753	1777	1801	1825	1849	1873	1897
1754	1778	1802	1826	1850	1874	1898
1755	1779	1803	1827	1851	1875	1899
1756	1780	1804	1828	1852	1876	1900
1757	1781	1805	1829	1853	1877	1901
1758	1782	1806	1830	1854	1878	1902
1759	1783	1807	1831	1855	1879	1903
1760	1784	1808	1832	1856	1880	1904
1761	1785	1809	1833	1857	1881	1905

1906	1930	1954	1978	2002
1907	1931	1955	1979	2003
1908	1932	1956	1980	2004
1909	1933	1957	1981	2005
1910	1934	1958	1982	2006
1911	1935	1959	1983	2007
1912	1936	1960	1984	2008
1913	1937	1961	1985	2009
1914	1938	1962	1986	2010
1915	1939	1963	1987	2011
1916	1940	1964	1988	2012
1917	1941	1965	1989	2013
1918	1942	1966	1990	2014
1919	1943	1967	1991	2015
1920	1944	1968	1992	2016
1921	1945	1969	1993	2017
1922	1946	1970	1994	2018
1923	1947	1971	1995	2019
1924	1948	1972	1996	2020
1925	1949	1973	1997	
1926	1950	1974	1998	
1927	1951	1975	1999	
1928	1952	1976	2000	
1929	1953	1977	2001	

ZUM GELEIT

Ein Orchester vergisst nichts – neben der unmittelbaren Gegenwart ist immer auch die Vergangenheit präsent. Die Staatskapelle Berlin kann auf eine 450 Jahre lange Geschichte zurückblicken, in der sie die europäische Musikentwicklung mitgeformt hat – eine Geschichte, in der die Verpflichtung auf höchste künstlerische Qualität immer das entscheidende Kriterium der Arbeit war. Die Staatskapelle ist nicht nur fest im Kulturleben Berlins verankert, sie hat sich auch als Kulturbotschafter in der ganzen Welt etabliert. Von ihrem Zuhause im Herzen Berlins, der Staatsoper Unter den Linden, aus entfaltet sie vielfältige, weithin ausstrahlende Tätigkeiten, die von zahlreichen Musiktheatervorstellungen und großen sinfonischen Programmen bis zu unterschiedlichsten kammermusikalischen Formaten reichen. Hinzu kommen verdienstvolle pädagogische Aktivitäten wie die Unterstützung des Musikkindergartens, die Förderung des Opernkinderorchesters und die Mentorentätigkeit bei der Orchesterakademie. Und nicht zuletzt zeichnet ein beachtliches soziales Engagement, insbesondere für die Umwelt, die Arbeit des Orchesters im Hier und Jetzt aus.

 Wie stark die Geschicke der Staatskapelle Berlin von der Geschichte der Stadt geprägt waren, in der sie beheimatet ist, lässt sich schon an den verschiedenen Namen erkennen, die sie seit ihrem Bestehen trug. Sie wurde als Kurbrandenburgische Hofkantorei ins Leben gerufen und war etwas mehr als anderthalb Jahrhunderte als Königlich Preußische Hofkapelle bekannt. Erst seit dem Umbruch von 1918/19, seit einem guten Jahrhundert also, kennt man sie unter ihrer heutigen Bezeichnung. Schon immer nah an den Mächtigen repräsentierte und repräsentiert sie – beginnend mit ihrem Namen – den Staat, sei es die Weimarer Republik, das »Dritte Reich«, die Deutsche Demokratische Republik und seit nunmehr drei Jahrzehnten die beide deutsche Nachkriegsstaaten vereinigende Bundesrepublik Deutschland. Die Wandlungen und Brüche der Geschichte sind dabei nur zu gut erkennbar.

 Wenn ein Orchester 450 Jahre alt wird, ist das ein Grund zum Feiern. Wenn es sich dabei noch um eine Berliner Kulturinstitution handelt, erst recht, gilt Berlin doch als eine im europäischen Maßstab recht junge Metropole. Lange bevor die Stadt der pulsierende internationale Sehnsuchtsort wurde, der sie heute ist, diente sie als Residenz der brandenburgischen Kurfürsten und preußischen Könige. Als deutsche Reichskapitale entwickelte sich Berlin im frühen 20. Jahrhundert im Zuge einer enormen Dynamik zu einer der bevölkerungsreichsten europäischen Städte überhaupt. Die Hybris des nationalsozialistischen Regimes, das die Stadt zu einer monströsen »Welthauptstadt Germania« ausbauen wollte, ließ am Ende Trümmer zurück, dazu unendliches Leid. Die nach dem Ende des Zweiten Weltkriegs vollzogene, immer striktere Spaltung in Ost und West mündete in den Bau der Berliner Mauer, die nicht nur einen Schnitt mitten durch die Stadt machte, sondern knapp drei Jahrzehnte weltweit als Symbol für die radikale Differenz zweier Gesellschaftssysteme diente. Diese Historie ist mit Berlin und seinem traditionsreichsten Orchester untrennbar verbunden.

Von 2015 an haben wir an der Staatsoper Unter den Linden insgesamt fünf Symposien veranstaltet, bei denen die prägenden Ereignisse, Entwicklungen und Personen der Staatskapelle thematisiert worden sind, von 1570 bis zur Gegenwart. Die Berliner Stadtgeschichte, die Geschichte Preußens, Deutschlands und Europas waren dabei immer wesentliche Bezugspunkte. In diesen Symposien, die einmal pro Saison im Schloss Charlottenburg – ein zentraler historischer Ort, an dem die Hofkapelle im ausgehenden 17. und 18. Jahrhundert präsent war – oder in der Staatsoper selbst stattfanden, wurde die Substanz für das vorliegende Buch erarbeitet. Bei der vorliegenden Publikation handelt es sich jedoch um keine wissenschaftliche Veröffentlichung, vielmehr um eine zusammenfassende Darstellung, die primär die großen Entwicklungslinien in den Blick nimmt, mitunter aber auch Details beleuchtet. Den Leserinnen und Lesern dieses Buchs wird die faszinierende Geschichte eines Orchesters präsentiert, die essentiell von einer Vielzahl von Informationen, Einordnungen und Deutungen lebt. Markante historische Einschnitte bilden dabei die Gliederungspunkte für die einzelnen Kapitel. Ergänzt werden die Texte durch aussagekräftige Schrift- und Bilddokumente, die nach intensiver Sichtung aus verschiedenen Archiven zusammengetragen worden sind, vornehmlich aus dem Landesarchiv Berlin und aus der Theatersammlung der Stiftung Stadtmuseum Berlin.

Wir danken dem Carl Hanser Verlag München, insbesondere Maria Platte und Antje Bieber, dass nach dem Band »Diese kostbaren Augenblicke«, der 2017 den Wiedereinzug der Berliner Staatsoper in das Haus Unter den Linden begleitet hat, erneut eine für uns so wichtige Publikation zustande gekommen ist. Danken möchten wir natürlich auch den drei Autoren Detlef Giese, Ekkehard Krüger und Tobias Schwinger, die sich auf das Wagnis eingelassen haben, auf der Basis von bereits vorhandenen und neu erschlossenen Materialien eine kohärente, in sich stimmige Erzählung und Chronologie der reichhaltigen, in ihrer Gesamtheit kaum zu überblickenden Kapellgeschichte zu schreiben. Auch Annette Thomas, Bärbel Reissmann und Anne Franzkowiak danken wir für ihre fachliche Hilfe und freundliche Unterstützung bei der Archivarbeit. Bei der Durchsicht aller Texte und

Abbildungen hat nach den »Kostbaren Augenblicken« wiederum Daniel Schreiber hervorragende Lektoratsarbeit geleistet – ihm gilt unser Dank ebenso wie unserer Agentur Herburg Weiland in München, in deren Händen die grafische Gestaltung dieses Buches lag. Unsere Orchesterdirektorin Annekatrin Fojuth hat das Projekt inhaltlich und organisatorisch wesentlich mitgetragen. Und Susanne Lutz, unsere Marketingleiterin, hat diese Buchpublikation entscheidend koordiniert und mit großer Umsicht zum Ziel gebracht, vielen Dank auch dafür.

Ohne die großzügige Hilfe des Vereins der Freunde und Förderer der Staatsoper Unter den Linden schließlich wäre dieses Buch nicht denkbar gewesen. Unser herzlicher Dank gilt deshalb dem Vorstand und allen Mitgliedern dieser für unser Haus so wichtigen Vereinigung, die in vielfältiger Weise unsere Arbeit unterstützt.

Für die Zukunft ist die Staatskapelle Berlin gut aufgestellt. Herausforderungen, so lehrt uns die Geschichte, gibt es immer wieder, sie werden auch künftig nicht ausbleiben. Gerade erleben wir das erneut und unerwartet im Kontext der Corona-Pandemie und der von ihr verursachten Einschnitte in den Spielbetrieb, die das Jubiläumsjahr 2020 betroffen haben. Staatsoper und Staatskapelle Berlin sind stark genug, um auch diese Krise zu überstehen – das über Jahrhunderte gewachsene »große Ganze« wird dadurch nicht in Frage gestellt, vielmehr ist auch diese gewiss nicht einfache Phase zum Teil der eigenen Geschichte geworden. Mit großer Zuversicht sehen wir deshalb dem entgegen, was die nächsten Jahre und Jahrzehnte bringen werden – für ein Orchester, dessen Musikerinnen und Musiker sich tagtäglich leidenschaftlich engagieren und es immer wieder neu beleben, im Klang der Zeit.

Matthias Schulz,
Intendant der Staatsoper Unter den Linden

Daniel Barenboim,
Generalmusikdirektor der Staatskapelle Berlin

GESCHICHTE UND GEGENWART EINES HAUPTSTADT-ORCHESTERS. EINE EINLEITUNG

VON   Detlef Giese

Musik ist eine Zeitkunst. Sie vollzieht sich in einem Kontinuum von Augenblicken. Ihr Anfang und ihr Ende sind von Stille begrenzt, mal mehr, mal weniger trennscharf, aber immer offensichtlich. Die Geschichte und ihr Verhältnis zur Zeit hingegen sind von anderer Natur. Ursprünge von Phänomenen liegen oft im Dunkeln. Entwicklungs- und Wandlungsprozesse werden oft erst mit einem gewissen historischen Abstand begreiflich. Die Vergangenheit erfordert Deutungen, die sich selbst immer wieder verändern. Trotzdem kann der Blick auf die Musik uns Wesentliches für unser Verständnis der Geschichte lehren: Wie diese ist sie an Maß und Zahl gebunden, wie diese appelliert sie an unsere Emotionen. Sie hat das Potenzial, die Welt mit all ihren Wandlungen als ein Ganzes zu umfassen.

Im Kosmos eines Orchesters wirken auf komplexe Weise Individuen zusammen, die trotz aller Verschiedenheiten ein gemeinsames Ziel eint. Im Idealfall besteht dieses Ziel darin, ein musikalisches Werk von Kunstcharakter bestmöglich zu Klang werden zu lassen und unwiederholbar mit auratischer Wirkungskraft in das Hier und Jetzt zu überführen. Oper und Konzert lassen sich in diesem Sinne als die öffentlichen Plattformen und Bewährungsproben für ein musikalisches Ensemble verstehen – auch über den Wandel der Zeiten hinaus. Seine Mitglieder kommen und gehen, das Orchester aber, der »Klangkörper«, bleibt, oft über lange Zeiträume und Epochenzäsuren hinweg, als Ausdruck einer Konstanz, die ganz real mit Leben erfüllt ist.

Wenn eine Institution so lange existiert wie die Staatskapelle Berlin, bedarf es schon eines kurzen Innehaltens, um die Dimensionen dieser Geschichte zu begreifen. 450 Jahre sind eine lange Zeit, vor allem, wenn man über eines der großen Traditionsorchester Europas spricht. In ihrem Ursprung war die Staatskapelle Berlin eine höfische Institution. Sie wurde um 1570 als Kurbrandenburgische Hofkantorei ins Leben gerufen. Die Initiative zur Gründung des Ensembles war vom brandenburgischen Kurfürsten Joachim II. selbst ausgegangen; vor allem sollte es repräsentativen Zwecken dienen.

Führt man sich das Berlin des Gründungsjahrs des Ensembles vor Augen, denkt man an machtvolle gotische Kirchen, das durchaus prächtige Schloss eines Renaissancefürsten, respektable Bürgerhäuser und viele beengte Behausungen für eine Stadtbevölkerung, die kaum ein paar Tausend Menschen zählte. Trotz seines Status als Residenz eines Kurfürsten des Heiligen Römischen Reichs Deutscher Nation war die Doppelstadt Berlin-Cölln ein vergleichsweise unbedeutender Ort, sowohl in politischer als auch in kultureller Hinsicht. Und doch wurde hier zu einem im europäischen Vergleich überraschend frühen Zeitpunkt ein Musikensemble ins Leben gerufen. Mit dem heutigen großen, leistungsfähigen und in der Öffentlichkeit präsenten Orchester hatte dieses Ensemble nur wenig zu tun. Es umfasste nur einige Sänger und Instrumentalisten, spielte aber anspruchsvolle Hofmusik zu geistlichen wie weltlichen Anlässen.

Die Nähe zur Macht sollte auch in den kommenden Jahrhunderten eine entscheidende Rolle für das Leben der Berliner Hof- und Staatskapelle spielen. Zu Beginn des 18. Jahrhunderts wurde sie zur Königlich Preußischen Hofkapelle. Standen die Musiker anfangs im Dienst der Kurfürsten von Brandenburg, waren sie von nun an den Königen von Preußen verpflichtet, die ab

Die Staatskapelle Berlin
vor dem Opernhaus Unter den Linden, 2019

1871 auch die Kaiser des Deutschen Reichs stellten. Knapp dreieinhalb Jahrhunderte war das Orchester mit der Dynastie der Hohenzollern verbunden. Das sollte sich erst 1918 mit dem Untergang der alten Ordnung ändern. Aus der Hofkapelle wurde eine Staatskapelle. Trotz des rasanten Wechsels politischer und gesellschaftlicher Systeme – von der Weimarer Republik über die nationalsozialistische Diktatur, von der DDR bis zum wiedervereinigten Deutschland – sollte sie auch in den folgenden 70 Jahren immer ein enges Verhältnis zu den Mächtigen pflegen. Gemessen an der Existenzdauer des Klangkörpers macht diese Epoche lediglich einen kurzen Abschnitt aus. Doch nicht zuletzt sorgte diese Zeit außergewöhnlicher Ereignisdichte dafür, dass die zahlreichen Brüche der deutschen Geschichte bis heute im Orchester nachwirken.

450

450 Jahre sind ein Zeitraum, der sich kaum überblicken lässt. Von der gemischten vokal-instrumentalen Musikergruppe der Anfangsphase bis zum heutigen modernen Opern- und Sinfonieorchester war es ein langer Weg. Diesen Weg nachvollziehbar und möglichst unverstellt erlebbar zu machen, ist die grundlegende Absicht der hier versammelten, chronologisch geordneten Texte. Letztlich entstand dieses Buch aus dem Bewusstsein heraus, dass die Entwicklung einer so zentralen Kulturinstitution in ihrer Gesamtheit beleuchtet und dokumentiert werden muss. Dass sich dabei kein Anspruch auf Vollständigkeit erheben lässt, liegt in der Natur der Sache. Geschichte lässt sich nie bis in ihre feinsten Verästelungen erzählen, dafür umfasst sie zu viele Ereignisse, zu viele Personen tragen zu ihr bei. Genauso wenig lässt sich ein Anspruch auf unstrittige Wahrheiten erheben. Historische Quellen lassen sich zum Sprechen bringen, doch das, was sie sagen, bleibt notwendigerweise immer auch eine Frage der Interpretation.

Anliegen und Ziel dieser Veröffentlichung ist es, auf wissenschaftlichen Erkenntnissen basierend die zentralen Wegmarken der reichen Historie der

Berliner Hof- und Staatskapelle in den Blick zu nehmen. Prägende historische Zäsuren allgemeingeschichtlicher und institutionsgeschichtlicher Art gaben dabei eine organische Gliederung vor. Manches mag vertraut wirken, anderes hingegen scheint aus einer unbekannten Ferne hervorzuleuchten. Nicht wenige Themen und Aspekte werden hier zum ersten Mal überhaupt zur Sprache gebracht.

Die Entfaltung der Staatskapelle Berlin war stets an die Entfaltung ihrer Heimatstadt gekoppelt, zu deren bedeutendsten kulturellen Symbolen sie sich zählen darf. Wie die Stadt zwischen Spree und Havel selbst befand sich die Kapelle nicht immer in sicherem Fahrwasser und durchlebte Blüte- und Krisenzeiten. Auch stellt sich die Frage, ob es seit 450 Jahren tatsächlich eine ununterbrochene Kontinuität der Institution gegeben hat, vor allem im Blick auf die weitgehende Auflösung der Berliner Hofkapelle im Jahr 1713, auf Befehl des »Soldatenkönigs« Friedrich Wilhelm I. Fest steht jedoch, dass das Orchester über eine Zeitspanne, die in ihrer Ausdehnung außergewöhnlich ist, an führender Stelle in der Stadt, im Land und in Europa präsent war. Spätestens mit der Eröffnung des Opernhauses Unter den Linden Ende 1742 gab es auch einen deutlich sichtbaren Ausdruck dieser Präsenz, eine steingewordene »Heimat« der Institution im Herzen Berlins. Trotz mehrmaliger Zerstörung und wiederholter Auf- und Umbauten hat sich dieses Zuhause gehalten. Dieser Ort ist identitätsstiftend geworden, obgleich die Berliner Hof- und Staatskapelle an vielen weiteren Spielstätten in Berlin und Potsdam wirkte. In der jüngeren Vergangenheit kamen zahlreiche Auftritte an anderen Orten hinzu, im nationalen wie im internationalen Maßstab.

    Zum Wesen dieses Orchesters gehört, seinen Teil zum Gelingen der Musiktheatervorstellungen beizutragen, die nahezu alltäglich im Opernhaus stattfinden. Mit der Zeit hat es sich den Ruf erworben, Opern und Ballette auf höchstem künstlerischem Niveau zu spielen. Dazu trat aber genauso bald

Der Zuschauerraum nach der Generalsanierung
des Opernhauses, 2018

die Aufgabe, als eigenständiger Klangkörper konzertante Aufführungen zu gestalten. Das 19. Jahrhundert, in dem sich das Konzertwesen mit seinen Normen und Standards herausbildete, ließ dann endgültig jene »Doppelnatur« entstehen, für die die Berliner Staatskapelle bis heute bekannt ist: Sie ist Opern- und Sinfonieorchester zugleich. Die beiden gleichberechtigten Tätigkeitsfelder sind nicht voneinander zu trennen und befruchten sich gegenseitig. Sie sind fest in der DNA des Klangkörpers verankert. Das Selbstverständnis des Ensembles speist sich ganz wesentlich aus der Sicherheit, seit mehr als zwei Jahrhunderten in beiden Bereichen künstlerische Höchstleistungen zu vollbringen. Dabei sind nicht nur die »großen Formen« maßgeblich, auch das kammermusikalische Spiel, in all seiner Vielfalt und seiner ihm eigenen Klangkultur, zählt dazu.

Die Königlich Preußische Hofkapelle gehörte zu den ersten Orchestern überhaupt, die ihre Konzerttätigkeit institutionell regelten und in der Öffentlichkeit zu etablieren wussten. Während größere Konzerte mit reinsinfonischem oder vokalsinfonischem Repertoire lange eher anlassbezogen und sporadisch veranstaltet wurden, kam es 1842 zur Begründung einer regelmäßigen Konzertreihe, die vorbildhaft für andere Orchester wurde. Die »Sinfonie-Soireen« brachten der Berliner Hofkapelle neue Aufmerksamkeit und Wertschätzung ein, beim Publikum wie in der Presse, bald auch außerhalb der Stadt. Bis heute besteht diese Konzertreihe fort, die das Rückgrat der Aktivitäten des Ensembles bildet. Die verantwortungsbewusste Pflege der großen klassisch-romantischen Sinfonik, so wie sie bereits im mittleren und späten 19. Jahrhundert praktiziert worden ist, ist immer noch ein zentraler Bestandteil seiner Arbeit. Hinzu kommt die nicht minder intensive Beschäftigung mit dem vorklassischen Repertoire und dem der »Klassischen Moderne«.

Es spricht für die Staatskapelle Berlin – und nun ist dieser seit »erst« rund einem Jahrhundert aktuelle Name auch alleingültig angebracht –, dass der Horizont bei diesem Kernrepertoire nicht endet, sondern prinzipiell offenbleibt. Zu ihren Tugenden gehört auch die Auseinandersetzung mit der Musik der Gegenwart. Uraufführungen zählen dazu, ebenso wiederholte Darbietungen selten gespielter Musik des späten 20. und frühen 21. Jahrhunderts, trotz der häufig großen aufführungspraktischen Herausforderungen, die damit verbunden sind. Dieses Bestreben lässt sich als ein wichtiger Teil der Identität des Orchesters verstehen. Die Musik der jeweiligen Gegenwart bot schon immer wesentliche Bezugspunkte.

Innovative Tendenzen haben hier eine lange Geschichte, wenngleich der Wille, etwas dauerhaft zu bewahren, sich gelegentlich einen spürbar stärkeren Raum verschaffte. Friedrich II. etwa ließ zeit seines Lebens – und er regierte immerhin fast ein halbes Jahrhundert – von seinen einmal gefassten ästhetischen Überzeugungen nicht ab, weshalb die Berliner Hofmusik während und nach seiner Herrschaft oft als »altmodisch« galt. Die Sinfoniekonzerte des mittleren und späten 19. Jahrhunderts prägte ein gewisser konservativer Grundton, wurde doch immer wieder ein fest umrissenes Repertoire ohne sonderlich viele neue Impulse repetiert. Doch immer dann aber, wenn sich das Bewusstsein für Tradition mit einem Sinn für wirklich Neues verband, ergaben sich oft völlig unerwartete künstlerische Impulse, gar Höhenflüge. Man denke nur an die Zwanzigerjahre, in denen die an künstlerischen Entwürfen und Perspektiven so reiche »Weimarer Kultur« in der Staatskapelle Berlin einen geradezu idealtypischen Protagonisten fand.

    Auch wenn in den hier vorliegenden Texten vor allem der »Klangkörper« per se in seinen Strukturen und Wandlungen beschrieben wird, kann man die Geschichte eines Orchesters nicht von jenen Personen trennen, die mit ihrer Arbeit und ihrem Denken seinen Charakter bestimmen und ihm Gesicht und Stimme geben. Das gilt für die vielen Musiker – in jüngerer Zeit auch Musikerinnen –, die gemeinschaftlich das Orchester zum Kollektiv gemacht haben, aber auch für die Dirigenten, die häufig eine ganze künstlerische Ära verkörpert haben. Die Hof- und Staatskapelle Berlin hat eine höchst eindrucksvolle Phalanx so bedeutender wie charismatischer Persönlichkeiten vorzuweisen, welche die Identität des Orchesters entscheidend geprägt haben.

Wer die Gelegenheit hat, einen Blick in das Konferenzzimmer der Staatsoper Unter den Linden zu werfen, wird dort eine »Ahnengalerie« mit Porträtzeichnungen und -fotos vorfinden, die diese besondere Tradition direkt erfahrbar macht. Beginnend mit Carl Heinrich Graun, dem Hofkapellmeister Friedrichs des Großen, mit dessen »Cleopatra e Cesare« das Opernhaus 1742 eröffnet wurde, ist dort ein wahres »Who's Who« der Musikgeschichte versammelt. Gaspare Spontini ist dort zu sehen, der erste »Preußische General-Music-Director«, Giacomo Meyerbeer und Otto Nicolai, zwei herausragende Komponistendirigenten des 19. Jahrhunderts oder Joseph Sucher, Felix von Weingartner, Richard Strauss, Karl Muck und Leo Blech, die zu Zeiten des Deutschen Kaiserreichs mit dem Amt des Generalmusikdirektors betraut worden waren. Für die legendären Zwanzigerjahre stehen Erich Kleiber, Otto Klemperer und Wilhelm Furtwängler ein. Neben anderen steht der junge Herbert von Karajan für das dunkle Jahrzwölft der NS-Diktatur. Die Epoche nach der Wiedereröffnung der Staatsoper 1955 wird von den beiden Generalmusikdirektoren Franz Konwitschny und Otmar Suitner repräsentiert, die in den Zeiten der deutschen Teilung für die Aufrechterhaltung des künstlerischen Niveaus des Orchesters sorgten.

    Nach der politischen Wende übergab Suitner den Taktstock des Generalmusikdirektors im Jahr 1991 an Daniel Barenboim. Die größeren Freiheiten und ausgeweiteten Gestaltungsmöglichkeiten ermöglichten einen Neuanfang, der auch mit einer Rückbesinnung auf vergangene Zeiten einherging. Die Staatskapelle Berlin ergriff die Chance, sich innerhalb der wiedervereinten Stadt und des wiedervereinten Landes neu zu positionieren und sich zugleich wieder als »das« Traditionsorchester Berlins zu empfehlen. Mit Daniel Barenboim, der im Jahr 2000 vom Orchester sogar zum »Chefdirigenten auf Lebenszeit« gewählt wurde, steht seither eine Persönlichkeit an der Spitze des Orchesters, die auch seine internationale Strahlkraft fördert.

Musik, trotz der Möglichkeit, sie dauerhaft aufzuzeichnen und als Klanggeschehen beliebig häufig zu reproduzieren, ist ihrem Wesen nach eine flüchtige Kunst, die erst in der lebendigen Kommunikation zwischen Musikern und Hörern, zwischen Orchester und Publikum, tatsächlich »wahr« wird. Ihren eigentlichen Wert erlangt sie im jeweiligen Hier und Jetzt, in ihrer unmittelbaren auratischen Wirkung – das sollte man sich immer wieder bewusst machen. Unser Leben wird, ob wir es wollen oder nicht, vom Klang der Zeit bestimmt. Zugleich können wir uns immer wieder von der Zeit der Klänge einfangen lassen, immer dann, wenn wir der Musik lauschen und ihre sinnliche Schönheit, ihren vielschichtigen Ausdruck, ihre eigentümliche, nicht restlos erklärbare Kraft spüren. Wann immer wir ein Orchester mit Musik von Bach und Händel, Mozart und Beethoven, Schubert und Schumann, Brahms und Bruckner, Wagner und Verdi, Strauss und Mahler, Berg und Strawinsky oder auch mit Rihm und Boulez hören – die Aufzählung ließe sich beliebig fortsetzen –, können wir Teil dieser Magie werden, einer Magie, die Geschichte und Gegenwart miteinander verbindet. Die Staatskapelle Berlin arbeitet schon unglaubliche 450 Jahre an der Kreation dieser Magie. Ihre lange und wechselvolle Historie lässt sich als ein Garant dafür verstehen, dass sich dieser rätselhafte, oft überraschende und beglückende Zauber auch in Zukunft einstellen wird – immer dann, wenn die Musikerinnen und Musiker zusammenkommen, um mit all ihrem Wissen und Können Klänge zum Leben zu erwecken, die uns berühren und bewegen.

22

1570—

KAPITEL
I

1740

VON DER
KANTOREI DER KURFÜRSTEN
ZUR KAPELLE
DES ERSTEN KÖNIGS

VON   Ekkehard Krüger

KAPITEL
I

Geschichtsschreibung ist nie ohne eine gewisse Willkür möglich. Wenn man vom 450. Jubiläum der Berliner Staatskapelle spricht, ist das gleich in zweierlei Hinsicht nicht ganz korrekt. Zum einen: Kann man das Gründungsdatum eines musikalischen Ensembles überhaupt genau benennen, wenn es so weit in der Vergangenheit liegt? Gab es diesen einen Punkt, an dem etwas wirklich Neues ins Leben gerufen wurde? Oder stoßen wir mit solch einem Datum nicht eher willkürlich in den Fluss historischer Vorgänge hinein? Zum anderen: Die Wurzeln der Berliner Staatskapelle liegen nicht in Berlin, sondern in Cölln, der auf der Spreeinsel gelegenen, bis 1710 selbständigen historischen Schwesterstadt Berlins. Darüber hinaus: Wäre es nach den Bürgern beider Städte gegangen, hätte es überhaupt keine Kapelle gegeben.

1411 war der Nürnberger Burggraf Friedrich VI. aus dem schwäbischen Hohenzollerngeschlecht von König Sigismund zum »rechten Obristen und gemeinen Verweser und Hauptmann« der verlotterten und in Adelsfehden versunkenen Mark Brandenburg ernannt worden. Attraktiv war das Amt in dem armen Landstrich nicht. Doch anders als seine Vorgänger konnte Friedrich damit rechnen, dass ihm die Markgrafschaft und die damit verbundene Kurwürde zufallen würden, wenn es ihm gelänge, Recht und Ordnung wiederherzustellen. Durch großen Einsatz vollbrachte er das Unmögliche, und zum Lohn erhielt er auf dem Konzil von Konstanz 1415 die Titel eines Markgrafen und Kurfürsten. Aus dem Burggrafen Friedrich VI. wurde Friedrich I. von Brandenburg.

Auf Friedrich I. folgte 1440 Friedrich II., der seinem Vater im Kampf um die Durchsetzung seiner Rechte als Landesherr des Kurfürstentums, zu dem die Alt-, Mittel-, Neu- und Uckermark, Ruppin und Prignitz gehörten, nicht nachstand. Er erwarb sich sogar den Beinamen »der Eiserne« oder »Eisenzahn«. Noch hatte Brandenburg keine Residenz, ein Großteil der Regierungsgeschäfte wurde auf der Plassenburg über dem fränkischen Kulmbach, der Heimat des Adelsgeschlechts, geführt. Als Kanzlei und Wohnort nutzte Friedrich bei seinen Aufenthalten an der Spree das Hohe Haus in der Klosterstraße in Berlin.

Bald musste ein modernes, schlossähnliches Gebäude als Familienresidenz und Verwaltungssitz her. Nachdem Friedrich II. 1442 die beiden Städte Berlin und Cölln unterworfen hatte, suchte er sich eine bereits bebaute Fläche auf der Spreeinsel als Bauplatz aus, zwischen der nördlichen Cöllner Stadtmauer und dem Dominikanerkloster. Am 31. Juli 1443 legte er den Grundstein. Doch er hatte nicht mit dem schwelenden Machtkampf mit den alten Ratsfamilien, Zünften und der Bürgerschaft gerechnet. Der jahrelange Boykott der Bauarbeiten erreichte im »Berliner Unwillen« 1448 einen Höhepunkt und führte gar zu einer Flutung der Baustelle. Erst 1451 konnte Friedrich II. sein neues Haus beziehen. Wahrscheinlich handelte es sich um eine quadratische Anlage um einen Hof. Das über 80 Meter lange, dreigeschossige Wohngebäude blickte auf die Spree und schloss eine Kapelle ein. Es dürfte sich um eines der ersten Stadtschlösser im norddeutschen Raum gehandelt haben.

War der Kurfürst anwesend, wird es zur Tafel, zum Tanz, beim Empfang von Gästen, bei Festen und in der Schlosskapelle Musik gegeben haben. Wer dafür verantwortlich war und ob es sich bei den Instrumentalisten und Sängern um professionelle Musiker des Hofes, aus den Nachbarstädten oder um Kräfte aus der Dienerschaft gehandelt hat, wissen wir nicht.

Belehnung Friedrichs von Hohenzollern mit der Mark Brandenburg
auf dem Konstanzer Konzil, Zeichnung von 1465

Rekonstruktion der ursprünglichen Erasmus-Kapelle im
Berliner Stadtschloss, Zeichnung von 1936

Doch was die Kirchenmusik betrifft, fließen die Quellen reicher. Die Erasmus-Kapelle seines Schlosses hatte Friedrich 1450 zur Pfarrkirche erheben lassen. Die nächste Rangerhöhung folgte 1465. Die Kapelle wurde Heimstatt einer Gemeinschaft von Klerikern, eines Kollegiatstifts aus neun Kanonikern mit Residenzpflicht, die nicht von einem Bischof, sondern vom Kurfürsten selbst bestimmt wurden und ihm oft als Räte dienten. Neben dem Domstift in Brandenburg an der Havel, zu dessen Diözese Berlin und Cölln gehörten, gab es nun auch an der Spree ein sogenanntes Domstift. Die ursprüngliche Schlosskapelle wurde bald wie eine »Ersatzkathedrale« des Bistums behandelt. Das gemeinsame Leben der Geistlichen beschränkte sich – anders als bei den Mönchen im benachbarten Dominikanerkloster – auf die Teilnahme an den Messen und Stundengebeten. Um diese Feiern würdiger zu gestalten und um Nachwuchs auszubilden, wurden 1465 fünf Chorschüler angestellt.

Kurfürst Joachim II. schließlich verfügte 1536, dass die Dominikaner das benachbarte Kloster verlassen und nach Brandenburg-Neustadt umsiedeln sollten. Dadurch entstand Platz für den Wechsel des Domstifts in die viel größere Kirche des Bettelordens neben dem Schloss. Ein fester Verbindungsgang auf Pfeilern machte die Zugehörigkeit zur Residenz sichtbar. Joachim eiferte seinem Onkel, Luthers liebstem Feind Kardinal Albrecht nach. Er organisierte das Cöllner Domstift ganz nach dem Muster des Neuen Stifts in Halle an der Saale und trug einen großen Schatz an Reliquien zusammen. Die Werkstatt von Lucas Cranach d. J. in Wittenberg stattete Joachims Hofkirche mit einem Zyklus großer Altargemälde aus. 1539 bekannte sich der Kurfürst durch eine Abendmahlsfeier zur Reformation und behinderte nun deren Ausbreitung nicht mehr. Reliquien sammelte er weiter.

Joachim liebte nicht nur prächtige Gottesdienste mit Prozessionen und Musik. Er begann auch mit der Errichtung einer neuen Residenz. Mochten die Hohenzollern spät zur eigenen Landesherrschaft und Kurwürde in einem armen Winkel des Reichs gekommen sein und als Parvenüs gelten, Unkosten scheute er gerade deshalb nicht. Zwischen 1538 und 1545 wurde unter Leitung von Konrad Krebs und Caspar Theiß ein Um- und Neubau des Schlosses nach dem Vorbild des kursächsischen Hartenfels bei Torgau unternommen. Reste dieses Baus sollten die spreeseitige Ansicht des Berliner Stadtschlosses bis zu seiner Sprengung 1950 bestimmen. Mit dem Bau von Jagdschlössern in Grunewald, Köpenick, Grimnitz, Spandau, Rüdersdorf, Groß Schönebeck und Zossen schuf Joachim darüber hinaus nicht nur eine Residenzlandschaft und häufte einen riesigen Schuldenberg an, er etablierte damit auch Orte, an denen sich die höfische und die städtische Gesellschaft begegnen konnten. Wenn auf der Stechbahn vor dem Stadtschloss Ritterspiele, Aufzüge, Ringrennen oder Feste der kurfürstlichen Familie öffentlich gefeiert wurden, bot man dem Publikum eine prächtige Bühne. Ohne Musik sind solche Feierlichkeiten nicht vorstellbar. Leider schweigen die Chroniken über das Selbstverständliche: die Musikausübung.

Von Joachim berichtet der zeitgenössische Chronist Paul Creusing: »Die Musicam, und sonderlich die Choralem hatte S. Churf. Gn. so lieb, daß Sie selbst mit lauter stimme helffen singen in der Kirchen und offt den Chor regiert.« Und Hofprediger Andreas Musculus betonte in seiner Leichenpredigt auf den Kurfürsten, dass dieser »auß langem und stetem gebrauch, alle alten Kirchengesenge so wol und fertig außwendig kundte singen, als die Chorales aus Büchern [...]«.

Für die geistliche Musik im Dom sorgten die Domherren und ihre »Singeknaben«.

GRATVLATORIVM,
AD THOMAM MATTHIAM IV-
NIOREM FILIVM MAGNIFICI ET AM-
PLISSIMI VIRI DOMINI THOMÆ MAT-
THIÆ CONSILIARII ILLVSTRISSIMI
Electoris Brandeburgensis &c.
COMPOSITVM
A GISLENO FVRNERIO ATREBATENSI
Musico Illustrissimi Electoris Brandeburgensis &c.

TENOR

VVITEBERGÆ, Apud Hæredes Georgij Rhaw.
Anno 1 5 6 4.

Madrigal von Gislenus Furnerius, die älteste gedruckte
Komposition eines Kapellmitglieds, 1564

Turnier auf dem Schlossplatz, mit Musikern,
Stich von 1593

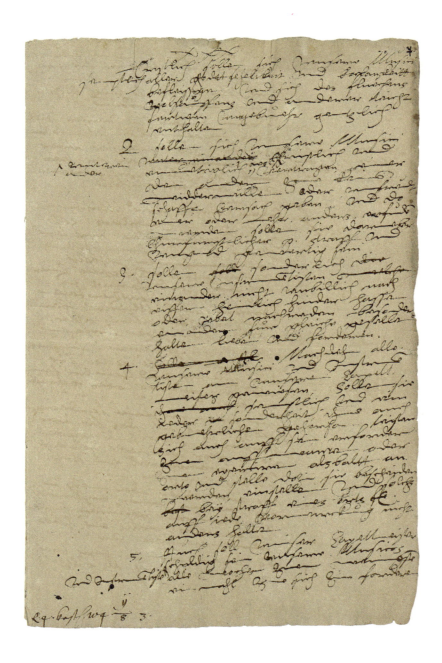

Undatierter Entwurf einer Kapellordnung,
um 1572

Die Hofordnung von 1473 spricht vom Personal »Jn der Capellen« – damit dürfte die spätere »Kapelle«, die Hofkantorei, gemeint sein. Außerdem konnten bis zu drei gleichzeitig amtierende Organisten die Tasteninstrumente in der Erasmus-Kapelle, im Dom und in den Jagdschlössern bedienen. Bis zu 13 Trompeter und Zinkenisten sorgten unter Joachim II. für die akustischen Herrschaftszeichen. Gemessen an anderen kurfürstlichen Höfen handelte es sich dabei um eine Minimalausstattung mit Musikern. Opulentere Musik zur Tafel, zum Tanz oder zum Fest ließ sich nur aufführen, wenn weitere Kräfte aus Berlin, Cölln und den dortigen Lateinschulen hinzugezogen wurden. Etwas besser mag die Lage gewesen sein, wenn die kurfürstlichen Trompeter, wie in Königsberg, auch eine Ausbildung auf anderen Instrumenten besaßen und deshalb im weiteren Sinn als »Instrumentisten« einsetzbar waren. Zumindest der 1508 angestellte Trompeter Cunz Kolbe war dazu fähig. In diesem Fall sprach man von »musikalischen« Trompetern bzw. von solchen, »die die Musik verstehen«, weil sie nach Noten spielen konnten.

J

Joachims Domkantor Fincke genoss wegen seiner »Stenthorischen Stimme« einen legendären Ruf. Der über die Grenzen des Kurfürstentums hinausreichende Ruf einiger Kapellmitglieder lässt sich gut am Beispiel von Orgelbau und Orgelspiel belegen. Der Organist Hans Goppel etwa wurde aufgrund seines Talentes von den Höfen in Königsberg, Dresden und Kassel umworben. 1557 beauftragte der Kurfürst die Brüder seines Hoforganisten Jacob Mors, Antonius und Hieronymus aus Antwerpen, mit dem Neubau einer Orgel im Dom. So erhielt er ein Instrument von den führenden Orgelbauern der Zeit. Der als Orgelspieler und Sachverständige bekannte Johannes Horneburg sollte 1596 sogar zum berühmten Treffen der 53 besten Organisten des Reichs nach Gröningen bei Halberstadt eingeladen werden.

In Kurfürst Joachims Regierungszeit fällt auch die Tätigkeit von Gislenus Furnerius aus Arras, der zwischen 1564 und 1572 als Sänger einen Jahreslohn von 75 Talern erhielt. Damit ist zum ersten Mal ein weltlicher Sänger mit einem Gehalt aus Steuermitteln des Kurfürsten benennbar. Die Vokalmusik am Hof war nun nicht mehr allein auf die singenden Geistlichen und Knaben des Domstifts, zuletzt zehn »chorales« und vier »alleluiajungen«, angewiesen, die aus geistlichen Stiftungen bezahlt wurden. Doch, vertraut man den Hofordnungen, hat es für die Gesamtheit der Sänger, Organisten, Trompeter, Zinkenisten, Pfeifer und anderen Instrumentisten zu Joachims II. Zeiten nach wie vor keine gemeinsame Leitung und auch noch keinen Oberbegriff wie »Kantorei« oder »Kapelle« gegeben.

Warum setzt man für die Gründung der Berliner Hofkapelle das Jahr 1570 an? Erst in der jüngeren Geschichte lässt sich eine Antwort auf diese Frage finden. Als Beweise für die Existenz einer kurbrandenburgischen Hofkantorei unter Kurfürst Joachim II. werden Texte herangezogen, die der Bibliothekar Gottlieb Friedländer im Königlichen Hausarchiv entdeckt hatte und 1840 der Öffentlichkeit als »Kapellordnung« und Fragment einer weiteren Kapellordnung vorstellte. Die Erfindung des Jahres 1570 als Entstehungsjahr dieser »Kapellordnungen« und gleichzeitig als Gründungsjahr einer Hofkapelle geht auf Louis Schneider und seine »Geschichte der Oper und des Königlichen Opernhauses in Berlin« von 1852 zurück. Erst der Musikwissenschaftler Martin Ruhnke machte 1963 in seinem Buch »Beiträge zur Geschichte der deutschen Hofmusikkollegien im 16. Jahrhundert« darauf aufmerksam, dass die undatierten Texte bisher unvollständig wiedergegeben worden waren. Man muss tatsächlich von drei Texten sprechen: von einem »improvi-

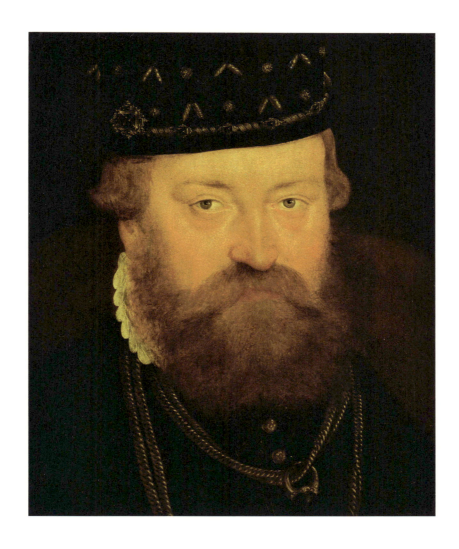

35

Kurfürst Johann Georg von Brandenburg,
Gemälde von Lucas Cranach d. J., 1564

sierten« Entwurf und zwei »klarer formulierte[n] und straffer gegliederte[n] Kantoreiordnungen«. Der Inhalt dieser Kantoreiordnungen gliedert sich in insgesamt neunzehn Punkte. Der vielsagende Beginn der offenbar jüngsten Fassung kommt ähnlich auch in den anderen Fassungen vor: »Erstlich sollen sich vnsere Musici semptlich aller godttseheligkeit vnd Erbarkeitt befleissigen vnd sich des fluechens, volsauffens vnd anderer leichtfertigen vngebuehr gentzlich enthalten.«

I

In wechselnder Anordnung und Ausführlichkeit geht es in diesen Dokumenten um Fragen des Lebenswandels der Musiker, den Gehorsam der »Senger, Organisten, Geiger, harpfenisten vnd Zinckenbleser« gegenüber dem Kapellmeister, um Streitfälle zwischen Musikern und deren Schlichtung, Strafen für unentschuldigtes Fernbleiben oder schwere Fehler beim Musizieren und um die Regeln für die Verteilung der Trinkgelder. Es wird auch bestimmt, dass die Kantoreimitglieder dienstags und donnerstags jeweils zwei Stunden zu Proben zusammenkommen. Als Einsatzorte und Gelegenheiten zum Musizieren werden genannt: Empfänge fremder »Herrschaften« und Gesandter, die kurfürstliche Tafel, wo mit »Singen, Jnstrumenten vnd Geigen, darnach auch andern alß Zincken Krumphörner, Kwer vnd Blockpfeiffen« aufgewartet werden soll, die abendliche Unterhaltung, Wochentagspredigten in der Schlosskapelle und an Sonn- und Feiertagen die Gottesdienste im Dom und anderen Berliner und Cöllner Kirchen. Lateinische Messen und Motetten standen noch im Vordergrund. Auf die musikalische Hilfe aus den Lateinschulen konnte man noch nicht verzichten, wenn es prächtig werden sollte.

Martin Ruhnke stellte auch die tradierte Datierung der Kantoreiordnungen durch Louis Schneider in Frage. Die Konstellation der vereinzelt auftauchenden Personennamen sei mit dem Jahr 1570 und den Lebenswegen der Musiker nicht vereinbar.

Nichts spricht gegen Ruhnkes Beobachtungen. Zum Kontext der undatierten Kantoreiordnungen gehört eine Urkunde vom 11. November 1572, die die Ernennung von Johann Wesalius zum »obersten Capellmeister« des Kurfürsten dokumentiert. Seine Berufung und die Anstellung von »sieben Gesellen als zu Cantoressen und dartzu drey Jungen, Discantisten« sowie von zwei Instrumentisten und deren Gesellen sollten der »Anrichtung und Bestellung einer Cantorey« dienen. Die Hoforganisten wurden ebenfalls Wesalius unterstellt. Ausgestellt wurde diese Urkunde aber nicht mehr vom 1571 verstorbenen Kurfürsten Joachim II., sondern von dessen Sohn und Erben Johann Georg. Dieser darf also als der eigentliche Gründer der Hofkantorei gelten.

Aus dem Hofstaat seines Vaters übernahm Johann Georg den niederländischen Sänger Gislenus Furnerius, zwei Organisten und ein reduziertes Trompeterkorps aus vier Trompetern und einem Zinkenisten. Ob dieses Kernensemble nicht auch schon Statuten besaß, lässt sich heute nicht mehr sagen. Das Fehlen diesbezüglicher Quellen spricht nicht dagegen. Im preußischen Königsberg, in Dresden und Ansbach hatte man für die Belange der Hofmusik zwischen 1541 und 1564 längst stark besetzte, förmliche Kantoreien gebildet. Das Jahr 1572 markiert in der Kapellgeschichte trotz fehlender Datierung der Statuten einen Einschnitt. Kurfürst Johann Georg wertete die kleine Schar seiner Musiker durch die Berufung zusätzlicher Kräfte und von Wesalius als Leiter auf, vereinheitlichte sie in Rang und Status und stellte sie der Domstiftsmusik und den Trompetern als eigenes Ensemble gegenüber. Eine gemischte Hofkantorei aus Sängern und Instrumentalisten war entstanden.

Wie Johann Wesalius, der Sänger Furnerius und die Orgelbauer Mors stammten die

Geiger Johann de Vaulx und Johann Janin sowie der Zinkenist Jost Rosier aus den »Niederlanden«. Das Engagement von Musikern aus dem niederländisch-belgisch-nordfranzösischen Raum war typisch für das 16. Jahrhundert. Auch die beliebtesten Komponisten jener Zeit waren Niederländer, unter ihnen Jacobus Clemens non Papa und Orlando di Lasso.

Sehr wertvoll ist die im Januar 1580 von Johann Georg erlassene ausführliche Kantoreiordnung. Ihr ist etwa zu entnehmen, dass der Kurfürst in der Kirche starke Besetzungen wünschte, während die Musik in der fürstlichen Kammer »heimlicher und lieblicher« sein sollte. Aufführungspraktisch gab es noch keine strenge Grenze zwischen vokaler und instrumentaler Musik. Zwar wird bei der Tafel oder in der Kammer ein Wechsel von Gesang und Instrumentalmusik angestrebt, doch schließt die letztere ein, dass ein Knabe »zu mehrer Zierde vnnd lieblichkeit« den Diskant bei Gelegenheit »mit dareinsinge«.

Johann Georg, der wegen seiner strengen Haushaltsführung auch »Oeconomicus« genannt wurde, war bei aller Sparsamkeit dazu bereit, die Hofkantorei um neue Instrumentalisten zu vermehren und sie mit guten Instrumenten auszustatten. Kein Detail war ihm dabei zu unwichtig. Zum Beispiel bat er 1574 seinen Sohn und künftigen Nachfolger Joachim Friedrich, der damals als Administrator des Erzstiftes in Magdeburg residierte, um Hilfe, weil »wir [...] an vornehmen sonderlich blasenden Jnstrumenten mangel haben [...]« und das Erzstift solche Instrumente besitze, aber nicht benutze. Deshalb bat er, sie »zu besserer staffirung vnserer Musica und Exercirung der Instrumentisten« ausleihen zu dürfen. Johann Georg ließ auch neue Instrumente ankaufen. Und er versuchte zu klären, welche Musikalien und Instrumente ihm überhaupt gehörten. Da die Inventarisierung durch Befragung der Musiker vollzogen wurde, ist es jedoch nicht verwunderlich, dass oft nur Instrumente in »mangelbahrem« Zustand gemeldet wurden. Die gepflegteren Instrumente betrachteten ihre Spieler vermutlich lieber als die eigenen.

Ein realistisches Bild der Musikpflege lässt sich so natürlich kaum gewinnen. Bei den Notenbeständen erscheinen zeittypisch fast ausschließlich Vokalkompositionen der großen Niederländer, so zum Beispiel Messen von Josquin Desprez, Orlando di Lasso und Cipriano de Rore, Motetten von Adrian Willaert, Vertonungen von Psalmen und Sonntagsevangelien, französische und »welsche gesangk«. Als »Newe Gesangk« galten lateinische Motetten des kaiserlichen Hofkapellmeisters Philippe de Monte und neapolitanische Canzonen des Dresdner Hofkapellmeisters Antonio Scandello. Es stand also das Beste vom Besten zur Verfügung. Ob und wie diese Werke jedoch musiziert werden konnten, bleibt offen. 1586 ließ Johann Georgs Schwiegersohn, der sächsische Kurfürst Christian I., bei einem Besuch in Cölln ganz schnell seine eigenen englischen Musiker nachkommen, »damit sie bei Hofe aufwarteten«. Genügte ihm nicht, was die Musiker seines Gastgebers ihm boten?

Kurfürst Joachim Friedrich, Johann Georgs Sohn, ließ das Residenzschloss an der Spree bis 1606 um zwei Höfe vergrößern. In den zehn Jahren seiner Regentschaft herrschte in der Kantorei große Fluktuation. Von einem Spitzenwert von sieben Sängern, vier Knaben, elf Instrumentalisten und zwölf Trompetern zu Zeiten seines Vaters sank die Zahl der Musiker bis 1608 auf zwei Sänger, sechs Knaben, fünf Instrumentalisten und fünf Trompeter. Zeittypisch nahm allerdings der Anteil der Instrumentalisten zu.

Die Taufe der jüngsten Tochter des Kurfürsten konnte unter diesen Umständen nicht mehr angemessen ausgestaltet werden. Joachim Friedrich, der als Administrator für

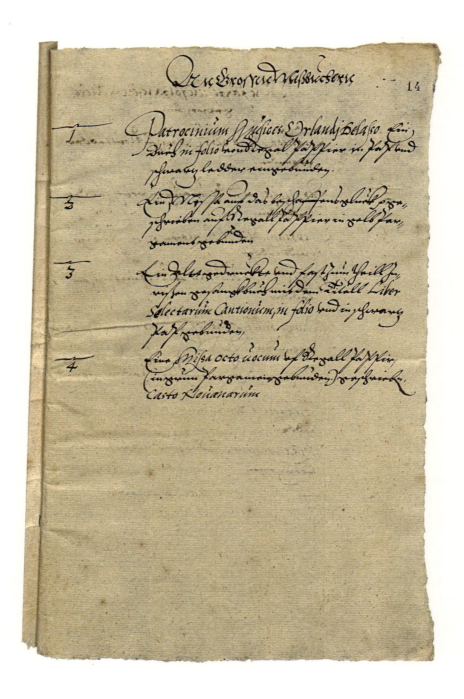

Inventar der Notenbestände, angelegt von Kapellmeister
Johann Wesalius, 1582

Kapellmeister Johannes Eccard,
Stich von 1642

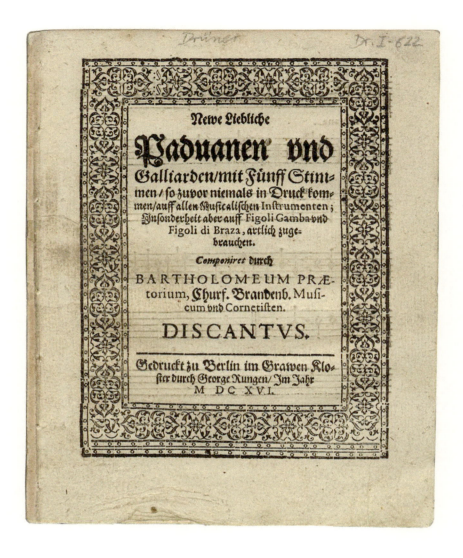

Titelblatt eines Drucks weltlicher Musik des Kapellmitglieds
Bartholomäus Praetorius, 1616

Kurfürst Georg Wilhelm von Brandenburg mit Elisabeth Charlotte,
Gemälde von Mathias Czwiczek, um 1633

»Dagegen sollen Johannes Wesalius alß vnser Oberster Capellmeister vnd gedachte Cantoressen vnd Jnstrumentisten sampt den Jungen [...] Jn vnser newen Stifftskirche zu Cöln an der Spree sowol jn der SchloßCapellen [...] wohin wir sie zugebrauchen, vornemblich aber auch wenn wir Taffel halten, oder frembde Herren bey vns sein, [...] vnd sich daneben gutes Kunstreiches vnd lieblichs Gesanges zu befleissigen.«

Dienstanweisung für Kapellmeister Johann Wesalius, die angestellten Sänger, Instrumentisten und Knaben, Auszug aus einem Vertragsentwurf, 11. Juni 1574

seinen regierungsunfähigen Schwiegervater Albrecht Friedrich auch im Herzogtum Preußen herrsche, befahl deshalb, »den Preußischen Capelnmeister, Johann Eckharten, mit seinen besten Knaben vnd Discantisten [...] vnd den besten Discant-Geigern vnd Zinkenbläsern« schnell aus dem 600 Kilometer entfernten Königsberg an die Spree kommen zu lassen. So lernte der berühmte Johannes Eccard 1607 den Cöllner Hof kennen, wo man ihn sogleich um seinen Rat zur Verbesserung des »Capelnwesens« bat.

Z u gern würde man das entsprechende Gutachten von Eccard kennen, mit dem er sich nebenbei für einen dauerhaften Wechsel nach Kurbrandenburg empfahl. Seine Anstellung als Kapellmeister im September 1608 fiel in ein Jahr mit abermaligem Regentenwechsel und Haushaltskürzungen. Vom neuen Kurfürsten Johann Sigismund erhielt Eccard 200 Taler pro Jahr und Naturalien, 120 Taler für den Unterhalt und die Ausbildung von sechs Kapellknaben sowie den Auftrag, selbständig eine nicht genannte Anzahl von »Personen, so zur Musica nöthig seynd«, zu dem schon bisher geltenden Basisgehalt von 85 Talern anzustellen. Johann Sigismund urteilte, »daß Wir so leicht seines Gleichen nicht haben können«.

Von Eccard sind ca. 300, meist geistliche, Vokalwerke erhalten, ein Drittel davon Gelegenheitswerke für Königsberger Bürger. Nach der Wiederentdeckung seiner »Preussischen Festlieder« in der Mitte des 19. Jahrhunderts wurde Eccard von dem Juristen und Musikgelehrten Carl von Winterfeld zum »preußischen Palestrina« erklärt. Johannes Brahms nahm Eccards Werke in die Programme des von ihm geleiteten Hamburger Frauenchors auf. Seither sind die gediegenen Kompositionen ein unverzichtbarer Bestandteil des Repertoires evangelischer Kirchenmusik geworden. Lange sollte Eccards Name die seiner Amtsvorgänger und -nachfolger am Cöllner Kurfürstenhof überstrahlen, auch wenn sein Wirken an der Spree durch seinen Tod 1611 auf nur drei Jahre begrenzt war und aufgrund fehlender Quellen keine Einzelheiten darüber bekannt sind.

Unter Joachim Friedrich und noch stärker unter Kurfürst Johann Sigismund sank die wirtschaftliche Leistungskraft Brandenburgs. Die Ausgaben, nicht zuletzt für die Hofkantorei, stiegen dennoch rasant an. Das 1618 ererbte, einst gut verwaltete Herzogtum Preußen wurde ausgepresst, um das glänzende Leben am Cöllner Hof zu finanzieren. Allein in den Jahren 1612 und 1613 wurden 24 neue Musiker eingestellt. Johann Sigismunds neuer Mann an der Spitze der Kapelle war Nikolaus Zangius, der zuvor als Kapellmeister an der Danziger Marienkirche tätig gewesen und auf der Flucht vor der Pest zeitweise am Hof Kaiser Rudolfs II. in Prag untergekommen war. Mit Zangius, dem das enorme Gehalt von 1.000 Talern versprochen worden war, kamen 1612 auch vier »Trommeter von Prag« nach Cölln. Außergewöhnlich viele Musiker kamen aus England, Schottland und Irland, was die Kapelle der Hohenzollern von anderen im Reich unterschied. Einer der bestbezahlten Engländer, der auch Schüler aus der kurfürstlichen Familie unterrichtete, war der Gambist Walter Rowe d. Ä., Polen wie der Geiger Adam Jarzebski und Italiener wie die Sänger Bernardo Pasquino Grassi und Alberto Maglio rundeten das Profil ab. Das Zusammenwirken dieser unterschiedlich geprägten Musiker dürfte eine Herausforderung gewesen sein, ihre stilistischen Spezialkenntnisse aber bereicherten das Ensemble. Das fiel auch den Zeitgenossen auf. Sie berichteten, dass man bei Aufenthalten des Kurfürsten in Königsberg unter der Leitung von Johann Crocker, John Spencer, Eccard oder Zangius preußische, berlinische und englische Musiker hören konnte.

1619 wurde der Geiger William Brade zum Kapellmeister ernannt. Seine Berufung illustriert die wachsende Bedeutung der Instrumentalmusik. Sänger und Knaben-Diskantisten gehörten weiterhin der Kapelle an, doch der Vorrang der Vokalmusik war gebrochen. Die rekordverdächtige Zahl von bis zu 37 Musikern und Brades Praxis, mit bis zu acht Gambisten gleichzeitig zu musizieren, erlauben den Schluss, dass auch am Cöllner Hof mehrere Streichinstrumente zuweilen dieselbe Stimme spielten, ganz wie im modernen Orchester.

J

Johann Sigismunds kurze Regentschaft zeichnete sich durch drei entscheidende Ereignisse aus. Erstens fielen ihm 1614 die erbrechtlich lange umstrittenen Gebiete im Westen des Reichs zu: das Herzogtum Kleve, die Grafschaften Mark und Ravensberg sowie die Herrschaft Ravenstein an der Maas. Zweitens konvertierte der Kurfürst am Weihnachtsfest 1613 zum Calvinismus, offenbar in der Überzeugung, so die in Brandenburg nur halbherzig vollzogene Reformation vollenden zu können. Und als 1618 sein Schwiegervater Albrecht Friedrich von Preußen – wie sein Vater vor ihm hatte Sigismund eine Tochter des gemütskranken preußischen Herzogs geheiratet – starb, erbte er drittens das Herzogtum Preußen. Ernten konnte er diese Früchte nicht mehr. Nach mehreren Schlaganfällen starb er ein Jahr später.

Sein Thronfolger, Kurfürst Georg Wilhelm, hielt sich oft für mehrere Jahre in der weit entfernten Königsberger Residenz auf, fiel seine Regierung doch vollständig in die Zeit des Dreißigjährigen Kriegs. Die Mark überließ er Statthaltern. In Königsberg wurde immer noch eine eigene Hofkapelle unterhalten, 1623 und 1624 allerdings um die Hälfte der ursprünglich 18 Planstellen reduziert. Lustig ging es trotzdem zu. Englische Komödianten, ein Hofnarr und ein Hofzwerg unterhielten den Kurfürsten, der sich viele Jahre lang nur in einer Sänfte fortbewegte.

Berlin und Cölln litten hingegen unter den feindlichen schwedischen und kaiserlichen Armeen, die die beiden Städte plünderten und einquartiert werden mussten. Hungersnöte und Epidemien von Pest, Pocken und Ruhr forderten viele Tote. Das Schloss wurde baufällig. Die seit Jahren nicht mehr bezahlte Kapelle in der Cöllner Residenz wurde unter diesen Bedingungen immer kleiner, bis sie 1640, im Todesjahr Georg Wilhelms, noch sieben anwesende und zwei »beurlaubte« Instrumentalisten zählte. Die letzten Sänger waren fort. Kein Kapellmeister kümmerte sich mehr um die Ausbildung von Knaben. Nachdem die letzten Kurfürsten stets in reiferem Alter an die Regierung gekommen waren, trat mit Friedrich Wilhelm, Georg Wilhelms Sohn, im Jahr 1640 ein energischer vierundzwanzigjähriger Mann auf den Plan, der schon etwas von der Welt gesehen hatte und sogleich die Zügel in seinen weitgestreuten Ländern in die eigenen Hände nahm und straff anzog. Zunächst residierte er in Königsberg und Kleve am Niederrhein. Erst nach zehn Jahren war das Cöllner Schloss wieder bewohnbar. Es sollte auch viele Jahre dauern, bis sich die Hofkapelle wieder erholte. Ein Inventar, das Walter Rowe d. Ä. 1667 auf dem Krankenbett anlegte, zählt die ihm anvertrauten kurfürstlichen Instrumente auf, auch wenn sie »sehr mißbrauchet werden« oder gar vom Kurfürsten »wegverehrt« worden seien. Hier tauchen eine »Discant Viol de Gamben« auf, die Friedrich Wilhelm selbst gespielt hatte, zwei »Stimmwercke«, das heißt Familien von in unterschiedlichen Größen gebauten Gamben, sieben einzelne Gamben, zwei sogenannte Pandoren, lautenähnliche Zupfinstrumente, eine Harfe und eine Diskantvioline. Ein Dulzian, eine Art Fagott, ist das einzige Blasinstrument auf der Liste.

Seine 200 Mann starke Dragonerleibgarde jedoch hatte Friedrich Wilhelm 1646 mit vier Tambouren und vier in unterschiedlichen Lagen gebauten Schalmeien ausgestat-

Andreas Schlüters Entwurf für den Schlossneubau,
Kupferstich, um 1701

Arcangelo Corelli, Gemälde von Jan Frans van Douven,
um 1700

tet. In der Folge entstand eine mehrstimmige Schalmeienbläsermusik. Dass solche Entwicklungen nicht auf den engen Bereich der Militärmusik beschränkt blieben, zeigt ein Blick auf die Arbeit des Königsberger Kapellmeisters Johann Sebastiani. 1663 komponierte dieser ein »Pastorello musicale«, ein musikalisches Schäferspiel und die älteste bekannte deutsche Oper. Zur Besetzung des Pastorellos gehörten neben Gamben – mutmaßlich mit einer Violine als Oberstimme – auch »Schalmeyen«. Die Gamben tauchen im Textdruck etwas hochtrabend – als wären wir in Versailles – als »24 Violons« auf, was darauf hindeutet, dass wahrscheinlich auch die kurfürstliche Kapelle aus Cölln an der Aufführung beteiligt war. Die meist vierstimmigen Ensemblesätze Sebastianis könnten schon wie in einem modernen Orchester mit mehreren Streichern pro Stimme gespielt worden sein.

Die Stärke der Cöllner Hofkapelle schwankte unter dem Großen Kurfürsten, wie Friedrich Wilhelm nach seinem Sieg im Schwedisch-Brandenburgischen Krieg genannt wurde, zwischen acht und 13 Musikern. Hinzu kam mindestens ein Instrumentenbauer. Schwankend war leider auch die Besoldung. Mehrmals wurden die Musiker vorstellig, weil sie fast ein Jahr lang kein Gehalt mehr bekommen hatten – und dies in Zeiten, als »Arbeiten bis zum Umfallen« wörtlich zu verstehen war.

Kurfürst Friedrich Wilhelm nahm sich auch der Musik in seiner Schlosskirche an, wo er sich entgegen strengem calvinistischem Brauch vierstimmigen Psalmengesang mit Begleitung von Instrumenten und Orgel wünschte. Für die Leitung der Dommusik schlug er neben anderen Johann Crüger vor. Dieser war Kantor an St. Nicolai in Berlin und Lehrer am Gymnasium zum Grauen Kloster. Seit 1622 hatte er die städtische Kirchenmusik unter widrigsten Bedingungen auf eine Höhe gehoben, mit der der lange verwaiste Hof nicht mithalten konnte. Bereits 1647 war er vom Kurfürsten um Vorschläge zur Neuordnung der Hofkapelle gebeten worden. Eine Anstellung des stillen und ganz und gar unhöfischen Lutheraners als Domkapellmeister kam allerdings nicht zustande. Crügers Konfession scheint dabei nicht ausschlaggebend gewesen zu sein, denn mit Johann Havemann wurde wenige Jahre später ein Lutheraner Direktor der Dommusik und Kantor am reformierten Joachimsthalschen Gymnasium. Crüger schuf 1658 die »Psalmodia sacra«, eine Sammlung mit Sätzen für vier Vokal- und drei Instrumentalstimmen für den Psalmengesang im Dom. Dieses Niveau konnte leider nicht beibehalten werden. Nur wenige Jahrzehnte später war im Dom der einstimmige Gesang wieder die Norm.

U

Unter Friedrich Wilhelm erlebte Berlin-Cölln einen unvergleichlichen wirtschaftlichen Aufschwung. Mit dem Westfälischen Frieden 1648 hatte der Herrscher die politische Stellung des Kurfürstentums in Europa gefestigt. Die Bevölkerung wuchs von 6.000 auf 20.000 Menschen. Sprach man zuerst von einer »Verholländerung«, hatte später ein Viertel der Stadtbevölkerung hugenottische Wurzeln. Seit 1657 gab es eine stehende Garnison. Man gewöhnte sich an Uniformen. Die enorme Wiederaufbauleistung legte den Grundstein für den späteren Aufstieg Brandenburg-Preußens zur Großmacht. Währenddessen wuchsen Flöte spielende Prinzen im Schloss heran. Nur der jüngste, auch im Gesang und am Clavichord ausgebildet, überlebte den Vater und folgte ihm 1688 als Friedrich III. auf den Thron. 1701 krönte er sich in Königsberg mit Einverständnis des Kaisers und wichtiger Reichsfürsten zum »König in Preußen« und trug nun den Namen Friedrich I.

Unter Friedrich I. entwickelte sich die Kapelle, zuvor ein von altertümlichen Gamben dominierter Streicherapparat, zu einem zeitgemäßen Orchester mit Instrumenten der

Violinenfamilie und Holzbläsern. 1712 zählte man je vier Oboen und Fagotte sowie 18 Streicher. Auf einer Liste von 1708 finden wir außerdem nur noch einen Organisten, aber dafür erstmals seit 50 Jahren wieder drei Sänger – Altist, Tenorist und Bassist. Das ohnehin schon große Ensemble konnte bei Bedarf durch sechs Oboisten der königlichen Leibgarde, durch sechs Hornisten der »Jagdmusik« und drei notenkundige Kammertrompeter aus den beiden Hoftrompeterkorps verstärkt werden. 1698 war Carl Friedrich Rieck »zum Directore unserer Cammer-Musique« ernannt worden. Hoforgelbauer war Arp Schnitger, der unter anderem in der Charlottenburger Schlosskapelle 1706 ein Instrument baute. Michael Mietke, von dem 1719 auch der Köthener Kapellmeister Johann Sebastian Bach für seinen Dienstherrn ein großes Cembalo erwarb, pflegte die Instrumente in den Schlössern. So viel Pracht hatte es in Brandenburg-Preußen noch nie gegeben. Und Friedrich baute. Allein in der Mittelmark entstand eine Residenzlandschaft aus über 25 königlichen Lustgärten und 17 Jagd- und Lustschlössern – allesamt potenzielle Auftrittsmöglichkeiten von Musikern. Der weitgehende Um- und Neubau des Schlosses ab 1698 nach Plänen Andreas Schlüters war für den König »eine unvermeidliche nothwendigkeit«, eingebunden in eine architektonische Modernisierung der Residenz Berlin-Cölln. Zu den neuen, »weichen Standortfaktoren« gehörten ab 1696 die Akademie der Malerei, der Bildhauerei und der Architektur und ab 1700 die Akademie der Wissenschaften. Friedrichs zweite Gemahlin, die außerordentlich gebildete Sophie Charlotte, kannte den Karneval in Venedig und die Hofkultur von Versailles. Die Oper unter Agostino Steffani und die französisch beeinflusste Hofkapelle in ihrer Heimat Hannover steckten ihren weiten kulturellen Horizont ab. Sie selbst war am Cembalo und im Gesang ausgebildet worden. Da ihr Gemahl über viele Jahre eine regelrechte Reiseherrschaft führte und man sich privat aus dem Weg ging, wurde das Schloss Lietzenburg – das nach ihrem frühen Tod 1705 ihr zur Ehren »Charlottenburg« genannt wurde – immer häufiger zu einem Ort der musikalischen Aufwartung. Die Sommerresidenz der Königin verfügte auch über ein freistehendes kleines Opernhaus. Georg Philipp Telemann berichtet in seiner Autobiographie von 1740, dass er in Berlin zwei Opern habe hören können. So erlebte er Sophie Charlotte als Musizierpartnerin von Attilio Ariosti, den Brüdern Giovanni und Antonio Bononcini, Ruggiero Fedeli und anderen prominenten Künstlern.

Auch der in Paris ausgebildete flämische Geiger Jean-Baptiste Volumier, der sich selbst eigentlich »Woulmyer« nannte, war von 1692 bis 1708 in der Berliner Kapelle und an der Ritterakademie angestellt. Als Konzert- und Hoftanzmeister muss er – wie anschließend in Dresden – dafür gesorgt haben, die Musiker mit dem vertraut zu machen, was Johann Joachim Quantz, der Flötenlehrer Friedrichs II., einige Jahrzehnte später die »französische egale Art des Vortrags« nannte. Volumiers Bedeutung als Vermittler französischer Orchesterkultur kann trotz des Verlustes seiner Kompositionen nicht überschätzt werden.

Vor allem war Sophie Charlotte aber für ihre Neigung zu italienischen Komponisten und Musikern bekannt, die sie zu Besuchen oder Anstellungen an der Hofkapelle einlud. Mehrere Monate lang waren 1696 und 1697 der Geiger und Konzertmeister Giuseppe Torelli und der Altkastrat und Kapellmeister Francesco Antonio Pistocchi in Berlin zu Gast. 1700 durfte Arcangelo Corelli der Kurfürstin seine überaus erfolgreichen »Sonate a Violino e Violone o Cimbalo op. V« widmen. Dieses Klima des Aufbruchs, der kulturellen Ambitionen und der Weltoffenheit sollte sich allerdings schlagartig mit dem Tod Friedrichs I. verändern. Sein Sohn Friedrich Wil-

49

Rittersaal des Berliner Schlosses mit silbernem Musikerbalkon,
Foto von 1943

Titelblatt der »Brandenburgischen Konzerte« von Johann Sebastian Bach, Autograf von 1721

Markgraf Christian Ludwig von Brandenburg,
Gemälde von Antoine Pesne, um 1711

Die Hofkapelle beim Krönungsmahl in Königsberg,
Gemälde von Johann Friedrich Wentzel, 1701

helm I. löste unmittelbar nach dem Ableben des Vaters ohne viel Federlesens die Hofkapelle auf. In seinen Augen war sie das Symbol der Verschwendungssucht seiner Eltern. Schon als Kind hatte der Thronfolger ihren auf das Höchste verfeinerten Lebensstil abgelehnt. Er war nicht der »honnête homme« geworden, den sich Sophie Charlotte gewünscht hatte, sondern quälte seine Umgebung als ein Grobian. Hinter der harten Schale verbarg sich aber auch bei ihm ein weicherer Kern. Seine zahlreichen eigenen Ölbilder aus den letzten Lebensjahren widersprechen seinem Ruf als Amusus. Auch Musik konnte ihn anrühren, nur war es nicht diffizile Kammermusik oder die Kunst von Sängern in italienischen Opern. Dem »Soldatenkönig«, wie Friedrich Wilhelm I. später genannt wurde, genügte der Auftritt einer »Bande« hochgewachsener Hautboisten in schmucken Uniformen, die gern auch Arrangements aus händelschen Kompositionen zu spielen hatten. Für das Hoftrompeterkorps ließ der König noch ein Jahr vor seinem Tod eine silberne Balustrade im Rittersaal des Berliner Schlosses einbauen.

Z

Zu diesen Hautboisten zählte auch Gottfried Pepusch, der einzige »Überlebende« der alten Hofkapelle, den der König zum Leiter einer Militärmusikschule am 1724 gestifteten Großen Militärwaisenhaus in Potsdam ernannt hatte. Als der starke Kurfürst Friedrich August I. von Sachsen 1728 Berlin besuchte, sollte die Dresdner Kapelle – geprägt von Johann David Heinichen, Johann Georg Pisendel, Jan Dismas Zelenka und anderen Berühmtheiten – mit den preußischen Hautboisten Pepuschs ein gemeinsames Ensemble bilden. Hier müssen Welten aufeinandergestoßen sein.

Musik im höfischen Umfeld gab es dennoch, leisteten sich doch einige brandenburgische Markgrafen, Abkömmlinge aus der zweiten Ehe des Großen Kurfürsten, kleine Ensembles von Musikern und Notensammlungen. Als besonders musikliebend war Markgraf Christian Ludwig bekannt, vor dem Johann Sebastian Bach bei seinem Berlin-Besuch 1719 Proben seines Könnens abgelegt hatte und dem er 1721 »Six Concerts avec plusieurs instruments« widmete, die man heute als die »Brandenburgischen Konzerte« kennt. Sechs ehemalige Berliner Kammermusiker, geschult von Volumier, fanden nach ihrer Entlassung in der anhaltinischen Residenz Köthen ein neues Zuhause. Der junge Fürst Leopold – Absolvent der Berliner Ritterakademie und Tanzeleve Volumiers – baute mit ihnen ab 1713 eine eigene Hofkapelle auf, zunächst vom einstigen Berliner Augustin Reinhard Stricker als Kapellmeister geleitet. 1717 folgte ihm niemand anderes als Johann Sebastian Bach, der bis zu seinem Wechsel nach Leipzig 1723 in Köthen diente. Und schließlich pflegte Pisendel in Dresden weiterhin die französische Orchesterdisziplin und vernachlässigte dabei auch das italienische Repertoire nicht. Seine Kapelle sollte eine einzigartige Orchesterschmiede werden – und auch jene Musiker ausbilden, die nach dem Tod des Soldatenkönigs 1740 unter seinem Sohn Friedrich II. ein neues und glänzendes Kapitel in der Geschichte der Berliner Hofkapelle aufschlagen sollten.

54 1740

KAPITEL
II

1786

DIE NEUE ZEIT.
DIE HOFKAPELLE UNTER
FRIEDRICH II.

VON Tobias Schwinger

56

KAPITEL
II

In der an Zäsuren reichen Geschichte der Hof- und Staatskapelle Berlin nimmt das Jahr 1740, in dem Friedrich II. die Hofmusik neu begründete, einen besonderen Platz ein. Sei es, weil der nachfolgende Abschnitt der Kapellgeschichte so unauflöslich mit der übermächtigen Aura des großen Königs verbunden ist, sei es, weil er tatsächlich überaus spürbare Auswirkungen auf die Musikkultur Berlins, Preußens und Norddeutschlands hatte. Auch wenn der Umstand, dass die Hofkapelle zwischen 1713 und 1740 de facto nicht existierte, gelegentlich davon ablenkt, dass die berlinische musikalische Tradition im kulturellen Leben der Stadt und der Nebenhofhaltungen fortgeführt wurde: Die Musik am preußischen Hof erstand nun als Teil einer umfassenden, auch Künste, Wissenschaft und Architektur einschließenden Staatskunst wieder auf. Die kulturelle Wirkmacht, die von dieser Entwicklung ausging, war enorm.

Das wurde bereits durch die Zeitgenossen gewürdigt. So hält F. W. Marpurg, einer der Chronisten jener Jahre, 1754 resümierend fest: »Die preißwürdige Sorgfalt, welche Seine itz regierende Königliche Majestät in Preussen, seit dem Antritt Dero glorreichen Regierung, zum Wachsthum und Aufnahme der Wissenschaften und Künste, in Dero sämtlichen Staaten überhaupt anzuwenden geruhet haben, hat sich insbesondere auch, auf die Wiederherstellung der daselbst vorhero fast gänzlich in Verfall gerathenen Tonkunst erstrecket.«

Daran, dass die Wiederbelebung der Hofmusik einen zentralen Baustein in der Ausrichtung der Kulturpolitik Friedrichs II. bildete, kann kein Zweifel bestehen. Doch darüber hinaus existieren durchaus verschiedene Lesarten dieser wichtigen Entscheidung, die teils konkurrieren, teils als sich gegenseitig ergänzende Erzählungen verstanden werden können. Ging es Friedrich vorrangig darum, dass die von ihm so stark geförderten Künste und Wissenschaften seinen Anspruch auf eine europäische Großmachtstellung Preußens unterstreichen sollten? Wollte er sich mit den zielgerichtet und schnell vorgenommenen kulturellen Initiativen, etwa der Umgestaltung Berlins durch sein »Forum Fridericianum«, und der Bereitstellung von Kulturetats von seinem Vater abgrenzen und so die ihm zugefügten Kränkungen kompensieren? Gewiss förderte er Künstler und Wissenschaftler zum Nutzen des Landes, doch wie sehr dachte er dabei an seinen Nachruhm? Und nicht zuletzt: Zeigen die Briefe Friedrichs, vor allem diejenigen an seine geliebte Schwester Wilhelmine, nicht vielfach, dass es auch und vielleicht vor allem eine ganz private Neigung zur Musik war, die als Movens für seine Anstrengungen gelten muss? Wie auch immer man diese Akzente gewichtet: Friedrich II. griff wie kaum ein anderer Herrscher vor und nach ihm in das musikalische Geschehen Berlins ein. Als Musiker, »Opern-Impresario«, Librettist und Musiksachverständiger rief er nicht nur die Hofkapelle wieder ins Leben, er setzte auch seine konkreten Vorstellungen vom »guten Geschmack« in der Musik um, auch wenn er dann lebenslang an diesem einmal gefundenen Musikideal festhielt.

Doch wie jede Geschichte hat auch diese eine Vorgeschichte. Sie beginnt 1732 in Nauen und dann in Ruppin, wohin der Kronprinz versetzt worden war – nach seinem legendären Fluchtversuch, mit dem er sich der väterlichen Gewalt entziehen wollte, der resultierenden Festungshaft in Küstrin und seiner Einwilligung in die Verlobung mit Elisabeth Christine von Braunschweig-Bevern. Die folgenden vier Jahre und die sich an-

Friedrich der Große als Kronprinz,
Gemälde von Antoine Pesne, 1739/40

Hofkapellmeister Carl Heinrich Graun,
Stich, um 1762

schließende Zeit in Rheinsberg waren in erster Linie Friedrichs Rehabilitierung und seiner »Umerziehung« zum würdigen Thronfolger gewidmet. Es erfolgte eine strenge Ausbildung in militärischen Fertigkeiten und in der Kunst der Regierungsführung. Zugleich wuchsen in jenen Jahren nach und nach die Freiräume des Kronprinzen, und er konnte ein ganz eigenes, sehr viel umfassenderes Bildungsprogramm verfolgen, das die Auseinandersetzung mit Geschichte, Literatur, Philosophie, Bildender Kunst, Architektur und – last but not least – Musik einschloss. Im Gegensatz zu seinem Vater wollte er auch in diesen Bereichen Spuren hinterlassen.

H

Hier wurden offenbar nicht nur Teile seiner Pläne für seine künftige Regierungsführung geboren, sondern auch weitreichende Ideen für die spätere Hofmusik. Wirkte es zunächst nur so, als würde Friedrich Kammermusik zur eigenen Unterhaltung und zur eigenen Profilierung als Flötist und Komponist fördern, wurde schnell deutlich, dass er mit seiner systematischen Anwerbung zahlreicher fähiger Musiker die Gründung einer eigenen Kapelle plante, die später den Kern des neuen Hoforchesters bilden sollte. Aus Berlin ließ er seinen ehemaligen Musiklehrer, den Domkantor und Cembalisten Gottlieb Hayne kommen. Darüber hinaus verpflichtete er den in Dresden und Italien ausgebildeten Johann Gottlieb Graun, den er seit dessen Auftritt vor dem Berliner Hof im Jahr 1728 kannte. Auch Johann Joachim Quantz, der Virtuose der Sächsischen Hofkapelle und seit 1728 Friedrichs Flötenlehrer, durfte den Kronprinzen in Ruppin und Rheinsberg besuchen und unterrichten. In einem Brief an seine Schwester Wilhelmine von Brandenburg-Bayreuth berichtete Friedrich 1732: »Es wird täglich von 4 bis 7 musiziert [...] Graun verrichtet Wunder. Ich lasse meine Querflöte quietschen und Haine klappert auf dem Cembalo.«

1733 konnte er weitere erstklassige Musiker aus der nach dem Tod Augusts II. aufgelösten Warschauer Kapelle anwerben, darunter die Violinisten Franz Benda und Georg Czarth sowie den Cembalisten Christoph Schaffrath. Von weitreichender Bedeutung war Friedrichs Begegnung mit Carl Heinrich Graun bei seiner Hochzeit mit Elisabeth Christine in Braunschweig. Graun, Bruder von Johann Gottlieb, Braunschweiger Vizekapellmeister und ein exzellenter Tenor, hatte zu diesem Anlass die Oper »Lo specchio della fedeltà« komponiert. Hatte Friedrich in Johann Gottlieb bereits seinen künftigen Konzertmeister gefunden, begegnete er in Carl Heinrich seinem späteren Hofkapellmeister. Graun, dem die weitreichenden Pläne Friedrichs bekannt gewesen sein dürften, trat 1735 endgültig in den Dienst des Kronprinzen und zog nach Ruppin.

Bis 1736 wuchs Friedrichs Kapelle auf wahrscheinlich 14 Musiker an. Nach dem Umzug nach Rheinsberg traten weitere hinzu, der Contraviolonist Johann Gottlieb Janitsch etwa und der Theorbist Ernst Gottlieb Baron. Quantz sollte später anmerken, dass schon dieses frühe Orchester »jeden Componisten und Concertisten reizen, und ihm vollkommene Genüge« tun konnte. Was tatsächlich musiziert wurde, kann nur aus spärlichen Andeutungen in Briefen und wenigen heute noch erhaltenen Musikalien geschlossen werden. Vor allem im Bereich der Instrumentalmusik waren bereits alle wesentlichen Gattungen der künftigen Hofmusik präsent. Quantz, Graun und Friedrich komponierten Flötensonaten und -konzerte, nachweisbar sind Triosonaten von Janitsch und frühe Cembalokonzerte von Schaffrath, Janitsch und Carl Heinrich Graun. Gesichert ist ebenfalls, dass Graun italienische Kammerkantaten verfasste und im abendlichen Konzert vortrug. Teilweise lieferte der Kronprinz die Texte dazu. Für die sich entwickelnde Gattung der Sinfonie ist ein frühes Beispiel aus der Feder

Schaffraths überliefert, und auch der Kronprinz versuchte sich darin. Über Musikalientausch mit seiner Schwester Wilhelmine, über Importe aus Italien und Musiker, die als Gäste in Ruppin und Rheinsberg weilten, dürfte man weiteres zeitgenössisches Repertoire kennengelernt haben.

I

In ihrer Ruppin-Rheinsberger Phase experimentierte die Kapelle durchaus auch mit dem damaligen Formenkanon der Instrumentalmusik. So wurde die moderne italienische Konzertform, durch Johann Gottlieb Grauns Violinkonzerte und Quantz' Flötenkonzerte präsent, auf das Tasteninstrument Cembalo übertragen. Das lag in der Luft. Auch andere Komponisten im deutschen Kulturraum taten das, unter ihnen Johann Sebastian Bach in Leipzig. Doch in Berlin sollte es einige Jahre später sogar zu einer eigenständigen Amalgamierung dieser Mode kommen, im Wesentlichen durch das Wirken der drei Cembalisten der Kapelle – Carl Philipp Emanuel Bach, Christoph Nichelmann und Christoph Schaffrath.

Wann genau die Kapelle nach dem Tod Friedrich Wilhelms I. nach Berlin umzog, ist ungewiss. Einen ersten Auftritt hätte sie bei dessen Trauerfeier am 22. Juni 1740 in der Potsdamer Garnisonkirche finden können, für die der künftige Hofkapellmeister Carl Heinrich Graun die lateinische Kantate »Quis desiderio sit pudor« auf einen Text von Nathanael Baumgarten komponierte. Die zeitgenössischen Quellen bleiben diesbezüglich unscharf. Überliefert ist jedoch, dass die Sänger für diesen Anlass teilweise noch aus Dresden engagiert werden mussten.

Danach sollte alles sehr schnell gehen, und alle Zeichen wiesen in Richtung großer Oper. Georg Wenzeslaus von Knobelsdorff erhielt wohl bereits im Sommer 1740 den Auftrag zur Errichtung eines Opernhauses. Graun wurde ebenfalls schon 1740 nach Italien gesandt, um Sängerinnen und Sänger anzuwerben. Ein erster Kapelletat aus diesem Jahr zeigt, dass bereits im Sommer mit der Aufstockung des Orchesters begonnen wurde. Neben den Rheinsberger Musikern sind dort sechs neue Spieler verzeichnet. In späteren Kapelletats werden drei Gruppen von Musikern genannt: Die »ersten Capellbedienten« (die Rheinsberger Musiker), die »neuen Capellbedienten, so anno 1741 zugekommen« und die »letzten Capellbedienten so anno 1742 zugekommen«. Unter den 1741 eingestellten Musikern befand sich Carl Philipp Emanuel Bach.

Angestrebt wurde eine Orchestergröße von etwa 40 Musikern, durch Abgänge und Neueinstellungen schwanken die Zahlen zwischen 1742 und 1786 zwischen 38 und 42 Spielern. Das Verhältnis zwischen den Stimmgruppen wurde so geformt, wie es Quantz in seinem einflussreichen Lehrwerk »Versuch einer Anweisung, die Flöte traversière zu spielen« aus dem Jahr 1752 forderte: »Zu zwölf Violinen geselle man: drey Bratschen, vier Violoncelle, zweene Contraviolone, drey Bassons, vier Hoboen, vier Flöten; und wenn es in einem Orchester ist, noch einen Flügel mehr, und eine Theorbe. Die Waldhornisten sind, nach Beschaffenheit der Stücke, und Gutbefinden des Componisten, so wohl zu einer kleinen als großen Musik nötig.«

Das sollte in etwa die Standardbesetzung der Berliner Hofkapelle für die Operaseria-Produktionen mit Werken Carl Heinrich Grauns werden, von denen bis zum Siebenjährigen Krieg (1756–1763) meistens zwei auf dem Spielplan während des jährlichen Karnevals im Dezember und Januar standen. Im Dezember 1754 und Januar 1755 spielte das Orchester in voller Stärke fünf Vorstellungen von »Semiramide« und sieben Vorstellungen von »Montezuma«. Besonders letztere der beiden Graun-Opern war ein bedeutendes Werk in der Geschichte der friderizianischen Oper. Hinzu kamen die Dienste bei Karnevalsbäl-

Italienische Kammerkantate von Carl Heinrich Graun,
Autograf, um 1740

Violinist Franz Benda, nach einem Gemälde von
Joachim Martin Falbe von 1756

»Das sicherste Kennzeichen, daß ein Land unter einer weisen und glücklichen Regierung stehe, ist dieses, wenn die guten Künste in seinem Schooße wachsen. [...] Ein Reich wird durch nichts mehr berühmt, als durch die Künste, die unter seinem Schutze blühen.«

Friedrich II. von Preußen: Antimachiavell,
oder Versuch einer Critik über Nic. Machiavells Regierungskunst eines Fürsten,
nach des Herrn von Voltaire Ausgabe ins Deutsche übersetzt, 1756

Carl Philipp Emanuel Bach, Gemälde von Franz Conrad Löhr
vom Ende des 18. Jahrhunderts

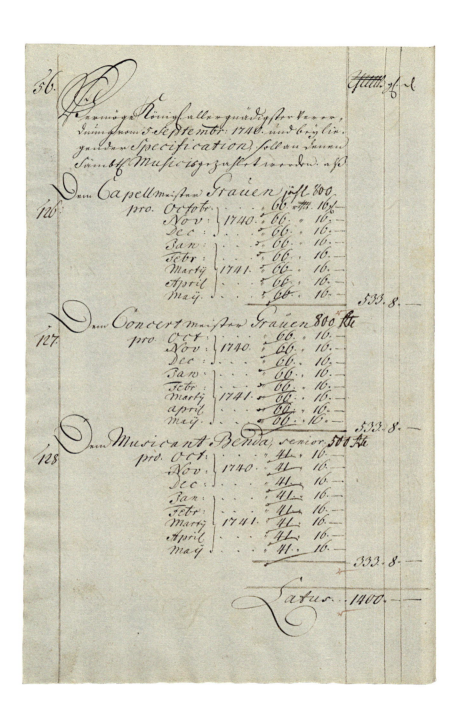

Erster Etat nach der Neugründung
der Hofkapelle, 1740

Schloss Monbijou, Gemälde, um 1790

len und -assembleen im Opernhaus. Einzelne Kapellmusiker waren zudem für die Einstudierung der Redoutenmusik, der Opernchöre und die Komposition der Ballettmusiken für die Opern zuständig. Außerhalb des Karnevals fanden Opernvorstellungen nur selten statt. Ausnahmen bildeten die Aufführungen zum Geburtstag der Königinmutter Sophia Dorothea und zu Besuchen auswärtiger Gäste und Familienangehöriger, etwa den Berlin-Aufenthalten von Friedrichs Schwester Wilhelmine. Darüber hinaus wurden Opern nur zu dynastischen Feiern wie Hochzeiten aufgeführt – etwa am 27. September 1755 in Charlottenburg, wo zur Vermählung des Prinzen Ferdinand mit der Prinzessin Elisabeth Louise, Tochter des Markgrafen von Brandenburg-Schwedt, die Festa teatrale »Il tempio d'Amore« aus der Feder des 1751 als Hofkomponist angestellten Johann Friedrich Agricola zur Uraufführung kam.

A

Ab 1748 finanzierte Friedrich II. neben dem Orchester, den Sängerinnen und Sängern und dem Ballettensemble für die Opera seria zusätzlich eine spezielle Gruppe von Sänger-Darstellern für Intermezzo- und Opera-buffa-Darbietungen. Für Aufführungsserien dieser speziellen Spielart des italienischen Gesangstheaters, zumeist im Frühjahr und im Herbst, wurde das Orchester von Berlin nach Potsdam beordert. Bevorzugte Aufführungsorte waren der 1748 im Potsdamer Stadtschloss von Knobelsdorff vollendete Komödiensaal und ab 1768 auch das Theater im Neuen Palais. Es mag sein, dass in den letzten Lebensjahren Friedrichs II. – der bereits zu diesem Zeitpunkt Friedrich der Große genannt wurde – rückwärtsgewandte ästhetische Tendenzen dominierten. In der Opera seria etwa duldete der Monarch, der an seinen ästhetischen Vorstellungen lebenslang festhielt, keine moderne italienische Musik. Doch die Aufführungen der Opera buffa, zu denen das Potsdamer Publikum freien Eintritt hatte, standen mit modernen Werken von Baldassare Galuppi, Domenico Scarlatti, Antonio Salieri, Giuseppe Sarti und Giovanni Paisiello auf der Höhe der Zeit.

D

Die zu Beginn der Vierzigerjahre vorgenommene Vergrößerung des Orchesters zielte einerseits auf die Einrichtung der italienischen Hofoper, Friedrichs ambitioniertestes Projekt. Andererseits war sie notwendig, um den zahlreichen übrigen Anforderungen an die Hofmusik gerecht zu werden. Die Musiker mussten zu vielen Anlässen in der ganzen preußischen Residenzlandschaft präsent sein. Allein in Berlin dienten sie nicht nur im Stadtschloss, sondern auch an den Höfen der Königinmutter Sophia Dorothea im Schloss Monbijou, der regierenden Königin Elisabeth Christine im Schloss Schönhausen, der Prinzessin Anna Amalia, Friedrichs Schwester, im Palais Unter den Linden und dem Palais Vernezobre, und des Prinzen August Wilhelm, Friedrichs Bruder, im Kronprinzenpalais.

Entsprechend vielfältig gestalteten sich die Dienstverpflichtungen der Musiker. An einer Spielart der Hofmusik zeigte sich das besonders deutlich: dem sogenannten »Großen Konzert«. Der Terminus wurde in zumeist knappen Zeitungsmeldungen gebraucht, in denen Zeit, Ort und gelegentlich der Anlass der Darbietung genannt wurden. So wurden allein für das Jahr 1749 insgesamt 57 solcher Konzerte annonciert. Vermutlich gab es im Alltag der Musiker noch sehr viel mehr Verpflichtungen dieser Art. Anlässe gab es immer – Geburtstage, zu denen man sich gegenseitig in die Nebenhofhaltungen einlud, Musik zur Tafel, Bälle und offizielle Termine für Diplomaten. Die Quellen schweigen darüber, wer für die Organisation dieser Dienste verantwortlich war; es ist auch nicht bekannt, was gespielt und gesungen wurde. Nur gelegentlich werden die Namen der Sängerinnen und Sänger und noch seltener die der dabei tätigen Kapellmusiker erwähnt.

Einen lebendigen Eindruck von der Rolle solcher Veranstaltungen im höfischen Alltag vermitteln die Tagebücher des Grafen Ernst A. H. von Lehndorff, des Kammerherrn am Hof von Königin Elisabeth Christine. Dieser beschrieb das von ihm nicht selten als langweilig und hohl empfundene Hofleben mit spitzer Feder: »24. Januar [1756]. Geburtstag des Königs. Es gibt bei der Königin-Mutter ein großes Diner. Die Prinzessinnen und die Höflinge stellen reiche Kleider zur Schau und langweilen sich. [...] Gleich darauf versammelt sich die ganze Gesellschaft, die vom Prinzen von Preußen eingeladen ist, um dem Feste für den Prinzen Heinrich beizuwohnen, im Palais. Alles maskiert sich als Affe, selbst die ganze Musik [...] Nachdem wir die Runde in der Galerie gemacht haben, begibt sich die Musik ins Orchester [...] Die Prinzessin Amalie, die die Musik komponiert hat, spielt nun Klavier [...] Jetzt singt man einen Chor, dann trägt die reizende Prinzessin Ferdinand eine Arie vor und Fräulein Morien und ihre Schwester ein Duett, worauf wieder ein Chor folgt.«

Man darf vermuten, dass Instrumental- und Vokalmusik jenseits derartiger Scharaden auf hohem Niveau dargeboten wurde. Und wenn in den Zeitungsberichten zum »Großen Konzert« gelegentlich von der »vortrefflichen Music« der Kapelle die Rede ist, ist auch mit guten Gründen zu vermuten, dass damit jene zwischen 1740 und 1756 entstandenen Sonaten, Trios, Konzerte, Sinfonien und Ouvertüren gemeint sind, die von den Brüdern Graun, von Bach, Schaffrath oder Benda geschrieben wurden. Darüber hinaus begannen einzelne Musiker, auch den »bürgerlichen Musikbetrieb« zu bereichern und sich öffentlich als Komponisten zu profilieren, unter ihnen der schon erwähnte Carl Philipp Emanuel Bach.

In seiner Autobiographie resümiert Bach seine Berliner Zeit übrigens nur kurz. Doch er erwähnt voller Stolz, dass ihm 1740 die »Gnade« zuteil geworden sei, das erste Flötensolo des neuen Königs in Charlottenburg allein auf dem Flügel zu begleiten. Bis heute ist nicht restlos geklärt, wann er genau in den Dienst Friedrichs II. trat. Offiziell geschah dies erst 1741. Doch die von ihm beschriebene Szene macht deutlich, wie prestigeträchtig die Teilnahme an der Kammermusik Friedrichs II. für die Zeitgenossen war, sei es als Musiker oder auch nur im Publikum. Schon damals nahmen diese Abende einen prominenten Platz in der kollektiven Vorstellungskraft ein. Wohl kaum eine Facette der Musik am friderizianischen Hof hat das später vielfach verklärte Bild des Monarchen derart bestimmt wie seine Kammerkonzerte – erst recht seit der vielfachen Reproduktion von Adolph Menzels großartigem, aber letztlich fiktiven Gemälde »Das Flötenkonzert Friedrichs des Großen in Sanssouci« aus dem Jahr 1852.

D Derartige Darstellungen Friedrichs als Flötensolist im Kreis von Hofstaat und Musikern hatten wahrscheinlich wenig mit der Realität der allabendlich zunächst in Charlottenburg, später im Potsdamer Stadtschloss, in Sanssouci und im Neuen Palais abgehaltenen Musizierstunden des Königs zu tun. Neben den Kammermusikern, Sängerinnen und Sängern dürften nur ausgewählte Vertraute Zugang zu diesen Konzerten gehabt haben. Nur äußerst selten wurden auch Gäste wie 1747 Johann Sebastian Bach oder 1772 der englische Musikschriftsteller Charles Burney dazu geladen. Die Musik, die zu diesen Anlässen gespielt wurde, befand sich vor allem nach Ende des Siebenjährigen Kriegs kaum mehr auf der Höhe der Zeit. Insbesondere Burney hat in seinem Bericht die ästhetisch erstarrende Mu-

Musikalische Szene aus der »Flötenschule« von Johann Joachim Quantz,
Stich von Georg Friedrich Schmidt, 1752

»Das Flötenkonzert Friedrichs des Großen in Sanssouci«,
Gemälde von Adolph Menzel, 1852

sikkultur am Hof des alten Friedrichs bezeugt. Er äußerte sich darin zwar respektvoll über das Flötenspiel des Monarchen, monierte allerdings, dass dieser drei Quantz-Konzerte gespielt habe, die seiner Meinung nach veraltet gewesen seien.

D

Dem Alltag dieser königlichen Kammerkonzerte kommt man vielleicht etwas näher, wenn man die zahlreichen noch erhaltenen Rechnungen aus der »Chatulle« Friedrichs zu Rate zieht. Aus diesen Mitteln finanzierte er die Zusatzaufwendungen der Musiker, ihre Aufenthalte in Potsdam, die Herstellung von Flöten durch Quantz und das Kopieren von Notenmaterial. Die Rechnungen belegen, dass sich einige Musiker für die Kammermusik in einem zwei- bis vierwöchigen Rhythmus am jeweiligen Aufenthaltsort des Königs zur Verfügung halten mussten. Dies betraf insbesondere die Cembalisten. Hinzu kamen gegebenenfalls ein bis zwei Geiger, ein Bratschist, ein Cellist, ein Fagottist und ein oder zwei Sängerinnen und Sänger. Die Bassgruppe, der Basso continuo, konnte über das Cello hinaus wahlweise mit einem Lauteninstrument, einer Harfe oder einem Cembalo besetzt worden sein. Für die Organisation der Kammermusik war offenbar Quantz verantwortlich, der von Friedrich gesondert entlohnt wurde. Quantz und Benda oblag auch die Rechnungslegung über die jeweils gezahlten »Diäten« oder »Quartiergelder« an die Musiker.

Zweifelsohne spielten die von Quantz exklusiv für den König komponierten Sonaten und Konzerte im Repertoire der Kammermusik eine zentrale Rolle. Darauf weisen nicht zuletzt die in der Königlichen Hausbibliothek erhaltenen Kataloge zu diesen Werken hin. Wie die Schatullrechnungen zeigen, setzte Friedrich aber auch enorme Summen für die Beschaffung und das Kopieren von weiterem Notenmaterial ein und bezahlte neben Quantz auch andere Musiker für Kompositionen. Insofern dürfen wir uns das Repertoire der Kammermusik Friedrichs, zumindest vor dem Siebenjährigen Krieg, weitaus vielfältiger vorstellen, als es von einigen der späten Berichte dargestellt wird.

Doch noch einmal zurück zu den Anfängen und ihren weitreichenden Folgen. Kein Ereignis des 18. Jahrhunderts war bedeutender für die Musikkultur Berlins als die Wiedereinrichtung der Hofmusik. Mit der Übersiedlung der Kapelle von Rheinsberg nach Berlin und ihrer Aufstockung waren mit einem Schlag vierzig professionelle Musiker in der Stadt. Neben den höfischen Dienstverpflichtungen, zu denen auch das Unterrichten von Kapellnachwuchs und Hofangehörigen zählte, organisierten sie eigene Zusammenkünfte zur Musikausübung und erteilten einer Vielzahl von Laien Unterricht, nicht zuletzt um ihre Gehälter aufzubessern. Darüber hinaus hatten sie Anteil an den sich rasant entwickelnden ästhetischen Diskursen der Aufklärung in Berlin. Das spiegelte sich etwa in der aufblühenden Musikpublizistik wider, zu der Agricola, Quantz, Bach und andere mit bedeutenden Lehrbüchern und Traktaten beitrugen.

Die Hofmusiker standen auch an der Spitze jener privaten oder halböffentlichen Musizierformen, die als eine Vorstufe des vielfältigen öffentlichen Konzertlebens in Berlin betrachtet werden können, das sich im letzten Drittel des 18. Jahrhunderts ausbildete. Aus der Fülle dieser musikalischen Gesellschaften seien hier stellvertretend zwei genannt. Als die älteste unter ihnen gilt die sogenannte »Freitags-Akademie« von Janitsch, dem schon erwähnten Contraviolonisten der Hofkapelle. Bereits in Rheinsberg begründet, wurde sie, außer während des Karnevals, immer freitags in seiner Wohnung hinter dem Jägerhof »von verschiedenen Königlichen, Prinzlichen, Marggräflichen, Kammer- und andern geschickten Privatmusicis und Liebhabern, mit grossem Beyfall abgehalten«. Von

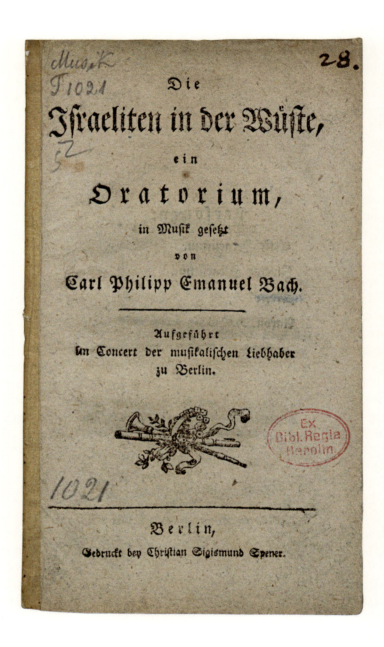

Textbuch für die Berliner Erstaufführung von
Carl Philipp Emanuel Bachs Oratorium »Die Israeliten in der Wüste«, 1775

Anna Amalia von Preußen,
Gemälde von Antoine Pesne, um 1744

Skizze zum Gemälde
»Das Flötenkonzert Friedrichs des Großen in Sanssouci«

»Da betrachten Sie sich mal den König! Hm – es ist mir auch nicht gelungen! Der König steht da wie ein Kommis der sonntags Muttern was vorflötet! Da ist er doch noch jung und stolz! Der dicke Gotter gehört gar nicht ins Bild [...] Überhaupt habe ich's bloß gemalt des Kronleuchters wegen.«

Der Maler Adolph Menzel über sein Bild
»Das Flötenkonzert Friedrichs des Großen in Sanssouci«, 1852

78

Die Brüderstraße mit Blick auf die Petrikirche,
Kupferstich von 1809

Janitsch sind zahlreiche hervorragende, vor allem kammermusikalische Kompositionen überliefert, die in diesem Rahmen aufgeführt wurden.

Die bekannteste Musiziergesellschaft jener Zeit, die 1749 gegründete »Musikübende Gesellschaft«, war von deutlich größerem Zuschnitt. Anfangs kam sie samstags in der Wohnung des Domorganisten Johann Philipp Sack in der Brüderstraße zusammen. Um institutionell und programmatisch unabhängig auftreten zu können, einigten sich ihre Mitglieder auf eine Satzung, in der alle Fragen der Mitgliedschaft, Finanzierung, des Veranstaltungsablaufs und der geltenden Verhaltensregeln festgeschrieben wurden. Eine Verbindung zur Hofkapelle bestand durch die beiden Gründungsmitglieder, die Hofmusiker Friedrich Wilhelm Riedt und Johann Gabriel Seyffarth.

A

All diese frühen musikalischen Vereinigungen wiesen gemeinsame Merkmale auf. Fast immer wurden sie durch die Mitwirkung von Hofmusikern nobilitiert. Ihre soziale Zusammensetzung hatte ständeübergreifenden Charakter, das gebildete Bürgertum traf sich hier mit Adligen zum gemeinsamen Musizieren. Belegt ist überdies, dass Frauen nicht nur als Zuhörerinnen, sondern gelegentlich auch als Mitwirkende zugelassen waren. Das Repertoire der verschiedenen Musiziervereinigungen dürfte sich stark geähnelt haben. Von der »Musikübenden Gesellschaft« wissen wir, dass stets die »neuesten und erlesensten Ouverturen, Sinfonien und Trios« angeschafft wurden. Die erhaltenen Notenbestände aus dieser Zeit zeigen, dass es sich dabei überwiegend um die auch am Hof gespielte Musik der als Komponisten tätigen Kapellmitglieder handelte. Die durch die Hofmusik etablierten ästhetischen Vorstellungen wurden also direkt von Adel und Bürgertum übernommen.

Nach dem Siebenjährigen Krieg entwickelte sich, ebenfalls von Mitgliedern der Hofkapelle initiiert, ein mehr und mehr öffentliches Musikleben in der Stadt. Die wohl bekannteste der nunmehr entstehenden Konzertunternehmungen war das »Konzert der Musikliebhaber«. Es wurde 1770 von Johann Friedrich Ernst Benda, dem ältesten Sohn von Joseph Benda, und dem Bratschisten Karl Ludwig Bachmann gegründet. Aufführungen lassen sich bis 1795 nachweisen. Zu ihren Veranstaltungen, die lange Zeit im Gasthaus Corsica hinter dem Zeughaus stattfanden, trafen sich 25 bis 30 Instrumentalisten, darunter etwa ein Drittel Musiker aus der Hofkapelle und den Kapellen der Nebenhofhaltungen. Diese spielten gemeinsam mit sogenannten Dilettanten gemischte Programme aus Vokal- und Instrumentalmusik oder brachten Oratorien und gelegentlich sogar Auszüge von Opern konzertant zur Aufführung, darunter auch Werke, die am Hof nicht gespielt wurden. Zu den bis zu 40 Konzerten im Jahr konnten Zuhörer ein Abonnement erwerben.

D

Die neue Tradition von Oratorienaufführungen, die nicht an einen kirchlichen Raum gebunden waren, wurde hier in etwa zur gleichen Zeit wie in anderen deutschen Städten geboren. Vor allem Carl Heinrich Grauns 1755 uraufgeführte geistliche Kantate »Der Tod Jesu« wurde häufig gespielt. Diese verdient nicht nur wegen ihrer Popularität und stilbildenden Wirkung Beachtung, sondern auch, weil sich in ihr die Geschichte der Berliner Hofkapelle mit der der Berliner Kirchenmusik kreuzt. Kirchliche Musik gehörte eigentlich nicht mehr zum originären Tätigkeitsprofil der Berliner Hofkapelle, im Gegensatz etwa zur Sächsischen Hofkapelle, die auch für die Musik in der katholischen Hofkirche verantwortlich war. Doch der Berliner Hof war eine weitgehend dezentral organisierte Hoflandschaft, in der durchaus verschiedene Interessen und Vorlieben ihren Platz fanden. Insbesondere Anna Amalia, die kunst- und musikliebende Schwester Friedrichs II., selbst dilettierende Organistin, Komponistin und Musikaliensammlerin, zeigte ein starkes Interesse an geistlicher Musik und organisierte kirchenmusikalische Aufführungen. Sie war es auch, die den Auftrag zu Libretto-Dichtung und Komposition des »Tod Jesu« vergeben hatte. Zur Uraufführung des Werks am 26. März 1755 im neuen knobelsdorffschen Dom spielten die Musiker der »Musikübenden Gesellschaft« gemeinsam mit Musikern der Hofkapelle unter der Leitung Agricolas. Das Werk wurde von Beginn an gefeiert, löste ob seines lyrischen Charakters aber auch Irritationen aus. Der bereits erwähnte Graf Lehndorff, der die Königin zur Aufführung begleiten musste, notierte knapp in seinem Tagebuch: »Die Musik ist schön, die ganze königliche Familie lobt sie sehr. Was mich anbetrifft, so finde ich, dass sie dem Gegenstand nicht angemessen ist; sie stimmt eher heiter als traurig«. Eine Einschätzung, die sich bis heute halten sollte. Dennoch entwickelte sich das Werk bei Hof, Adel und Bürgertum gleichermaßen zu »dem« Passionsstück Preußens und erfreute sich bis Ende des 19. Jahrhunderts großer Popularität und wurde von der »Berliner Allgemeinen Musikalischen Zeitung« später sogar als »patriotisches National-Kunstprodukt« gefeiert. Karl Wilhelm Ramler, der das Libretto verfasst hatte, sollte es später um die Dichtungen »Die Hirten bey der Krippe« (1757) und »Die Auferstehung und Himmelfahrt Jesu« (1760) zu einer »Leben-Jesu-Trilogie« erweitern. Teile dieser Dichtungen inspirierten eine ganze Generation von Komponisten zu neuen musikalischen Deutungen, unter ihnen Agricola, Georg Philipp Telemann, Carl Philipp Emanuel und Johann Christoph Friedrich Bach und Johann Friedrich Reichardt, um nur einige zu nennen. Allein an der Geschichte dieser Dichtungen wird deutlich, wie weitreichend die musikhistorischen Auswirkungen der Wiedereinrichtung der Hofmusik waren. Auch wenn es immer noch ungewohnt ist, von einer »Berliner Klassik« zu sprechen, die sich hier entwickelnde Ästhetik und ihre spätere Rezeption kann durchaus so bezeichnet werden.

M

Mit der Uraufführung von »Der Tod Jesu« im Dom war ein Format geschaffen worden, das sich in den Folgejahren und insbesondere im Siebenjährigen Krieg auf ganz eigene Weise entfalten sollte. So beauftragte Anna Amalia bei Graun zwei Jahre später die Komposition des berühmten »Te Deum«, um den Sieg Friedrichs II. in der Schlacht bei Prag zu würdigen. Friedrichs Sieg wurde am Hof und in der Stadt mit zahlreichen Festen und Gottesdiensten gefeiert – auch wenn der Siebenjährige Krieg noch fast sechs Jahre lang anhalten sollte. Die Uraufführung des »Te Deum« fand nicht im Dom, sondern in der lutherischen Kirche St. Petri statt. Sie war der Höhepunkt dieser Feierlichkeiten und sorgte dafür, dass das Werk in der Folge beinahe eine ebensolche Popularität wie »Der Tod Jesu« erlangte. Auch unser Gewährsmann Lehndorff war bei diesem Ereignis zugegen: »15. Mai. Es ist Sonntag. [...] Ich begebe mich in die Petrikirche, wo die Sänger und Sängerinnen des Königs ihre schönen Stimmen erschallen lassen. Man gelangt nur mit großer Mühe hinein; es befinden sich sicherlich 6.000 Personen darin. Ich kann die königliche Tribüne nicht erreichen, wiewohl ich mich eine Stunde lang abmühe. [...] Ich dränge mich näher und bin genötigt, über die Köpfe einer ganzen Anzahl von Personen hinüberzuklettern, um mir endlich einen Platz zu erobern.«

Was sich hier anbahnte, war die verstärkte Indienstnahme der Hofkapelle zur Feier höfischer und politischer Ereignisse in St. Petri, wo sich die Angehörigen des Hofs und die mehrheitlich lutherisch geprägte Stadtgesellschaft

Musikzimmer im Stadtschloss Potsdam, Foto von 1911/12

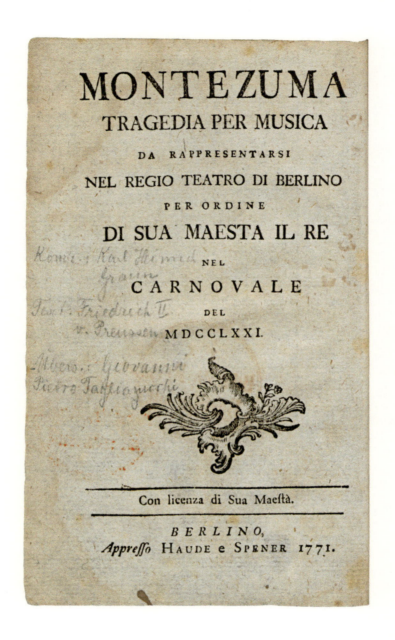

Librettodruck zu Grauns Oper »Montezuma« nach einem literarischen
Entwurf von Friedrich II., Berlin 1771

begegneten. Für den Trauergottesdienst für die verstorbene Königinmutter Sophia Dorothea am 19. August 1757 komponierte Agricola die Kantate »Wallet ihr Seelen voll Schwermuth«. Zur Feier des Sieges bei Zorndorf erklang am 3. September 1757, ebenfalls aus der Feder Agricolas, eine Vertonung des 21. Psalms. Der Sieg von Torgau und die Rückeroberung von Schweidnitz wurden 1760 und 1762 mit Aufführungen des »Te Deum« gewürdigt. Zu diesem Zeitpunkt war Graun bereits tot, und Agricola hatte die Leitung der Hofkapelle übernommen. Schließlich erklang das Werk auch zur Feier des Endes des Siebenjährigen Kriegs im Februar 1763 noch einmal, als Friedrich der Große den Frieden von Hubertusburg unterzeichnete und so den endgültigen Aufstieg Preußens zur europäischen Großmacht besiegelte.

D

Die kirchenmusikalische Tradition der Hofkapelle erreichte schließlich 1786 ihren Höhepunkt, im Todesjahr ihres Neubegründers, der der Religion immer mit einer gewissen Skepsis gegenübergestanden hatte. Am 19. Mai, drei Monate vor Friedrichs Tod, führte die Berliner Hofkapelle unter der Leitung Johann Adam Hillers, nach englischem Vorbild und monumental in Szene gesetzt, Georg Friedrich Händels »Messias« im Berliner Dom auf. Bei der Wohlfahrtsveranstaltung unter der Schirmherrschaft von Friedrichs Neffen, dem Kronprinzen Friedrich Wilhelm, wirkten über 300 Musiker, Sängerinnen und Sänger mit, auch dessen eigene Kapelle. Bis auf den Monarchen selbst war fast die gesamte königliche Familie anwesend. Es dürfte sich um das größte musikalische Ereignis gehandelt haben, das Preußen bis dato gesehen hatte. Das Konzert war von einer geradezu historischen Tragweite. Es markierte nicht nur die beginnende Händel-Rezeption, es nahm auch die Einrichtung des später so wichtigen Fonds für notleidende Witwen und Waisen von Musikern vorweg und kann als der erste Auftritt der Hofkapelle als öffentliches Konzertorchester verstanden werden – und damit als der eigentliche Beginn dieser bedeutenden Tradition. Friedrich II. war zum Zeitpunkt dieser legendären Aufführung bereits schwer krank. Er starb am 17. August 1786 in Potsdam. Wie auch immer man heute seine ursprünglichen Intentionen gewichtet: Er hatte mehr für die musikalische Kultur Preußens getan als all seine Vorgänger.

1776

KAPITEL
III

1842

DER NEUERE GESCHMACK.
DIE BERLINER HOFKAPELLE
AUF DEM WEG ZUM
KONZERTORCHESTER

VON   Tobias Schwinger

KAPITEL III

Am 9. September 1786 versammelte sich der preußische Hof zur Trauerfeier für den am 17. August verstorbenen Friedrich den Großen in der Potsdamer Garnisonkirche. Auf Befehl seines Neffen und Thronfolgers Friedrich Wilhelm II. erklang bei der Feier die Trauerkantate »Cantus lugubris in obitum Friderici Magni«, eilig komponiert von Johann Friedrich Reichardt, der 1774 das Hofkapellmeisteramt übernommen hatte. Berichten zufolge wurde die Kantate von über 60 Sängern und von einer etwa 70 Musiker umfassenden Kapelle aufgeführt. Die von Reichardt gewählte Musiksprache wies nur noch Spurenelemente eines spätbarock-empfindsamen Stils auf, den Friedrich zeitlebens favorisiert hatte. Es überwogen ein auf äußerstes Pathos zielender harmonischer Ton, eine klassische Formensprache und ein moderner Klang.

Nicht nur die Ästhetik von Reichardts Kantate, auch die mit Pomp inszenierte Trauerfeier und der Ort des Begräbnisses wären nicht im Sinne des verstorbenen Monarchen gewesen, der vor dem von ihm errichteten Schloss Sanssouci seine letzte Ruhestätte hatte finden wollen, neben seinen Hunden und im Rahmen eines spartanischen Begräbnisses beim Schein einer Fackel. Stattdessen ließ ihn Friedrich Wilhelm II. in der Garnisonkirche an der Seite des ungeliebten Vaters bestatten. Durch Preußen wehte ein neuer Wind. Die Trauerfeier wurde zum Zeichen für einen Aufbruch in eine neue Zeit. Eine Zeit, deren einschneidende Wegmarken von der Französischen Revolution über die Napoleonischen Kriege zu Restauration und Vormärz reichen sollten. Eine Zeit, in der sich Berlins Einwohnerzahl mehr als verdoppelte und es sich als Zentrum Preußens in eine klassizistisch geprägte Großstadt und eine urbane Wissenschafts- und Kulturmetropole verwandelte.

Die kulturellen Modernisierungsschübe zeigten sich auch allgemein auf dem Gebiet der Musik. Als höfische Einrichtung blieb die Hofkapelle einerseits an den regierenden Monarchen gebunden, andererseits ist unübersehbar, dass sie durch Initiativen einzelner Mitglieder zu einem bedeutenden Träger des öffentlichen Konzertlebens der Stadt wurde. Die Zeit war von der Gleichzeitigkeit des Ungleichzeitigen geprägt. Alte musikalische Vorlieben blieben erhalten. Zugleich bildete sich das heraus, was man heute als »Klassik« bezeichnet. Das Programm der heraufziehenden Romantik kündigte sich an, und an einigen Orten feilte man bereits an der Interpretation barocker Instrumentalmusik.

Ein erster wesentlicher Schritt in der Entwicklung der Hofkapelle hatte sich bereits mit der Trauerfeier für Friedrich vollzogen, zu der, in Reichardts Worten, »die vereinigten doppelten Königlichen Orchester« auftraten. Mit Friedrich Wilhelm II. trat noch einmal ein Monarch die Thronfolge an, der seit seiner Jugend eine starke musische Neigung pflegte. Er hatte das Gamben- und das Violoncellospiel gelernt und seine eigene Kapelle finanziert, die dem Schriftsteller und Kritiker Friedrich Nicolai zufolge über »eine Sängerin, acht Violinspieler, drey Violoncellspieler, ein Violonspieler, ein Klavierspieler, zwey Bratschenspieler, zwey Flötenspieler, zwey Hoboespieler, zwey Fagottspieler und zwey Waldhornspieler« verfügte und Werke des »Who's Who« der Komponisten jener Zeit spielte. Die erste Amtshandlung des neuen preußischen Königs auf musikalischem Gebiet bestand darin, seine Kronprinzenkapelle mit der »alten« Hofkapelle zusammenzulegen.

Das sollte nur der Beginn einer neuen Kulturpolitik sein, in deren Folge das Hoforchester deutlich vergrößert wurde, um es für die Modernisierung der italienischen Hofoper

Das Französische Komödienhaus auf dem Gendarmenmarkt,
Gemälde von Carl Friedrich Fechhelm, 1788

Der Gendarmenmarkt mit dem Nationaltheater
von Carl Gotthard Langhans, Aquatintaradierung, um 1810

tauglich zu machen. Wurde unter Friedrich II. ein neuzeitliches Orchester für die Musik des mittleren 18. Jahrhunderts formiert, legte Friedrich Wilhelm II. mit seinem Orchesterausbau den Grundstein für den modernen Orchesterklang des frühen 19. Jahrhunderts. Durch die Zusammenlegung der beiden Kapellen wuchs die Zahl der Instrumentalisten zunächst auf über 60. Durch Neueinstellungen sollte die Berliner Hofkapelle 1795 mit 75 Musikern schließlich zu einem der größten Orchester Europas werden. Auch wurden das Personal des Balletts verdoppelt und neue Sängerinnen und Sänger für die Hofoper und die Opera buffa eingestellt. Virtuosen von Rang, unter ihnen der Violoncellist Jean-Louis Duport, der Hornist Jean Lebrun, der Klarinettist Joseph Beer und der Fagottist Georg Wenzel Ritter, wurden mit 1.400 bis 2.000 Talern Jahresgehalt zu herausragenden Konditionen verpflichtet. Auch viele der bislang schlecht bezahlten Kräfte erhielten Gehaltserhöhungen.

Friedrich Wilhelm II. signalisierte durch verschiedene Neuerungen größere Nähe zu seinen Untertanen, allerdings verfiel er nicht auf die Idee, die Hofkapelle institutionell auszuweiten oder gar für ein größeres Publikum zu öffnen. Sie blieb Bestandteil höfischer Repräsentation. In diesem Sinne ist auch die vom König veranlasste Umgestaltung des Inneren des Opernhauses Unter den Linden zu verstehen. Beauftragt wurde der Baumeister Carl Gotthard Langhans, der sich später auch für frühklassizistische Bauten wie das Brandenburger Tor oder das Potsdamer Marmorpalais mitverantwortlich zeigen sollte. Trotz der Umgestaltung blieb es dabei, dass die Logen bei nach wie vor freiem Eintritt dem Hofstaat und den in der Regel adligen Verwaltungsbeamten und das Parkett den Offizieren vorbehalten waren. Die Hofoper blieb Mittelpunkt dynastischer Repräsentation und spielte vorwiegend während der Karnevalssaison, darüber hinaus zu Geburtstagen, Hochzeiten und Staatsbesuchen. Für die Berliner Bürger gab es kaum Billetts, worüber sich zunehmend Unmut regte. Den Forderungen nach einem geregelten Kartenverkauf kam der Hof nicht nach. Erst während des Karnevals 1799/1800 machte man der bürgerlichen Schicht durch zusätzliche Benefiz-Opern- und Konzertabende zögerliche Zugeständnisse.

D

Die von Reichardt, Felice Alessandri, Vincenzo Righini, Friedrich Heinrich Himmel und Johann Gottlieb Naumann vertonten Stoffe für die Opera seria dienten dabei nach wie vor allem der Darstellung und symbolischen Legitimation der absolutistischen Herrschaft. Musikalisch-szenisch befanden sie sich allerdings auf der Höhe der Zeit. Gleiches gilt für die Opera buffa, die in den Schlosstheatern in Berlin, Potsdam und Charlottenburg gespielt wurde und bei der man sich überwiegend an zeitgenössischen italienischen und Wiener Produktionen orientierte. Auch in den übrigen höfischen Musizierformaten wurde der europäische Anschluss gesucht. Zwar liegen für die Hofkonzerte nur wenige detaillierte Informationen vor, doch berichtet Reichardt 1791: »In den Concerten des Königs spielen die Virtuosen und singen die Sänger Sachen von allen italiänischen, französischen und deutschen Komponisten ganz nach eigener Wahl.« Eine weitere musikalische Neuerung am Hof Friedrich Wilhelms II. waren die geistlichen Konzerte während der Fastenzeit. So wurde im März 1789 »La passione di Gesù Cristo«, Naumanns Passion nach Pietro Metastasio, im Rittersaal des Berliner Stadtschlosses aufgeführt. Im März 1792 folgten Antonio Rosettis Oratorium »Jesus in Gethsemane« und Himmels Oratorium »Isacco figura del redentore« im dortigen Weißen Saal.

Die bedeutendste kulturpolitische Neuerung allerdings betraf den Theaterbereich – mit weitreichenden Folgen für die

Hofkapelle, die zunächst noch niemand absehen konnte. Die ablehnende Haltung Friedrichs II. der deutschsprachigen Literatur gegenüber hatte die Förderung eines Nationaltheaters, wie es in Wien oder Mannheim existierte, undenkbar erscheinen lassen. Doch mit einem offiziellen Erlass bescherte Friedrich Wilhelm II. der preußischen Hauptstadt genau das. 1786 überließ er der deutschen Theatertruppe von Karl Theophil Döbbelin das französische Komödienhaus am Gendarmenmarkt, ernannte die Schauspieler zu Königlichen National-Schauspielern und sagte dem Unternehmen jährlich 5.000 Taler Unterstützung zu. Ab Ende 1789 übte die höfische Verwaltung die vollständige Kontrolle über das Theater aus, und aus dem »Nationaltheater« wurde das »Königliche Nationaltheater«. Dennoch gelang es den Direktoren, die den Großteil des Etats durch eigene Einnahmen erwirtschaften mussten, das Haus durch kluge Personal- und Programmpolitik in eine moderne deutschsprachige Bühne zu verwandeln, die von Hof, Adel, Militär und Bürgertum rege besucht wurde. Erreicht wurde dies unter anderem durch eine Spielplangestaltung, die mit Werken von August von Kotzebue und August Wilhelm Iffland in erster Linie dem Geschmack eines breiten Publikums entgegenkam, aber auch ambitionierte Shakespeare- und Schiller-Inszenierungen einschloss. Das Orchester des Theaters, das 1801 25 Musiker zählte, spielte bei Schauspielen, Balletten, Singspielen und Opern. Friedrich Wilhelm II. hatte damit ein deutschsprachiges, öffentliches und gleichwohl an den Hof gebundenes Theater geschaffen, das er aber nur zu einem geringen Teil selbst finanzieren musste.

In den ersten Jahren des Theaters standen überwiegend populäre Singspiele wie »Doktor und Apotheker« von Carl Ditters von Dittersdorf, das zwischen 1787 und 1853 113 Mal aufgeführt wurde, und Antonio Salieris »Axur, König von Ormus«, das zwischen 1792 und 1827 105 Mal geboten wurde, auf dem Opernspielplan, aber ab 1788 auch Mozarts »Entführung aus dem Serail« (zunächst unter dem Titel »Belmonte und Constanze«). 1792 folgte »Così fan tutte« und zwei Jahre später »Die Zauberflöte«. Mit der Steigerung der Einnahmen konnte man das Ensemble in den folgenden Jahren weiter vergrößern und noch aufwendigere Werke inszenieren. Denn woran es einem Nationaltheater nach Ansicht der Zeitgenossen noch fehlte, waren Werke der großen tragischen Oper. Diesem Wunsch kam man 1795 mit der vieldiskutierten Inszenierung von »Iphigenia in Tauris« des zwar deutschen, aber in Paris tätigen Opernkomponisten Christoph Willibald Gluck nach. Das französische Libretto der Gluck-Oper wurde dabei durch deutsche Textfassungen ersetzt und der Komponist selbst als Nationalkomponist vereinnahmt. Die Presse zeigte sich begeistert: »Der Direktion des Königlichen National-Theaters gebührt Dank dafür«, hieß es in einer Kritik, »daß sie dem Kunstwerke eines Deutschen Komponisten hat Gerechtigkeit widerfahren lassen, und an einem einleuchtenden Beispiele zeigt, daß auch Deutschland, wie Frankreich, Schweden und Dänemark, eine National-Oper haben könnte«.

Mit der Etablierung einer eigenen Aufführungstradition von deutschsprachig gesungenen großen Opern wurde ein emphatisch geführter Diskurs eröffnet, der seinen Höhepunkt schließlich im operngeschichtlich zentralen Ereignis der ersten Jahrhunderthälfte finden sollte. Die Uraufführung von Carl Maria von Webers »Freischütz« am 18. Juni 1821 wurde frenetisch gefeiert, löste ein regelrechtes »Freischütz«-Fieber aus, und die Oper selbst wurde mit sofortiger Wirkung zur »ersten echten deutschen Nationaloper« ernannt. Man kann es geradezu als hegelsche »List der Vernunft in der Geschichte« verstehen, dass sich ein unter der Direktion des Hofs stehen-

Der italienische Cellovirtuose Luigi Boccherini,
von König Friedrich Wilhelm II. zum Kammerkomponisten ernannt

Hofkapellmeister Johann Friedrich Reichardt,
Stich von 1790

»Eine kräftige Ouverture wäre hier um so besser angebracht gewesen, da man von der Beethovenschen Symphonie doch nur den ersten Satz spielte, welches für ein solches Concert auch eine kleine Unschicklichkeit war: denn es blieb eine durch die Anzeige erregte Erwartung unbefriedigt; auch ist es für den Componisten nachtheilig, aus einer von ihm absichtlich zusammengesetzten Symphonie nur einen Satz hören zu lassen.«

Hofkapellmeister Johann Friedrich Reichardt in einer Kritik
aus dem Jahr 1805 über eine Konzertserie der Hofkapelle

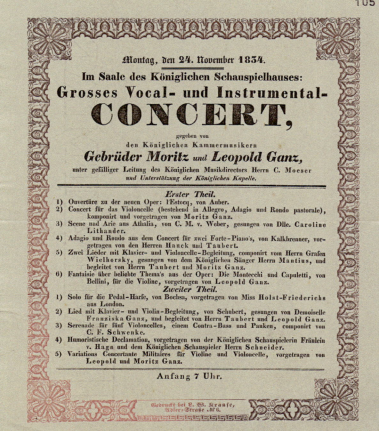

Programmzettel für ein Konzert der Kammermusiker
Moritz und Leopold Ganz, 1834

des, teilsubventioniertes Theater zu einem den Zeitgeist prägenden Unternehmen mit großem künstlerischen und emanzipatorischen Potenzial entwickelte.

Diese Entwicklung war erstaunlich, zumal sich die Umstände für die Musiker der Hofkapelle zwei Jahrzehnte zuvor wieder verschlechtert hatten. Nach dem Tod von Friedrich Wilhelm II. bestieg am 16. November 1797 Friedrich Wilhelm III. den preußischen Thron. Der auf eine sparsame Haushaltsführung bedachte neue König wurde dafür bekannt, ein fast schon bürgerliches Leben zu führen. Er löste die Opera buffa auf und schaffte die Institution der Hofkonzerte ab. Die aus seiner Sicht überzogenen Gehälter der Spitzenkräfte des Orchesters wurden deutlich gekürzt, allerdings erhielten die unterbezahlten Mitglieder zum Teil Zulagen. Die Anzahl der Musiker wurde durch die Pensionierung älterer Mitglieder bis zum Jahr 1806 auf 55 Spieler reduziert.

Auf dem Spielplan der Hofoper dominierten aus Gründen der Sparsamkeit Wiederaufnahmen. Die nunmehr eingeschränkte Tätigkeit der Hofkapelle blieb auch der Öffentlichkeit nicht verborgen. Die »Allgemeine musikalische Zeitung« wusste im Jahr 1800 zu berichten: »Man bekommt von der königl. Kapelle nichts zu sehen, nichts zu hören: denn nur äußerst wenige Mitglieder derselben halten sich in Berlin auf; die übrigen sind in Potsdam, wo es das ganze Jahr durch nichts zu thun giebt, indem der König seit dem Antritte seiner Regierung noch kein einziges Konzert gegeben hat.«

Zumindest die länger angestellten Musiker konnten seit der Regentschaft Friedrich Wilhelms II. darauf hoffen, nach ihrem Ausscheiden aus dem Dienst eine Pension zu beziehen, die in der Regel aus einem Teil ihres ehemaligen Gehalts bestand. Wenn ein Musiker starb, erhielten seine Angehörigen jedoch nur eine kurzzeitige Fortzahlung von dessen Bezügen. Die Not war hier oft groß. Daher gab Friedrich Wilhelm III. im Jahr 1800 der Bitte seiner Kapellmeister Himmel und Righini nach und ließ einen »Fonds zur Unterstützung der Witwen und Waisen« gründen, wie es ihn etwa schon in Dresden, Wien und Leipzig gab. Die bereits erwähnte Entscheidung, die Hofoper nach dem Karneval für zwei bis drei Benefizkonzerte zu öffnen, wurde vor diesem Hintergrund getroffen. Der Erlös der Konzerte kam nach Abzug aller Kosten vollständig dem Fonds zugute. Weiterhin wurde erlassen, dass jeweils ein Sechstel des reinen Ertrags aus allen übrigen in »Königl. Gebäuden und Kirchen« stattfindenden Wohltätigkeitskonzerten dahin fließen sollte. Auch wurden künftig aus dem Erlös jedes Konzerts, an dem königliche Kammermusiker mitwirkten, fünf Taler an den Fonds abgeführt. In Zeiten, in denen den meisten Menschen finanzielle Absicherungen unbekannt waren, war damit eine Regelung geschaffen worden, die solidarisches Handeln gegenüber Notleidenden erleichterte und von der in den folgenden Jahrzehnten auch reichlich Gebrauch gemacht wurde.

Das Scheitern der preußischen Neutralitätspolitik gegenüber Napoleon und die Niederlage bei Jena und Auerstädt führten 1806 zur schwerwiegendsten Zäsur in der Geschichte der Hofkapelle jener Zeit. Berlin wurde am 24. Oktober desselben Jahrs durch französische Soldaten besetzt. Der Hof floh nach Ostpreußen, und mit dem Frieden von Tilsit wurden große Gebietsverluste und Kontributionszahlungen an Frankreich und die französische Besatzung besiegelt. Für die Einwohner Berlins begannen zwei schwere Jahre, die von wirtschaftlichem Niedergang und der Einquartierung der französischen Soldaten geprägt waren. Das Konzertleben kam weitgehend zum Erliegen. Die Hofoper wurde geschlossen, die Mitglieder des Ensembles mussten sich ab 1807 mit einem Viertel ihrer Gehälter durchschlagen.

Das Nationaltheater hingegen erhielt vom Magistrat der Stadt die Anweisung, den Spielbetrieb aufrechtzuerhalten. Vierzehn Musiker der Hofkapelle konnte Iffland in sein dortiges Orchester integrieren und verschaffte auch dem Ballett der Hofoper gelegentlich Auftrittsmöglichkeiten. Es lag auf der Hand, dass ein neues Konzept für die Berliner Bühnen geschaffen werden musste. Die Verhandlungen darüber währten Jahre. Der König favorisierte eine Vereinigung von Hofoper und Nationaltheater und sollte sich damit auch durchsetzen – gegen den Widerstand vieler seiner Hofmusiker, die einen Status- und Prestigeverlust fürchteten. Carl Leopold Friedrich von der Recke, seit 1788 Direktor der Königlichen Hofoper, brachte diese Angst in einem Schreiben von 1807 auf den Punkt: »Dieses zum Theil aus den ersten Künstlern Europens bestehende Corps kann es nicht glauben, daß es aufhören solle, Ew. Königl. Majestät Hof-Capelle zu seyn, um bey so vermindertem Gehalte, bey dem National-Theater täglichen Repetitionen und Vorstellungen unterzogen und so zur alleinigen Rolle von Theater-Spielern herabgesetzt zu werden.«

V

Vollständig vollzogen wurde die Neuorganisation der Berliner Theaterlandschaft jedoch erst 1811. Iffland wurde zum »Generaldirektor« der neugeschaffenen »Königlichen Schauspiele« ernannt, die aus den königlichen Bühnen in Berlin, Potsdam und Charlottenburg bestanden. In beiden Häusern, dem Opernhaus und dem ehemaligen Nationaltheater, sollte von nun an nur noch in deutscher Sprache gespielt und gesungen werden. Als Kapellmeister sollten Righini und Bernhard Anselm Weber gleichberechtigt agieren. Für die Musiker ging die Neuregelung mit stetig wachsenden Vorstellungszahlen und einer zunehmenden Arbeitsbelastung einher. Gespielt wurde beinahe täglich, mit Ausnahme von Karfreitag und Heiligabend. Hinzu kamen die Vorstellungen auf den Schlössern in Potsdam und Charlottenburg.

Zunächst sollte der Konzertsaal des Nationaltheaters ausschließlich Konzerten der Hofkapelle vorbehalten bleiben. Das Orchester spielte in den Jahren 1811 bis 1813 zwei Serien von Konzerten, die zwar ob ihrer hohen Qualität gelobt wurden, aber in der Saison 1813/14 wohl aus wirtschaftlichen Gründen keine Fortsetzung fanden. Dieser Vorgang ist symptomatisch für die diskontinuierliche Entwicklung des Konzertwesens in Berlin zu Beginn des 19. Jahrhunderts. Zur Verstetigung hätte das eigentlich vielfältige Angebot einer mäzenatisch auftretenden Schicht von Adligen wie in Wien oder eines traditionsbewussten, wohlhabenden Bürgertums wie in Leipzig bedurft. Versuche zur Einrichtung ständiger Konzerte schlugen fehl. Die öffentlichen Konzerte jener Zeit wurden von Auftritten durchreisender Musiker dominiert, die zumeist unter »gütiger Unterstützung der Königl. Kapelle« auftraten, von Einzelauftritten der Mitglieder der Hofkapelle, von den Benefizkonzerten des Orchesters und Kirchenkonzerten. Demgegenüber stand allerdings eine Vielzahl privater und halböffentlicher Musizierformen und -vereinigungen. Als prominenteste unter ihnen kann die 1791 vom Hofkapell-Cembalisten Carl Friedrich Christian Fasch gegründete Sing-Akademie gelten.

Da die Mehrzahl der professionellen Musiker in Berlin Mitglieder der Hofkapelle waren, ist es wenig verwunderlich, dass die Versuche zur Etablierung von regelmäßigen Konzerten zumeist von ihnen ausgingen. So veranstalteten der Kammermusiker und spätere Konzertmeister Ernst Johann Christoph Schick und der Kammermusiker Joseph Anton Bohrer zwischen 1802 und 1805 Abonnementkonzertreihen, zunächst im Saal der Loge Royal York, später im Konzertsaal im Nationaltheater. Pro Wintersaison wurden – außerhalb der Karnevalssaison – zwölf Konzerte

Quartett-Komposition von Kapellmeister Georg Abraham Schneider, Autograf aus dem frühen 19. Jahrhundert

Sonnabend, den 17. März 1838.

Im Saale der Singakademie:
Grosses
Vocal- und Instrumental-Concert,
unter gefälliger Mitwirkung der Königl. Kapelle,
veranstaltet von
HUBERT RIES,
Königl. Concertmeister.

Erster Theil.

1) **Erste** Ouvertüre zu Leonore (im Jahre 1805 componirt), von L. van Beethoven (in Berlin noch nicht aufgeführt).
2) Concert in A-moll, für die Violine (Manuscript), componirt und vorgetragen von Hubert Ries.
3) Arie aus Euryanthe, von C. M. von Weber, gesungen von dem Königl. Sänger Herrn Bötticher.
4) Duett: „Der Wald," für Sopran und Tenor, componirt von F. Curschmann (neu), gesungen von der Königl. Sängerin Mlle. Grünbaum und dem Königl. Sänger Herrn Eichberger.
5) Grosse Introduction und Variationen für die Violine auf ein russisches Thema (Manuscript), componirt von Ferd. David, vorgetragen von Hubert Ries.
6) **Zweite** Ouvertüre zu Leonore (im Jahre 1806 componirt), von L. van Beethoven.

Zweiter Theil.
Preis der Tonkunst,
Cantate für vier Solo-Stimmen und Chöre, mit Begleitung des ganzen Orchesters.
Componirt im Jahre 1814 zum Wiener Congress
von
L. van Beethoven.
(In Berlin noch nicht aufgeführt.)
Die Gesangsparthien haben ein Theil der verehrten Mitglieder der Singakademie, unter Leitung des Musikdirektors Herrn Rungenhagen gütigst übernommen.

Unterzeichneter beehrt sich hiermit zu benachrichtigen, dass die Billets, wie bei den Aufführungen der Oratorien in der Singakademie, **numerirt** sind, und daher **die Nummer des Billets zugleich den Sitzplatz im Concert-Locale anweiset**. Zu der *Loge* sind *rothe* Billets, zu dem *Balcon blaue*, und zum *mittleren Raume* des Saales *weisse* Billets bestimmt, und bei dem Hauswart der Singakademie, Herrn Ritz, so wie in den Musikalienhandlungen des Herrn Trautwein, Breite-Strasse No. 8, Herrn Schlesinger, unter den Linden Nr. 34, in meiner Wohnung, Louisen-Strasse No. 11, und Abends an der Kasse zu haben.

Hubert Ries.

Anfang 7 Uhr. Ende 9 Uhr.
Der Saal wird um 6 Uhr geöffnet.

Gedruckt bei L. W. Krause, Adlerstrasse Nr. 6.

Programmzettel für ein »Großes Konzert« in der Sing-Akademie, 1838 gegeben. Das Orchester bestand aus Hofmusikern, aber auch aus sogenannten Dilettanten. All diese Konzertformen umfassten, den Hörgewohnheiten des Publikums entsprechend, eine Mischung aus Vokal- und Instrumentalmusik. Die Zuhörer wurden mit vertrauten Arien oder kurzen Szenen aus Opern und Oratorien unterhalten. Hinzu kamen virtuose Instrumentalkonzerte und schließlich die Aufführung von Sinfonien, entweder ganz oder in Teilen.

Das Entstehen einer Konzertform, in der ausschließlich Instrumentalmusik erklang, war ein langer Prozess, der sich weit bis in das 19. Jahrhundert zog. Das Hörverhalten des Publikums änderte sich nur langsam. Inhaltlich hatte man indes längst an das zeitgenössische Repertoire aus Italien, Süddeutschland, Wien und Paris Anschluss gefunden, auch wenn die Werke stets mit Berliner Eigenproduktionen der ansässigen Kapellmeister und Hofmusiker kombiniert wurden. So setzten Bohrer und Schick in der Saison 1803/04 auf Sinfonien, Ouvertüren, Instrumentalkonzerte und Vokalmusik von Beethoven, Mozart, Joseph Haydn, Étienne-Nicolas Méhul, Peter von Winter, Luigi Cherubini und anderen, aber auch auf Werke der Berliner Reichardt und Righini.

Eine weitere Konzertreihe, die »Musikalischen Divertissements«, wurde 1807, der wirtschaftlichen Not während der französischen Besatzung gehorchend, vom Kapellhornisten Georg Abraham Schneider ins Leben gerufen. Sie fand zunächst im Gartenhaus der Maison George in der Friedrichstraße und später im Saal des Palais des Prinzen Louis Ferdinand statt. In der Wintersaison 1810/11 entwickelten sich daraus große Abonnementkonzerte im Konzertsaal des Nationaltheaters. Schneider war seit 1803 Mitglied der Hofkapelle und hatte bereits als Solist und Orchestermusiker bei den Konzerten von Bohrer und Schick mitgewirkt. 1825 wurde er zum Kapellmeister ernannt. Eine Besonderheit an Schneiders Konzerten war, dass neben Sinfonien und größer besetzten Vokalwerken erstmals auch Kammermusik in großem Umfang in die Programme integriert wurde – Quartette und Quintette von Haydn etwa, von Mozart und ihm selbst.

Aber auch die Einführung der Instrumentalmusik Haydns und Mozarts bedurfte einer Vermittlung über die Vokalmusik. Übernahmen das bei Mozart die Opern, die das Publikum bereits seit den 1790er Jahren durch Aufführungen im Nationaltheater kannte, kam diese Rolle bei Haydn den Oratorien zu. Fachzeitschriften, an der Spitze die Leipziger »Allgemeine musikalische Zeitung«, lieferten die Informationen über aktuelle Werke aus den Musikzentren Europas, und der wachsende Musikalienmarkt sorgte für eine schnelle Verfügbarkeit des Notenmaterials. Zwischen der Uraufführung von Haydns »Die Schöpfung« in Wien 1798, ihren euphorischen Besprechungen in der »Allgemeinen musikalischen Zeitung«, dem Druck des Notenmaterials und den europaweiten Aufführungen vergingen kaum zwei Jahre. Die »Schöpfung« und auch Haydns »Jahreszeiten« wurden ab 1800 regelmäßig bei Wohltätigkeitskonzerten der Hofkapelle gespielt.

Auch Mozarts »Requiem« wurde in Preußen schon früh aufgeführt – erstmals am 8. Oktober 1800 in der Garnisonkirche, von der Sing-Akademie unter der Leitung ihres neuen Direktors Carl Friedrich Zelter. Dieses Konzert bildete auch den Beginn einer langjährigen Kooperation der Sing-Akademie mit der Hofkapelle, etwa bei den Karfreitagskonzerten, die ab 1801 in Mode kamen und mit wenigen Unterbrechungen bis 1884 Bestand hatten. Mit Grauns »Der Tod Jesu« griff Zelter dabei häufig auf das musikalische »Denkmal« Preußens zurück, aber auch auf die Oratorien Händels, insbesondere dessen »Messias«. Die enge Bindung zwischen Hof, Hofkapelle und

Sing-Akademie spiegelte sich auch in zahlreichen Konzerten zu höfischen Anlässen und dem Umstand wider, dass viele Sängerinnen, Sänger und Musiker von Hofoper und Hofkapelle zugleich Mitglieder der Sing-Akademie waren. Auch als 1826 die Philharmonische Gesellschaft, ein Liebhaberorchester, die Rolle der Hofkapelle für die eigenen Konzerte der Sing-Akademie übernahm, standen an dessen Spitze stets Hofmusiker. So etwa bei der legendären Wiederaufführung von Bachs »Matthäus-Passion« am 11. März 1829 im Saal der Sing-Akademie, initiiert und geleitet von niemand anderem als dem jungen Felix Mendelssohn Bartholdy.

Ein Phänomen eigener Art bildet die Rezeption der Werke Beethovens in Berlin, die zentral für den Ruhm des »Wiener Klassikers« war. Beethoven selbst hatte den Kontakt nach Berlin nach einem Besuch im Jahr 1796 nie ganz abreißen lassen und den Aufführungen einiger seiner großen Werke über die Zusendung von Partituren und die Widmung von Kompositionen den Boden bereitet. So sandte er Iffland 1814 eine Partitur des »Fidelio«. Unter dessen Nachfolger Graf Carl von Brühl erlebte das Werk ab 1815 eine Serie erfolgreicher Aufführungen im Nationaltheater. Gleichwohl scheiterte er 1823 mit einer Offerte an die Sing-Akademie zur Subskription seiner »Missa solemnis«, die in Berlin erst 1828 in einem Bußtagskonzert der Hofkapelle unter Gaspare Spontini erklingen sollte. Ein Zusammenhang zwischen der Widmung der 9. Sinfonie im Frühjahr 1826 an Friedrich Wilhelm III. und der zweimaligen Aufführung des Werks in Berlin im gleichen Jahr liegt hingegen auf der Hand, auch wenn der Monarch die »Freiheitsmelodien« des »Fidelio« noch abgelehnt hatte. Die Etablierung von Beethovens Instrumentalmusik, die lange Zeit als »schwierig« und »bizarr« galt, durchlief im Konzertleben Berlins eine etwa dreißigjährige Entwicklung, an deren Anfang die Abonnementkonzerte von Bohrer und Schick gestanden hatten. Zunächst kamen die Werke nur auszugsweise ins Programm, etwa im Dezember 1804, als der erste Satz der 1. Sinfonie aufgeführt wurde. Das animierte Reichardt zum weitsichtigen Kommentar, dass Beethoven ein »genialischer Künstler« sei, dem es zum Nachteil gereiche, »aus einer von ihm absichtlich zusammengesetzten Symphonie nur einen Satz hören zu lassen«. Auch Schneider integrierte Beethovens frühe Werke in seine Programme. Im Jahr 1813 schließlich trat jener Mann in Sachen Beethoven auf den Plan, dem man am Ende seiner Karriere bescheinigte, er sei der wahre »Beförderer des Geschmacks an classischen Symphonien und Quartetten« in Berlin gewesen: Carl Moeser. Mit dem Beginn seiner »Quartettsoireen« im Winter 1813/14 im Englischen Haus legte er den Grundstein für eine langjährige Abonnementkonzertreihe, in der er die Zuhörer nicht nur mit den Quartetten Mozarts, sondern auch mit denen Haydns und eben Beethovens vertraut machte. Letztere hatte er zehn Jahre zuvor in Wien persönlich kennengelernt. Daneben trat er als unermüdlicher Konzertunternehmer »Großer Konzerte« in Erscheinung, in denen ab den Zwanzigerjahren erstmals die 3., die 5. und die 9. Sinfonie Beethovens vollständig in Berlin erklangen.

Als prominentes Mitglied der Hofkapelle – 1812 wurde er Konzertmeister, 1825 Musikdirektor und 1842 Kapellmeister – konnte er für diese Konzertabende auf die besten Musiker zurückgreifen. Zu Moesers Feier seines 50-jährigen Kapelljubiläums im Jahr 1842, zu der 250 Gäste erschienen, unter ihnen Franz Liszt, Giacomo Meyerbeer und Mendelssohn,

Partitur der 9. Sinfonie von Ludwig van Beethoven,
mit einer Widmung an Friedrich Wilhelm III., 1826

104

Konzert- und Kapellmeister Carl Moeser,
Zeichnung von Franz Krüger, 1824

spielte das Orchester des 2. Garde-Regiments einem Bericht zufolge nicht nur dessen eigene Kompositionen, sondern auch »mehrere Sätze aus Beethoven'schen Symphonieen, gleichsam um anzudeuten, daß der Jubilar es war, der diesen grandiosen, genialen Tonwerken in Berlin Eingang verschaffte, und sowohl das Publikum als die Königl. Kapelle zuerst damit bekannt machte«.

I

In der Entwicklung der Konzertprogramme Moesers spiegelte sich nicht nur der erwähnte langsame Wandel von gemischten vokal-instrumentalen Konzerten zur Darbietung reiner Instrumentalmusik wider, sondern auch die politische Mentalität der Zeit. Publizistische Unterstützung erfuhr er vor allem von Seiten der 1824 begründeten »Berliner Allgemeinen Musikalischen Zeitung« und ihres Redakteurs Adolf Bernhard Marx, einem der glühendsten Anhänger der Werke Beethovens in Berlin. In seinen Rezensionen und Werkanalysen ist nachzulesen, dass Beethoven den »Triumph der Instrumentalkomposition« verkörpere. Darüber hinaus wird darin das nach den Befreiungskriegen (1813–1815) und schließlich dem Sieg über Napoleon wachsende nationale Empfinden greifbar. Die Instrumentalwerke Haydns, Mozarts und Beethovens wurden immer öfter mit den Zuschreibungen »classisch« und »classisch deutsch« versehen und die Werke dieser »heiligen Trias« im imaginierten »vaterländischen« Raum einer deutschen Kulturnation kanonisiert. Bei allem nationalen und nationalistischen Pathos der Texte des Musikredakteurs ging es ihm aber vor allem um die musikalische Bildung des Berliner Publikums. Er wollte, dass man lerne, »Symphonien, Musik ohne Zerstreuung und um ihrer selbst willen zu hören«. In Moesers Quartett- und Sinfonie-Soireen, die nach seiner Pensionierung nahtlos in die neu gegründeten »Sinfonie-Soireen« der Hofkapelle übergingen, erkannte Marx die kongeniale Umsetzung seiner Vorstellungen. Der Konzertalltag Berlins indes sollte von diesen avancierten Ideen noch lange unbeeindruckt bleiben.

Die lange Friedensphase nach den Befreiungskriegen ging in Preußen nicht nur mit einem gesteigerten Patriotismus einher. Innenpolitische Reformen wurden zwar nur zögerlich fortgeführt und auch die vieldiskutierte Verfassung trat nie in Kraft, doch dafür kam es zu einer unübersehbaren kulturpolitischen Neuausrichtung. Dies lässt sich stellvertretend an zwei Personalentscheidungen Friedrich Wilhelms III. im Jahr 1815 festmachen: an der Ernennung Carl Friedrich Schinkels zum Geheimen Ober-Baurat und der Berufung des bereits erwähnten Carl von Brühl als Generalintendant der Königlichen Schauspiele. Beide Entscheidungen hatten weitreichende programmatische und ästhetische Reformen zur Folge, und die Zusammenarbeit der beiden Männer – man denke nur an Schinkels legendäre, bis heute nachwirkende Bühnenbilder – wurde zur Grundlage einer der bedeutendsten Epochen der Berliner Theater- und Operngeschichte.

Die für die Entwicklung der Hofkapelle folgenreichste personelle Veränderung jener Ära bestand jedoch in der Berufung des italienischen Komponisten Gaspare Luigi Pacifico Spontini zum »General-Musikdirektor« im Jahr 1820. Er war der erste, der diesen Titel verliehen bekam. Spontini galt aufgrund seiner Pariser Erfolge »La Vestale« und »Fernand Cortez« als einer der bedeutendsten Opernkomponisten seiner Zeit. Friedrich Wilhelm III. hatte dessen Werke bei Paris-Aufenthalten in den Jahren 1814 und 1817 kennengelernt und kümmerte sich fortan energisch um seine Anwerbung. Spontini wurde gegen den erklärten Willen Graf von Brühls eingestellt, der den erfahrenen Kapellmeister und aufstrebenden Komponisten Carl Maria von Weber favorisierte, dessen »Freischütz« er ein Jahr später mit so großem Erfolg uraufführen ließ. Weber allerdings war aus politischen Gründen bei Hof nicht durchsetzbar. In Spontini erkannte der König einen Komponisten, dessen klassizistische Werke im Gewand der Tragédie lyrique am ehesten dem wiedererwachten Repräsentationsbedürfnis der auf Festigung bedachten Monarchie entsprachen.

S

Sosehr Spontinis Arbeit in den beiden folgenden Jahrzehnten das Publikum polarisierte, so sehr prägte er diese Ära mit exzellenten Inszenierungen von technisch und in ihrer Ausstattung anspruchsvollen Werken von Meyerbeer, Gioachino Rossini, Louis Spohr, Daniel-François-Esprit Auber, Heinrich Marschner, Vincenzo Bellini und nicht zuletzt ihm selbst. Dafür ließ er auch das Personal der Oper stark vergrößern, insbesondere das des Orchesters und des Chores. Weist der Kapelletat 1821 noch 42 Positionen im Orchester aus, sind 1840 ganze 90 festangestellte Musiker verzeichnet. Unter der Leitung des begnadeten Orchestererziehers entwickelte sich die Hofkapelle nach Meinung vieler Zeitgenossen zu einem herausragenden Ensemble. Mit Gründung des »Spontini-Fonds« 1826 half er notleidendem Theaterpersonal und verzichtete dafür auf die Erlöse aus seinen Benefizkonzerten. Zudem sollte er sich vor allem gegen Ende seiner Amtszeit für die Besserstellung der gering besoldeten Orchestermusiker einsetzen. Doch trotz dieser Leistungen blieb Spontini, unter anderem seines schwierigen Charakters wegen, nicht unbedingt als ein beliebter Generalmusikdirektor in Erinnerung.

Mit seiner vielfach bezeugten Selbstherrlichkeit machte er sich viele Berliner zu Feinden. Sein Dauerstreit mit Brühl führte 1828 zu dessen Rückzug aus dem Amt des Intendanten, und mit seiner manischen Probenarbeit brachte er Orchester, Sängerinnen und Sänger regelmäßig an den Rand des Wahnsinns. Er verkörperte das Gegenteil von dem, was ein Großteil des Publikums im nationalen »Freischütz«-Fieber von der Oper wollte. Um sich zu vergegenwärtigen, mit wie viel Arbeit die Musiker in dieser Zeit zu rechnen hatten, lohnt ein Blick in die Etats der Verwaltung. Allein 1838 gab es insgesamt 509 Vorstellungen, 470 davon in Berlin, 27 in Potsdam und 12 in Charlottenburg. Es kamen sieben neue Opern, drei neue Ballette und 26 neue Schauspiele zur Aufführung. Das Orchester musste an einem Abend bis zu drei Vorstellungen abdecken. Spontini versuchte, diese Situation durch sogenannte »Accessisten« zu verbessern. Das waren junge, nicht regulär angestellte Musiker, die darauf hofften, eines Tages in ein ordentliches Anstellungsverhältnis übernommen zu werden. In der Regel kamen sie von der 1822 von Spontini und Brühl initiierten »Unterrichtsschule für junge Violinisten«, auch »Accessisten-Schule« oder »Königliche Musik-Schule« genannt, die im Laufe der Jahre auch um Klassen für Cellisten und Bläser ergänzt wurde. Unter der Leitung Moesers wurden sie dort von Hofmusikern ausgebildet. Wie die Kapellakten zeigen, übernahmen die jungen Instrumentalisten teilweise viele Jahre lang beinahe unentgeltlich Dienste im Orchester. Es sei »zum Vortheile des Instituts«, hieß es unumwunden, junge Leute »mit so geringen Gehältern anstellen zu können«.

Spontini förderte nicht zuletzt auch die Sinfonik. Er tolerierte, dass Musiker der Hofkapelle und Accessisten an Moesers bedeutender Konzertreihe mitwirkten. Und schließlich dirigierte er selbst bedeutende Aufführungen, in deren Zentrum die Werke Händels, Haydns, Mozarts, Beethovens, Glucks und Spohrs standen. Eine der ersten dürfte das Konzert am 27. Februar 1821 gewesen sein, das die Hofkapelle gemeinsam mit der Sing-Akademie zur Einweihung des Konzertsaals des Schinkel'schen Schauspielhauses spielte. Dort stand Händels »Alexanderfest« auf dem Programm. Außerdem gelang

8

Mit Allerhöchster Genehmigung.

Montag, den 23. April 1832, am zweiten Osterfeiertage,
Mittags von 12 bis 2 Uhr,
im Saale des Königlichen Schauspielhauses:
Grosse
Musikalische Academie,
veranstaltet von
Carl Moeser,
Königlichem Musikdirector.
(Unter Mitwirkung sämmtlicher Mitglieder der Königl. Kapelle und der Königl. Musikschule.)

Inhalt.

1) Ouvertüre zu: „Die Ruinen von Corinth," von Beethoven. (Opus 117, hier noch nicht aufgeführt.)
2) Grosse Scene und Arie aus der Oper: „Idomeneo," mit obligater Violine, von Mozart, gesungen von der Königl. Sängerin Fräulein v. Schätzel, begleitet von C. Moeser.
3) Neues Concertino für die Violine, vorgetragen von C. Moeser.
4) Grosses Terzett von Beethoven, (Opus 116, hier noch nicht öffentlich vorgetragen), gesungen von Fräulein von Schätzel, den Königl. Sängern Herren Mantius und Devrient.

5) Ouvertüre von C. Moeser.
6) „Der Schweizerbub'," Variationen für Gesang, mit Begleitung des Orchesters, gesungen von Fräul. v. Schätzel.
7) Concertante für Violoncell und Violine, von Mazas, arrangirt und vorgetragen vom Königl. Kammermusikus Herrn Moritz Ganz und C. Moeser.
8) Die Schlacht bei Vittoria, nebst der dazu gehörigen, unmittelbar darauf folgenden Sieges-Simphonie, kriegerisches Tongemälde von L. Beethoven.
[Die zur Nachahmung des Kanonendonners und des Gewehrfeuers anzuwendenden Maschinen, so wie die Feld-Signale der Trompeten und der übrigen Feldmusik, sollen zur Erhöhung der Täuschung und Beförderung des Effekts, von dem Haupt-Orchester entfernt und in den verschiedenen Räumen des Saales aufgestellt werden.]

Der Anfang ist punkt 12 Uhr. Der Saal wird um 11 Uhr geöffnet.

107

Programmzettel für eine »Grosse Musikalische Academie«,
veranstaltet von Carl Moeser, 1832

Gaspare Spontini, der erste preußische Generalmusikdirektor,
Gemälde von Luigi Nicoli, frühes 19. Jahrhundert

Spontini 1824 eine nach Meinung des Musikredakteurs Marx geradezu mustergültige Berliner Erstaufführung von Beethovens 7. Sinfonie, wenngleich sich der Kritiker vier Jahre später erbarmungslos über das historisch bedeutsame Bußtagskonzert des Maestros im Opernhaus im April 1828 äußerte, in dem zu Beginn die 5. Sinfonie Beethovens, danach »Kyrie« und »Gloria« aus dessen »Missa solemnis«, die Coriolan-Ouvertüre und zum ersten Mal überhaupt öffentlich das »Credo« aus Bachs h-Moll-Messe erklangen. Für Marx, den entschiedensten Gegner fragmentierter Werkdarbietungen, war das ein Skandal. Dennoch kam er nicht umhin, das Engagement Spontinis für diese bedeutenden Werke mit dem schönen Satz zu loben: »Den Wirkenden lasst uns ehren, selbst wenn er irren sollte«. Spontini war es wohl auch, der Moeser auf die frühen Streichersinfonien des vierzehnjährigen Felix Mendelssohn Bartholdy hinwies, worauf dieser eines der Werke im April 1823 im Konzertsaal des Schauspielhauses aufführte. Laut einer Zeitungsnotiz erregte dieses Konzert »die größten Hoffnungen«. Heinrich Heine beschrieb Mendelssohn in seinen »Briefen aus Berlin« bereits damals als einen »zweiten Mozart«. Es sollte aber noch zehn Jahre dauern, bevor Mendelssohn zum ersten Mal die Hofkapelle dirigierte. Bei jedem der drei Konzerte, zu denen er verpflichtet worden war, warf er dann aber alles ihm bis dato künstlerisch zu Gebote Stehende in die Waagschale und präsentierte Uraufführungen seiner großen Werke: am 15. November 1832 die Reformationssinfonie, am 1. Dezember die Ouvertüre »Meeresstille und glückliche Fahrt« und am 10. Januar 1833 die überarbeitete »Hebriden-Ouvertüre« und die Erstfassung der Kantate »Die erste Walpurgisnacht«. Damit nicht genug: In Berliner Erstaufführungen erklangen seine Sommernachtstraum-Ouvertüre, sein 1. Klavierkonzert und das »Capriccio brillant« für Klavier und Orchester. Als Pianist präsentierte er Beethovens Waldsteinsonate, die Mondscheinsonate und das 4. Klavierkonzert, Bachs d-Moll-Konzert (BWV 1052) und sein eigenes Capriccio fis-Moll für Klavier. Zudem führte er gemeinsam mit Heinrich Bärmann Webers »Grand Duo concertant« für Klavier und Klarinette auf. Mehr ging nicht.

D

Dass die Geschichte »Mendelssohn und Berlin«, ebenso wie das Verhältnis des Komponisten zu Spontini, einen so schwierigen Verlauf nehmen würde, ahnte damals noch niemand. Sollte sich Mendelssohn mit der beeindruckenden Präsentation seiner Fähigkeiten tatsächlich Chancen auf die Nachfolge Zelters bei der Sing-Akademie ausgerechnet haben, wurden seine Hoffnungen enttäuscht. Bei der Wahl am 22. Januar 1833 wurde mit deutlicher Mehrheit Carl Friedrich Rungenhagen vorgezogen. Aus den Tagebucheinträgen des Schauspielers und Regisseurs Eduard Devrient geht hervor, dass dabei, zumindest teilweise, auch ein latenter Antisemitismus eine Rolle gespielt hatte. Mendelssohn kehrte der Stadt vorerst den Rücken. Sie blieb für ihn »einer der sauersten Äpfel, in die man beißen kann«.

Erst 1841 bot sich eine neue Möglichkeit, mit der Hofkapelle zusammenzuarbeiten. Friedrich Wilhelm IV. hatte die Nachfolge seines im Sommer 1840 verstorbenen Vaters angetreten. Im Zuge seiner Bemühungen, Berlin als Kunst-, Kultur- und Wissenschaftsmetropole aufzuwerten, wollte der neue Monarch auch Mendelssohn zurückgewinnen. Nach langwierigen Verhandlungen verließ dieser Leipzig, wo er als Dirigent und Komponist gefeiert worden war, und kam im Juli 1841 nach Berlin zurück. Seine noch vagen Anstellungsbedingungen sollten erst im Laufe des Jahrs genauer ausgehandelt werden. In Aussicht gestellt wurden ihm die Direktion einer musikalischen Klasse an der Akademie der Künste, was nach Mendelssohns Vorstel-

127

Mittwoch, den 13. Mai 1835.

Am Busstage.

Im Königlichen Opernhause:

Das Alexander's-Fest,

oder:

Die Gewalt der Musik.

Grosse Cantate aus dem Englischen des Dryden, übersetzt von Ramler. In Musik gesetzt von Händel, mit einer neueren Bearbeitung von Mozart.

Vorher:

Sinfonie Eroica, v. Beethoven.

Ausgeführt von den Königlichen Sängerinnen Demoiselle Grünbaum, Demoiselle Lentz, den Königlichen Sängern Herren Bader, Mantius, Devrient, Blume und Hammermeister, so wie von den übrigen Königlichen Sängern und Sängerinnen, den sämmtlichen Mitgliedern der Königlichen Kapelle, der Königlichen Musikschulen und dem gesammten Chorpersonale des Königlichen Theaters,

unter Direction des K. General-Musikdirectors, Ritters Herrn SPONTINI.

Die Einnahme ist zum Besten einer Unterstützungs-Kasse
(SPONTINI-FONDS)
für hülfsbedürftige Theater-Mitglieder bestimmt.

Die Abonnements und freien Entréen sind ohne Ausnahme nicht gültig.

Textbücher sind an der Kasse für 2½ Sgr. zu haben.

Billets zu den Logen des ersten, zweiten und dritten Ranges, den Parquet-Logen, dem Orchester, Parquet und Parterre, sind im Billet-Verkaufs-Büreau zu folgenden Preisen zu haben:

Ein Platz in den Logen des ersten Ranges 1 Rthlr. Ein Platz in den Logen des zweiten Ranges 15 Sgr. Ein Platz in den Parquet-Logen 20 Sgr. Ein Platz im Orchester und ein gesperrter Sitz 20 Sgr. Ein Platz in den Logen des dritten Ranges 10 Sgr. Ein Platz im Parterre 15 Sgr. Amphitheater 7½ Sgr.

Anfang 6 Uhr; Ende 9 Uhr.
Die Kasse wird um 5 Uhr geöffnet.

Programmzettel für ein Benefizkonzert unter der Leitung Spontinis, 1835

Generalmusikdirektor Felix Mendelssohn Bartholdy,
Gemälde von Theodor Hildebrandt, 1834/35

Adolf Bernhard Marx, Beobachter und Impulsgeber des
Berliner Musiklebens, Zeichnung von Wilhelm Hensel, 1837

»Die musikalische Bildung eines so beachtenswerthen Publikums, als das der Berliner, ist daher unvollkommen, so lange es nicht an der Auffassung der Symphonien gereift ist.«

Adolf Bernhard Marx in einer Rezension über ein Konzert des Kapellmusikers und Komponisten Wilhelm Braun, 1824

114

Gedenkmünze anlässlich der Uraufführung von Mendelssohns
Schauspielmusik zu Ludwig Tiecks »Antigone«, 1842

lungen die Einrichtung eines Konservatoriums bedeutet hätte, die Leitung einer unbestimmten Zahl von Konzerten mit der Hofkapelle sowie 3.000 Taler Gehalt. Bekanntlich nahm die Geschichte einen anderen Verlauf. Zwar wurde Mendelssohn von Friedrich Wilhelm IV. im September zum Kapellmeister ernannt, doch die Pläne für ein Konservatorium verwarf der König 1842 wieder und machte den Komponisten zum »Königlich preußischen Generalmusikdirektor«, um ihn an die »Spitze aller evangelischen Kirchen-Musik der Monarchie« zu stellen. Was gut klang, war eine Enttäuschung für Mendelssohn und ging zudem mit unüberwindbaren Widerständen in Berlin einher. Er reiste nach England, gab Konzerte im Gewandhaus in Leipzig, das zu seiner eigentlichen Heimat geworden war, und kehrte nach nur drei Jahren schließlich wieder dorthin zurück.

L

Letztlich war er nur Teil der großen Personal-Rochade jener Umbruchjahre geworden, deren Hin und Her die häufig wechselnden Interessen des unsteten neuen Monarchen widerspiegelten. Am Anfang des Postenkarussells stand der spektakuläre Abgang Spontinis. Dieser war 1841 nach einer missverständlichen Äußerung in der ihm seit langem feindlich gegenüberstehenden Presse wegen Majestätsbeleidigung angeklagt worden – von niemand anderem als Friedrich Wilhelm von Redern, der Graf von Brühl 1832 als Generalintendant der Königlichen Schauspiele gefolgt war. Spontinis Verurteilung führte zur Entlassung aus allen Verpflichtungen, wenn auch bei Beibehaltung von Gehalt und Titel. Einer Gefängnisstrafe entging er nur, weil der König ihn begnadigte. Zu seinem Nachfolger und Leiter der Hofmusik wurde im Juni 1842 Giacomo Meyerbeer ernannt, dessen große Pariser Erfolgsoper »Die Hugenotten« unter dem Vater des neuen Monarchen noch der Zensur zum Opfer gefallen war. Wohl ohne Wissen Rederns wurde allerdings auch nach einem neuen Generalintendanten gesucht, und schließlich übernahm der theatererfahrene Münchner Karl Theodor von Küstner das Amt. Redern selbst wurde in das neugeschaffene Amt eines Generalintendanten der Hofmusik versetzt. Und schließlich wurde 1842 auch noch Carl Moeser pensioniert. Wilhelm Taubert wurde an seiner Stelle zum Kapellmeister ernannt. Damit waren die Weichen für ein weiteres Kapitel in der Geschichte der Hofkapelle im bekanntermaßen »langen« 19. Jahrhundert gestellt.

1842

KAPITEL IV

1918

VON DER BEGRÜNDUNG
DER »SINFONIE-SOIREEN«
DER KÖNIGLICH PREUSSISCHEN
HOFKAPELLE BIS
BIS ZUM ENDE DES DEUTSCHEN
KAISERREICHS

VON Detlef Giese

118

KAPITEL
IV

In der Zeit des Vormärz konnte man das große Atemholen, das dem Ausbruch der bürgerlichen Revolution von 1848 voranging, förmlich spüren. Unsicherheit und Spannungen lagen in der Luft, aber auch Chancen und Möglichkeiten. Die preußische Residenz Berlin war von den Veränderungen jener Jahre besonders betroffen. Die Auswirkungen dieser Zeit sollte man hier noch viele Jahre, ja Jahrzehnte lang fühlen.

Dabei hatte der seit 1840 regierende König Friedrich Wilhelm IV., der nicht immer gut beleumundete »Romantiker auf dem Thron«, der Bevölkerung gewisse Zugeständnisse gemacht. Er hat die Zensur gelockert und Preußen zu einem liberaleren Land werden lassen. Zudem baute er das Berliner Schloss aus und rückte es wieder stärker in den Mittelpunkt des Stadtlebens. Er verspürte den Ehrgeiz, Berlin zu einer Kulturmetropole von europäischem Rang zu machen.

Bereits 1846, nachdem der Monarch in der Stadt seine ersten architektonischen Akzente gesetzt hatte, war in Karl Baedekers »Handbuch für Reisende in Deutschland« zu lesen: »Berlin ist unstreitig auch eine der schönsten Städte Europas. Ihr Lichtpunkt ist der weite Raum vom königl. Schlosse bis zum Brandenburger Tor. Nicht leicht mag man soviel glänzende und herrliche Gebäude zusammen finden als auf diesem Raume, jenen Riesenbau, das Schloss, die prachtvolle Säulenhalle des Museums, die im edelsten Stile gehaltene neue Königswache, das Opernhaus, das so glücklich hergestellte Universitätsgebäude, das Zeughaus, von manchen für das tüchtigste und schönste Gebäude der Stadt gehalten, der Palast des Prinzen von Preußen, die Akademie – alles Bauwerke, die man von einem und demselben Standpunkte übersehen kann, während der Gendarmenmarkt mit den beiden Kirchen und dem im großartigsten Stile gehaltenen Schauspielhause nur wenige Schritte davon entfernt ist. Die Linden und der Platz am Opernhause sind unzweifelhaft der Brennpunkt des Berliner Glanzes und Lebens.«

Vier Jahre zuvor war von einer der zentralen Kulturinstitutionen des preußischen Staats ein beachtlicher Neuanfang gewagt worden, der ohne Zweifel zu dem von Baedeker beschriebenen neuen Flair Berlins beitrug. Die Königlich Preußische Hofkapelle, an der Hofoper Unter den Linden als Theaterorchester beheimatet, begann damit, reguläre Sinfoniekonzerte zu veranstalten und so auch eigenständig als Klangkörper zu agieren. Die zunächst noch »Symphonie-Soireen« genannten Konzerte waren als Serien angelegt, mit wechselnden, obgleich nicht sonderlich variantenreichen Programmen – gegenüber den bisherigen Aktivitäten in Sachen Konzert jedoch eine spürbar neue Ausrichtung.

Mit diesen Ideen war man in Berlin nicht allein, wurden 1842 doch auch in Wien und New York ähnliche Konzertreihen ins Leben gerufen, verbunden mit der Etablierung zweier bis heute besonders prominenter Orchester, den Wiener Philharmonikern und dem New York Philharmonic Orchestra. In Wien zeichnete der Hofopernkapellmeister Otto Nicolai für die Einrichtung der Philharmonischen Konzerte verantwortlich, die ab Ende März 1842 zunächst als »Philharmonische Akademien« firmierten. In New York war es die »Philharmonic Society«, die am 7. Dezember das erste Sinfoniekonzert des ersten Sinfonieorchesters der Vereinigten Staaten realisierte.

Für die Berliner Musikgeschichte sollte 1842 auch über die Begründung der Sinfonie-Soireen hinaus gleich in mehrfacher Hinsicht ein bedeutendes Jahr sein, markiert es

Die Enthüllung des Richard-Wagner-Denkmals im Berliner Tiergarten, Gemälde von Anton von Werner, 1908

Die Lindenoper, Gemälde von Eduard Gaertner, 1845

doch das Ende einer Ära und zugleich einen Neubeginn. Wie schon erwähnt, verabschiedete sich der für das Berliner Konzertwesen so bedeutende Carl Moeser in den Ruhestand. Darüber hinaus wurde der Preußische Generalmusikdirektor Gaspare Spontini nach mehr als zwei Jahrzehnten wirkungsmächtiger, wenngleich nicht unumstrittener Tätigkeit regelrecht von seinem Posten verjagt. Sein Nachfolger war der europaweit berühmte, in der Mark Brandenburg geborene Giacomo Meyerbeer, der gefeierte Meister der »Grand opéra«, von dessen Engagement man sich in Oper wie Konzert neue Akzente erhoffte. Auch auf der administrativen Ebene gab es, wie bereits erwähnt, einen Wechsel: Karl Theodor von Küstner, zuvor am Münchner Hoftheater aktiv, wurde zum Intendanten bestimmt. Der ausgemachte Bürokrat traf bei den Künstlern und Mitarbeitern der Königlichen Theater nicht unbedingt auf positive Resonanz. Allen Widerständen zum Trotz amtierte er indes fast neun Jahre lang – eine ereignisreiche Zeitspanne, in die nicht nur der verheerende Brand des Opernhauses im August 1843 sowie sein sofortiger, mit umfassenden Modernisierungsmaßnahmen einhergehender Wiederaufbau und seine glanzvolle Wiedereröffnung mit der Uraufführung der preußisch-patriotischen Meyerbeer-Oper »Feldlager in Schlesien« fielen.

Die erste Sinfonie-Soiree der Königlich Preußischen Hofkapelle fand am 14. November 1842 statt, noch im Saal des Jagorschen Restaurants am Boulevard Unter den Linden 23. Danach spielte das Orchester im Gebäude der Sing-Akademie am Kastanienwäldchen, dem heutigen Maxim-Gorki-Theater, ab 1848 im Saal des Schauspielhauses am Gendarmenmarkt. 1858 wurden die Sinfonieabende in den Konzertsaal der Lindenoper, den heutigen Apollosaal, verlegt. 1890 schließlich zogen sie aufgrund der gewachsenen Zuhörerzahl in den Großen Saal des Königlichen Opernhauses um, der damals rund 1.700 Personen, ein wahrhaft großes Publikum, fassen konnte.

D

Die Tradition dieser Konzerte hat bis heute Bestand. Der 14. November 1842 sollte als historisches Datum in die Annalen der Berliner Hof- und Staatskapelle eingehen. Dabei hatten Spontini und Moeser den Staffelstab an zwei musikalische Leiter weitergegeben, die nicht mehr sonderlich prominent sind und auch zu ihrer Zeit nicht in der allerersten Reihe standen: Carl Wilhelm Henning und Gottfried Wilhelm Taubert. Sie waren es, die neben dem Berliner Musikkritiker Ludwig Rellstab die Einrichtung einer regulären Konzertreihe mit Orchestermusik angeregt und vorangetrieben hatten. Bei der Entwicklung der Hofkapelle zu einem leistungsfähigen Sinfonieorchester, das sich hohen künstlerischen Ansprüchen verpflichtet fühlt, hatten sie keinen geringen Anteil.

Der 60-jährige Henning und der gut 40-jährige Taubert waren sicherlich keine charismatischen Gestalten, aber als Instrumentalsolisten und als musikalische Leiter hatten sie schon viele Erfahrungen im Umgang mit dem Orchester gesammelt. Henning war 1811 als Geiger zur Berliner Hofkapelle gestoßen. 1826 war er zum Konzertmeister und zehn Jahre später zum Musikdirektor ernannt worden. Wie Moeser leitete er vom ersten Pult der 1. Violinen aus diverse Konzerte, das erste bereits 1818 mit einem der damals üblichen Potpourri-Programme, bei dem auch eines seiner eigenen Werke zur Aufführung kam.

Kompositorische Ambitionen, allerdings eher auf dem Feld der Oper, verfolgte auch Hennings jüngerer Kollege. Taubert, Pianist und Dirigent, war 1831 an die Hofoper Unter den Linden gekommen und zehn Jahre später zum Musikdirektor ernannt worden. Seine Leidenschaft galt insbesondere den Werken Beethovens, die er besonders häufig zur Aufführung bringen sollte. Henning und

Innenansicht der Hofoper Unter den Linden,
Lithografie von J. Böhmer, 1844

Generalmusikdirektor Giacomo Meyerbeer,
Lithografie von Josef Kriehuber, 1847

Taubert profitierten vom gewachsenen musikalischen Leistungsvermögen der Königlich Preußischen Hofkapelle. Das Orchester, inklusive des 1821 gegründeten Hofopernchors, war in den Zwanziger- und Dreißigerjahren des 19. Jahrhunderts merklich professionalisiert worden. Diese Entwicklung war im wesentlichen dem Wirken Spontinis zu verdanken, der das Orchester nicht nur deutlich vergrößerte, sondern auch auf ein anderes qualitatives Niveau hob. Ohne die Basis, die Spontini gelegt hatte, wären die Einrichtung und der sich rasch einstellende Erfolg der Sinfonie-Soireen kaum denkbar gewesen.

Was aber wurde in dieser ersten Konzertsaison gespielt, die bis Mitte März 1843 andauerte? Der Auftakt – wie alle Kapellkonzerte jener Jahre fand es zugunsten des schon erwähnten Witwen- und Waisen-Fonds statt – stand unter der Leitung Hennings, der Mozarts Sinfonie in Es-Dur KV 543, Mendelssohns »Hebriden-Ouvertüre« und zum Abschluss Beethovens 4. Sinfonie zur Aufführung brachte. Zwei Wochen später dirigierte Taubert sein erstes Konzert, mit einer identischen Programmstruktur, nur mit anderen Werken: Haydns Sinfonie Nr. 104, Spohrs Ouvertüre zu seiner »Faust«-Oper und Beethovens 7. Sinfonie. Dieses sehr klare Grundmuster findet sich, bis auf wenige Ausnahmen, in allen zehn Konzerten der Saison: Zu Beginn des Abends erklingt eine zumeist kürzere Sinfonie, darauf folgt eine Ouvertüre und als dritter und letzter Programmpunkt ist eine gewichtige Sinfonie angesetzt, der Moeserschen Tradition folgend in der Regel eine von Beethoven. Auf die Neunte wurde, wahrscheinlich aufgrund des hohen aufführungspraktischen Aufwands und der recht geringen Saalgröße, zwar vorerst noch verzichtet, doch die besonders populäre Dritte, Fünfte und Siebte erklangen gleich jeweils zweimal. Als einziger anderer Komponist für den letzten Programmpunkt war Mozart mit seiner »Jupitersinfonie« vertreten. Nur einmal in diesen zehn Konzerten trat ein Solist auf: der Hofopernsänger Eduard Mantius, der die erste Belmonte-Arie aus Mozarts »Entführung aus dem Serail« sang, im unmittelbaren Anschluss an die Ouvertüre der Oper. Neben den Wiener Klassikern, deren Pflege seither zum festen Bestandteil der Kapellkonzerte geworden ist, wurden ausgewählte Werke der musikalischen Romantik gespielt: Webers Ouvertüren zum »Freischütz«, zur »Euryanthe« und zum »Oberon« waren etwa zu hören, aber auch die Berliner Erstaufführung von Schuberts großer C-Dur-Sinfonie. Bemerkenswert sind die Aufführungen von Schumanns »Frühlingssinfonie« und Mendelssohns »Schottischer Sinfonie«, die damals zu den »modernen« Werken zählten und erst seit wenigen Jahren in den Konzertsälen präsent waren.

Die Konzertaktivitäten jener Saison erschöpften sich jedoch nicht nur in den Sinfonie-Soireen, sie umfassten auch mehrere Sonderkonzerte, die von wahren Star-Künstlern geleitet wurden: Zwei Mal trat Franz Liszt als Dirigent und Pianist mit dem Orchester auf, mit erstaunlich klassisch gehaltenen Programmen: Werke von Mozart, Beethoven, Weber und Mendelssohn, aber auch von Liszt selbst. Im Rahmen eines Benefizkonzerts präsentierte zudem Hector Berlioz einige seiner Kompositionen.

Henning und Taubert teilten sich die Veranstaltungen der ersten Konzertsaison paritätisch: Beide zeichneten für jeweils fünf Konzerte verantwortlich. Danach allerdings verschob sich das Verhältnis. Nachdem in der Saison 1843/44 sieben der zehn Konzerte von Felix Mendelssohn Bartholdy, einem weiteren herausragenden Künstler, dirigiert wurden und Taubert die restlichen drei zufielen, wurde die aus neun regulären Konzerten bestehende dritte Saison 1844/45 folgendermaßen aufgeteilt: Mendelssohn leitete zwei Ver-

Jagorsches Restaurant Unter den Linden,
erste Spielstätte der »Sinfonie-Soireen«, um 1840

Gottfried Wilhelm Taubert,
um 1870

anstaltungen, drei übernahm Taubert, vier waren dem Mitbegründer Henning zugedacht. Nach der Saison zog sich dieser jedoch sukzessive aus dem Konzertbetrieb zurück. 1847, im Rahmen eines Sonderkonzerts, dirigierte er die Hofkapelle mit einer Aufführung von Mozarts Requiem zum letzten Mal. Im Jahr darauf wurde er pensioniert.

T

Taubert hingegen stand noch eine erstaunliche Karriere als Leiter der Sinfoniekonzerte bevor: Ab 1845 – nachdem weder Giacomo Meyerbeer noch Otto Nicolai, der nach seinem Weggang aus Wien 1847 zum Dirigenten des Königlichen Domchores und zum Kapellmeister der Hofoper berufen worden war, die Aufgabe übernahmen – war er für die Sinfonie-Soireen de facto allein verantwortlich. Die Konzertreihe hatte sich inzwischen fest etabliert und hatte auch den Segen und die Unterstützung der Hofopernintendanz. Er leitete sie bis Anfang 1883, war damit über einen Zeitraum von mehr als vier Jahrzehnten aktiv und dürfte die Berliner Hof- und Staatskapelle so häufig wie kein anderer dirigiert haben. 1894, drei Jahre nach seinem Tod, erschien in der »Allgemeinen Deutschen Biographie« ein Artikel, in dem der bekannte Musikforscher Robert Eitner den Dirigenten würdigte. Neben sachlichen und grundlegend wertschätzenden Informationen klingt darin auch ein kritischer Ton an, der das Verständnis von Tauberts Schaffen bis heute bestimmt: »Berlin hatte in musikalischer Hinsicht stets eine conservative Richtung und das Neue fand schwer Eingang. Selbst im J. 1842 waren unsere Classiker dem Publicum und selbst vielen Musikern, besonders was Beethoven betraf, noch vielfach ein unbekanntes Feld, das zu betreten man sich scheute. Hier fand nun T. das geeignete Feld, seine Verehrung für Haydn, Mozart und Beethoven in seinem ganzen Umfange zu bethätigen, und über 40 Jahre hindurch hat er sein Publicum fast ausschließlich mit den bekannten Sinfonien und Ouverturen man könnte sagen übersättigt, denn Ausnahmen bildeten nur hin und wieder Mendelssohn mit seinen Sinfonien und Ouverturen und einige wenige Ouverturen von Cherubini, nicht zu vergessen Taubert's eigene Compositionen in diesem Fache. T. kannte sein Publicum, welches sich vorwiegend aus den höheren Beamtenkreisen zusammensetzte und unwillig andere Compositionen als die der Classiker aufnahm.«

Beerbt wurde Taubert vom weitgehend in Vergessenheit geratenen Robert Radecke, der unter anderem die Erstaufführung von Verdis »Messa da Requiem« im Jahr 1875 leitete, aber auch durch Darbietungen von frühen Orchesterwerken des noch jungen Richard Strauss Spuren in der Kapellhistorie hinterließ. Ihm folgten die auch von den Zeitgenossen kaum beachteten Dirigenten Ludwig Deppe und Heinrich Kahl. Auch unter ihnen blieb das von Eitner beklagte Repertoire im wesentlichen auf die Pflege der etablierten Klassiker fokussiert. Im von Fortschritt und Aufbruch geprägten späten 19. Jahrhundert muss ein solches Vorgehen geradezu rückwärtsgewandt gewirkt haben.

D

Die Berliner »Sinfonie-Soireen« markierten den eigentlichen Beginn der »Doppelnatur« der Hof- und Staatskapelle Berlin als Opern- und Sinfonieorchester – ein Charakteristikum, das bis heute tief im Selbstverständnis des Ensembles verwurzelt ist. Es spricht für das Traditionsbewusstsein des Orchesters, an diesen Wurzeln festzuhalten, auch wenn es immer wieder Phasen der Erstarrung in der Repertoirepolitik gab, die rückblickend als wenig ruhmreich erscheinen mögen. Von einem Aufbruch in die Moderne, zu dem es erst in den Zwanzigerjahren des folgenden Jahrhunderts kommen sollte, war Ende des 19. Jahrhunderts noch nicht allzu viel zu spüren, auch wenn der Dirigent Joseph Sucher, Nachfolger von Deppe und Kahl, starke künstlerische Impulse setzen und neue Horizonte öffnen sollte. Erst mit ihm und seinem Nachfolger Felix von Weingartner, der Ende 1891 die Leitung der Sinfoniekonzerte übernahm, wurde ein neues Kapitel der Orchestergeschichte aufgeschlagen.

Die Entwicklung der Sinfonie-Soireen wurde von erdrutschartigen politischen Ereignissen begleitet. Dem Vormärz und der Revolution von 1848 hatte sich zunächst eine Zeit der Restauration angeschlossen. Doch nach Ende des Deutsch-Französischen Kriegs wurde 1871 das Deutsche Kaiserreich gegründet, eine mächtige Monarchie im Nationalstaatengefüge Europas. Wilhelm I., der seit 1861 offiziell regierende jüngere Bruder von Friedrich Wilhelm IV., und Reichskanzler Otto von Bismarck hatten diese Gründung mit einer geschickten Bündnispolitik und mit »Blut und Eisen« durchgesetzt. Dieser historische Akt wurde von der Hofkapelle im Mai 1871 mit einem Sonderkonzert gefeiert. Als »Gedächtnisfeier für die im Krieg Gefallenen« angekündigt, standen Beethovens »Eroica« und Luigi Cherubinis Requiem auf dem Programm.

M

Mit der Gründung des Kaiserreichs war Berlin zur Reichshauptstadt geworden. Damit ging eine gewaltige Dynamik einher. Der Höhenflug der Industrialisierung und die französischen Kriegsreparationen sorgten für einen wirtschaftlichen Aufschwung. Aus den preußischen Provinzen und anderen Gebieten des neuen Staats zogen immer mehr Menschen nach Berlin. Besaß die Stadt Mitte des 19. Jahrhunderts noch eine knappe halbe Million Einwohner, so stieg diese Zahl bis zum Ende der Siebzigerjahre des 19. Jahrhunderts auf eine Million an. Kurz nach 1900 waren es schon zwei Millionen. Berlin breitete sich in alle Richtungen aus – nach und nach wurden verschiedene Vorstädte eingemeindet und die Quartiere im Stadtzentrum baulich verdichtet. Trotz der Bemühungen des Magistrats und der Bürgermeister der Stadt gelang es nicht, Bauspekulation und Wohnungsnot einzudämmen und sonderlich viel gegen das immense soziale Elend zu tun, das vor allem in den nördlichen und östlichen Bezirken herrschte. Berlin wurde zu einer »Mietskasernenstadt« – die Schattenseite des Aufbruchs in die Moderne. Zugleich wurde es zu einer Weltstadt, die sich ihre Maßstäbe selbst setzte, zu einer Metropole mit nationaler und internationaler Strahlkraft.

D

Die Hofoper Unter den Linden und die Königlich Preußische Hofkapelle wirkten in diesem Umfeld als stabilisierende Elemente. Man berief sich auf das Erbe der vorangegangenen Jahrzehnte und schien sich mit der verantwortungsvollen Pflege der Klassiker vor dem massiven Modernisierungsdruck zu schützen. Und doch konnte man sich den Tendenzen der Zeit nicht verschließen. Spätestens mit dem Regierungsantritt Wilhelms II. im sogenannten »Dreikaiserjahr« 1888 war eine Zäsur gegeben. Unter dem seit 1886 amtierenden Hofopernintendanten Bolko von Hochberg, der an die Stelle des konservativen Botho von Hülsen getreten war, wurde zunächst das Opernrepertoire merklich erneuert. Vor allem die Werke Richard Wagners, die für das Sängerensemble, den Chor, die Bühnentechnik und natürlich auch für das Orchester große Herausforderungen bereithielten, erschienen jetzt häufiger auf dem Spielplan. Unter den Kapellmeistern Karl Eckert und Heinrich

Taubert

CONCERT

im

Weissen Saale des Königlichen Schlosses

am 9ten Januar 1856.

1. Concert-Ouvertüre (neu) . . . . Graf von Redern.
2. Concert für Pianoforte und Orchester, erster Satz, vorgetragen vom Königl. Kapellmeister Herrn *Taubert* . Beethoven.
3. Duett aus der Oper „Semiramis", gesungen von den Damen *Herrenburger-Tuczeck* und *Wagner* . . . . Rossini.

---

4. Duett aus der Oper „Tell", gesungen von Frau *Herrenburger-Tuczeck* und Herrn *Formes* . . . . Rossini.
5. Arie aus der Oper „Iphigenia in Aulis", gesungen von Fräulein *Wagner* . . . . Gluck.
6. Finale aus der Oper „Loreley", gesungen von Frau *Herrenburger-Tuczeck* und dem *Domchor* . . . . . Mendelssohn.

25 Jahr bei der Hofmusik.
W. Taubert.

Programmzettel eines Sinfoniekonzerts unter
Gottfried Wilhelm Taubert, 1856

Innenansicht der Sing-Akademie, einer weiteren Spielstätte der Hofkapelle, spätes 19. Jahrhundert

Dorn – den Nachfolgern des 1849 unerwartet verstorbenen Otto Nicolai – hatte es zwar immer wieder Wagner-Aufführungen gegeben, doch nun wurden sie zur Regel.

I

In erster Linie war das Joseph Sucher zu verdanken. Dem aus Ungarn stammenden Dirigenten, der zuvor in Wien, Leipzig und Hamburg gearbeitet hatte, gelang es, die Berliner Hofkapelle in vergleichsweise kurzer Zeit zu einem veritablen Wagner-Orchester zu machen. 1888 zum Generalmusikdirektor berufen, initiierte er bereits im Folgejahr einen zehnteiligen Wagner-Zyklus, in dessen Rahmen im Haus Unter den Linden alle Bühnenwerke Wagners, vom »Rienzi« bis zur »Götterdämmerung«, zur Aufführung gelangten. Allein der »Parsifal«, der innerhalb einer 30-jährigen Schutzfrist für die Bayreuther Festspiele reserviert war, konnte nicht gespielt werden. Mit Karl Muck war 1892 zudem ein weiterer eminent begabter Wagner-Dirigent nach Berlin verpflichtet worden. Muck hatte zuvor in Prag unter anderem den kompletten »Ring des Nibelungen« dirigiert, als einer der ersten Orchesterleiter überhaupt. Das Repertoire von Hofoper und Hofkapelle konnte nun vollends erneuert werden.

Zumindest für kurze Zeit prägten Sucher und Muck auch die Sinfonie-Soireen der Königlichen Kapelle. Zwischen 1888 und 1892 dirigierte Sucher, der seine Bestimmung eigentlich im Orchestergraben der Oper sah, eine Reihe von Konzerten im Apollosaal und im Großen Saal der Lindenoper. Dabei brachte er bevorzugt Werke von Beethoven, Mendelssohn, Schumann und Liszt zur Aufführung. Aber auch seine Vorliebe für Wagner schlug durch: Wiederholt erklangen etwa die »Faust-Ouvertüre« oder das »Meistersinger«-Vorspiel. Im Februar 1892 veranstaltete er sogar eine musikalische »Gedächtnisfeier«, bei der seine Ehefrau, die gefeierte Wagner-Sängerin Rosa Sucher, mit einem orchestrierten »Wesendonck-Lied« auftrat. Muck wiederum – dem ab 1901 für fast drei Jahrzehnte der »Parsifal« bei den Bayreuther Festspielen anvertraut werden sollte und dessen in den Zwanzigerjahren realisierte Wagner-Aufnahmen noch heute zu den bedeutenden Klangdokumenten der Staatskapelle zählen –, dirigierte ab 1892 einige Sinfoniekonzerte. Den Auftakt machte eine Sonderveranstaltung zum 150-jährigen Bestehen des Opernhauses Unter den Linden, die er gemeinsam mit Joseph Sucher bestritt. Es folgten ein Programm mit Beethoven-Werken im Dezember 1893 und ein »Mozart-Abend« Ende 1897. Hinzu kamen eine Darbietung von Haydns »Jahreszeiten« 1898, die Erstaufführung von August Klughardts Oratorium »Die Zerstörung Jerusalems« und Johannes Brahms' »Deutsches Requiem« im Jahr darauf.

Die Leitung der regulären Sinfoniekonzerte der Hofkapelle lag zu jener Zeit in den Händen Felix von Weingartners – zwischen 1892 bis 1907 war er der unbestrittene Hauptdirigent der nunmehr »Symphonie-Abende« genannten Soireen. Weingartner hatte nach Kapellmeisterstationen in Königsberg, Danzig und Mannheim den ehrenvollen Ruf nach Berlin im Alter von erst 28 Jahren erhalten. Mit seiner eleganten Erscheinung und seinem souveränen Dirigat verkörperte er eine neue Art des »Pultvirtuosen«, der für das Publikum zur Identifikationsfigur wurde und zu einer Persönlichkeit des öffentlichen Lebens avancierte. In den ersten Jahren seiner Berliner Tätigkeit dirigierte Weingartner auch Opern, ab den späten Neunzigerjahren des 19. Jahrhunderts jedoch fokussierte er sich fast ausschließlich auf die Leitung der Sinfonie-Soireen und verlieh ihnen einen neuen Glanz.

Bei allem Traditionsbewusstsein strebte er eine vorsichtige Öffnung in Richtung Moderne an und ließ eine große Vielfalt an Stilen und Werken zu. Weiterhin wurden die Beethoven-Sinfonien regelmäßig aufgeführt,

»Gewiss ist mir nie etwas
so Schwieriges, als
dieser Tristan, leichter gemacht
worden, als es diesmal durch die
sorgfältigen, von ganzem Herzen
meinerseits Ihnen,
lieber Freund, verdankten
Vorbereitungen in Berlin
mit diesem Werk geschah.
Für immer bin ich Ihnen und den
vorzüglichen Künstlern
der Berliner Hofcapelle
für diese schöne Leistung,
die ich gerne That nenne,
verpflichtet.«

Richard Wagner an den Kapellmeister Karl Eckert und
die Herren der Königlich Preußischen Hofkapelle anlässlich der Berliner
Erstaufführung von »Tristan und Isolde« im März 1876

Konzertsaal des Schinkel'schen Schauspielhauses
am Gendarmenmarkt, Foto von 1935

I. Nr. 2. Berlin: Königl. Opernhaus.
(Aufstellung nach Verfügungen ohne Bestimmungen z. Hd. d. Mitgl.)

1. **Anstellungsbehörde:**	General-Intendantur der Kgl. Schauspiele.
2. **Diensteigenschaft:**	Hofbeamte. Titel: Kgl. Km.
3. **Anstellung:**	Unter Vorbehalt eines Probejahres, dann mit Dekret unkündbar.
4. **Gehaltszahlung:**	In Vierteljahrsraten, im Voraus.
5. **Beendigung:**	a) Kündigung seitens des Musikers: jederzeit mit 4 monatlicher Frist; b) Kündigung seitens der Behörde: im Probejahr mit 4 monatlicher Frist; c) sof. Entlassung: im Disziplinarverfahren. Anmerkg.: Der Anspruch auf Ruhegehalt u. Hinterbl.-Versorg. erlischt in den Fällen a–c u. bei weniger als 10-jähr. Tätigkeit.
6. **Ruhestand:**	Nach den Bestimmungen f. Hofbeamte. Voraussetzungen sind: 1. 65. Lebensjahr, 2. längere Krankheit, 3. Invalidität.
7. **Ruhegeld:** (beitragsfrei) Mit Rechtsanspruch.	Nach 10 Jahren $33^{1}/_{3}$ Proz. (20/60) steigend 20 Jahre je $1^{2}/_{3}$ Proz. (1/60) u. 10 Jah. je $^{5}/_{6}$ Proz. (1/120) bis 75 Proz. (45/60)
8. **Berechnung der Dienstzeit:**	Vom Eintritt. Militär- u. Hilfsmusiker-Dienstzeit wird unter Vorbehalt gerechnet.
9. **Gnadengeld:**	Nach dem Sterbemonat 3 Monate volles Gehalt, resp. Ruhegeld.
10. **Hinterbliebenen-Versorgung:**	—
11. **Erkrankung:**	Volles Gehalt geht weiter.
12. **Vergünstigungen:**	M. 800.— Wohnungsgeld wird gewährt u. für Dienstaufwand M. 300.— bei der Steuer in Anrechng. gebracht.
13. **Gesetzliche Versicherungen:**	Die Mitglieder sind versicherungsfrei.
14. **Instrumente u. Reparaturen:**	Blasinstrumente sowie Reparaturen dieser Instrumente werden gestellt.
15. **Engagement:**	Durch Konkurrenzspiel; Reise wird vergütet.
16. **Ferien:**	Ca. 2 Monate.
17. **Besondere Wohlfahrtskassen:**	1. a) Witwengeld: M. 1200.— u. M. 100.— Weihnachtsgratifikation. b) Waisen je nach den Verhältnissen. Beitrag: 10 Sinfoniekonzerte, wozu das Opernhaus zur Verfügung gestellt wird. 2. Sterbekasse (Beitr. M. 700.— jährl. aus der Sinfoniekasse) gewährt M. 400.— Sterbegeld; 3. Kur- u. Reiseunterstützungskasse (beitragsfrei), Leistung nach Bestimmung der Intendantur; 4. Pensionszuschusskasse: Beitrag jährl. M. 24.—; gewährt z. Z. M. 200.— jährl. Pensionszuschuss. 1.—4. sind in Eigentums-Verwaltg. des Orchest.
18. **Auswärt. Dienst:**	Findet nicht statt.

Detailansicht der Dienstordnung der Hofkapelle, 1905

Abonnement-Kartenheftchen für die Sinfoniekonzerte
der Saison 1911/12

Boulevard Unter den Linden mit Hofoper
und Schloss, 1881

Generalmusikdirektor Joseph Sucher,
um 1890

140

Generalmusikdirektor Felix von Weingartner,
um 1895

oft alle innerhalb einer Saison, auch Haydn, Mozart und die frühen Romantiker wurden weiter häufig gespielt. Neu waren Orchesterwerke aus dem slawischen Raum, darunter auch eine Reihe großer Sinfonien, etwa von Bedřich Smetana, Antonín Dvořák, Alexander Borodin, Nikolai Rimsky-Korsakow, Peter Tschaikowsky und Alexander Glasunow. Aus Frankreich kamen Werke von Georges Bizet und Camille Saint-Saëns, England war mit Edward Elgar und Skandinavien mit Edvard Grieg vertreten. In der immer internationaler werdenden Metropole spielte man nun auch wahrhaft internationale Musik. Aufgrund Weingartners Engagement wurde auch das sinfonische Œuvre Anton Bruckners nach und nach in Berlin heimisch, ebenso die Musik von Max Reger, Hans Pfitzner, Eugen d'Albert und Max von Schillings. Während seiner gut anderthalb Jahrzehnte andauernden Ägide erhöhte sich die spieltechnische Qualität und stilistische Vielseitigkeit des Orchesters beträchtlich.

1908 verließ Weingartner Berlin in Richtung Wien, um Gustav Mahlers Nachfolge als Direktor der dortigen Hofoper anzutreten. Die Fußstapfen, die er hinterließ, waren groß. Nach einem kurzen Interludium, das von Dirigenten wie Robert Laugs und Ernst von Schuch bestritten wurde, übernahm im Herbst desselben Jahres jedoch wieder ein Künstler von außerordentlichem Format die Leitung der Sinfoniekonzerte, der sie füllen könnte: Richard Strauss. Strauss arbeitete bereits seit zehn Jahren als Dirigent für die Hofoper Unter den Linden und hatte das Musikleben an der Spree in dieser Zeit entscheidend mitgeprägt. Sein Debüt hatte er 1898 als 34-Jähriger mit keinem geringeren Werk als Wagners »Tristan und Isolde« gefeiert. Schon in seiner ersten Saison am Haus leitete er mehr als 70 Aufführungen unterschiedlichster Werke des deutschen, italienischen und französischen Repertoires. In der Folge sollten Mozart und Wagner zu seinen Favoriten werden. Dazu kamen die zahlreichen Vorstellungen seiner eigenen Bühnenwerke, die er ebenfalls dirigierte. In seinen Berliner Jahren, die bis zum Ende des Ersten Weltkrieges reichen sollten, entstanden jene Opern, mit denen er weltberühmt werden sollte: »Salome«, »Elektra«, »Der Rosenkavalier«, »Ariadne auf Naxos« und »Die Frau ohne Schatten«. Auch wenn Kaiser Wilhelm II. die als extrem modern geltende Musik seines Hofkapellmeisters zu gewagt schien und sie dem preußischen Publikum allenfalls in geringen Dosen verabreichen wollte: Mit Richard Strauss wirkte im Wilhelminischen Berlin ein Künstler, der der Reichshauptstadt den erhofften Glanz verlieh. Wie man seiner Autobiographie »Aus meinen Jugend- und Lehrjahren« entnehmen kann, sollte er seine Berliner Zeit immer in guter Erinnerung behalten: »Ich hatte niemals Grund, diese Beziehung zu Berlin zu bereuen; habe eigentlich nur Freude erlebt, Sympathie und Gastlichkeit gefunden. 15 Jahre Sinfoniekonzerte der Kgl. Kapelle waren reine Stunden künstlerischer Arbeit. Die Beziehungen zur Berliner Staatsoper haben alle anderen Wechselfälle [...] überdauert.«

Nach seiner Ernennung zum Generalmusikdirektor übernahm Strauss nicht nur die Leitung der regulären Sinfoniekonzerte der Hofkapelle, er sollte sie bis 1920 auch quasi allein verantworten. Seine Programme waren stilistisch erstaunlich weit gefächert. Bachs »Brandenburgische Konzerte« und Händels Concerti grossi kamen ebenso zur Aufführung wie Sinfonien und Instrumentalkonzerte der Wiener Klassiker. Jede Konzertsaison wurde von ihm mit einer Aufführung von Beethovens 9. Sinfonie beendet. Auffallend häufig standen Werke von Weber, Schumann, Berlioz und Liszt auf dem Programm. Die »neudeutschen« Wagner und Bruckner waren wiederholt vertreten und auch die spätromantischen Traditionalisten Brahms und Reger. Besonders setzte sich Strauss aber für Gustav Mahler ein, dessen damals noch wenig bekannte Sinfonien er oft zum ersten Mal in Berlin präsentierte. Und nicht zuletzt setzte er auch seine eigenen Werke auf das Programm. Mit Vorliebe dirigierte er seine opulenten, aufführungspraktisch außerordentlich anspruchsvollen Tondichtungen »Don Quixote«, »Ein Heldenleben«, die »Sinfonia domestica« und die »Alpensinfonie«.

Strauss, der insgesamt weit über 1.000 Opernaufführungen und Konzerte leitete, ist als einer der maßgeblichen Dirigenten der Hof- und Staatskapelle Berlin in Erinnerung geblieben. Nicht minder bedeutsam aber war Leo Blech, der 1906 auf Empfehlung von Strauss engagiert und 1913 zum Generalmusikdirektor befördert wurde. Blech sollte dem Orchester mehr als drei Jahrzehnte lang verbunden bleiben und nach verlässlicher Zählung mehr als 2.600 Vorstellungen im Haus Unter den Linden dirigieren. Blech gehört zu jenen »Allroundern«, wie es sie in der Geschichte des Orchesters immer wieder gab und ohne die es kaum möglich gewesen wäre, seine hohen künstlerischen Qualitätsstandards dauerhaft aufrechtzuerhalten. Er war ein souveräner Dirigent, ließ undogmatisch verschiedene ästhetische Richtungen nebeneinander gelten und studierte mit hohem Sachverstand und Kunstsinn Partitur für Partitur ein. Die meisten seiner Dirigate entfielen auf ein breites Spektrum der Opernliteratur, von Verdi, Bizet, Mozart und Wagner bis zu den Musiktheaterwerken der Moderne von Pfitzner, Ferruccio Busoni und Sergej Prokofjew. Ab 1907 dirigierte er auch sporadisch Sinfoniekonzerte mit der Hofkapelle.

Was Blechs Engagement historisch besonders interessant macht, sind seine frühen Tonaufnahmen mit dem Orchester. Ab 1916 leitete er die ersten Einspielungen überhaupt, darunter die Vorspiele zum dritten und vierten Akt von »Carmen«, die Ouvertüren zu »Le nozze di Figaro«, »Tannhäuser« und »Die Fledermaus«, einiges von Beethoven, das Vorspiel zu den »Meistersingern von Nürnberg« und der Wagner'sche »Kaisermarsch«. Blechs Einspielung des zweiten Satzes aus Beethovens »Eroica« gehört zu den ersten sinfonischen Aufnahmen überhaupt. Auch Richard Strauss leitete die Kapelle bei Einspielungen von Tonaufnahmen für die Schellackplatte, unter anderem von seiner Suite zu »Der Bürger als Edelmann«, seiner Tondichtung »Till Eulenspiegels lustige Streiche« und einer Walzerfolge aus seinem »Rosenkavalier«.

In diesen seltenen Tondokumenten lebt noch einmal der »Klang der Kaiserzeit« auf. Die wilhelminische Monarchie mochte gesellschaftspolitisch rückständig gewesen sein, Berlin war es gewiss nicht. In den Achtzigerjahren des 19. Jahrhunderts war die Reichshauptstadt zu einer Industriemetropole aufgestiegen, deren wirtschaftliche Leistungskraft an der europäischen Spitze rangierte. National wie international gewann sie an Prestige. Man richtete sich an Wien, Paris, London und auch New York aus. Die kulturellen Entwicklungen in der Stadt spiegelten diese neue ökonomische Realität wider. Die Theater, Museen, Universitäten und Orchester Berlins erlangten Weltgeltung.

Schon 1882 war mit der Begründung des Berliner Philharmonischen Orchesters ein weiterer Klangkörper auf dem Plan erschienen, der das Musikleben an der Spree maßgeblich prägen sollte. Das von der Monarchie und dem preußischen Staat unabhängige Orchester engagierte sich in erster Linie für das sinfonische Repertoire und gewann

Generalmusikdirektor Richard Strauss,
1908

144

Silhouette von Richard Strauss
am Dirigentenpult, 1929

»Ich hatte niemals Grund, diese Beziehung zu Berlin zu bereuen; habe eigentlich nur Freude erlebt, Sympathie und Gastlichkeit gefunden. 15 Jahre Sinfoniekonzerte der Kgl. Kapelle waren reine Stunden schönster künstlerischer Arbeit. Die Beziehungen zur Berliner Staatsoper haben alle anderen Wechselfälle [...] überdauert.«

Richard Strauss in seinen Erinnerungen
über seine Dirigententätigkeit mit der Berliner Hof- und Staatskapelle

146

Sigrid Onegin
dem Inbegriff der Kunst
in Verehrung.
Leo Blech   Suse Byk

April 1930

Generalmusikdirektor Leo Blech,
1930

durch die Arbeit von Dirigenten wie Hans von Bülow oder Arthur Nikisch rasch an Renommee.

Ein weiterer Rivale war der Hofkapelle in Gestalt des neuen Deutschen Opernhauses in Charlottenburg erwachsen. Die bürgerliche Alternative zur Lindenoper besaß das deutlich größere Haus und war mit moderner Technik ausgestattet. Das Selbstverständnis des dortigen Orchesters des Hauses fußte nicht mehr auf höfischen Traditionen. Weder musste man den preußischen Hof unterhalten noch als Aushängeschild der wilhelminischen Hochkultur dienen.

D

Die Königliche Hofkapelle war gehalten, dem von den Entwicklungen der Zeit angeschlagenen Tempo auf ihre Weise zu folgen. Vielen machte das permanente Gefühl des Umbruchs, die neue Größe der Stadt und das nie zur Ruhe kommende urbane Leben Angst. Zusammen mit dem Berliner Schloss und dem Opernhaus Unter den Linden bildete die Hofkapelle eine hochkulturelle Insel der Tradition, eine Insel, die nicht wenigen – und keineswegs nur den »Konservativen« – einen gewissen Halt vermitteln mochte.

Richard Strauss und Leo Blech waren einerseits Vertreter jener heute noch oft verklärten alten Kaiserzeit, andererseits führten sie Oper und Kapelle in eine neue Epoche. Sie hatten keine andere Wahl.

Es war niemand anderes als Kaiser Wilhelm II., der das Deutsche Reich in den Ersten Weltkrieg trieb und das europäische Pulverfass zum Explodieren brachte. Diese »Urkatastrophe des 20. Jahrhunderts« stellte alles bislang Dagewesene und zuvor überhaupt Denkbare in den Schatten. Wilhelm II., der 1913 noch sein 25. Thronjubiläum mit großem Pomp gefeiert hatte und sich von seinen Untertanen bejubeln ließ, war kaum mehr in seiner Hauptstadt präsent und ging schließlich ins niederländische Exil. Die fast drei Millionen Berlinerinnen und Berliner blieben für die entbehrungsreiche Kriegszeit allein zurück. In der Endphase des Kriegs kam es 1918 zur Novemberrevolution, die zur Gründung der Weimarer Republik führen und auch die Mentalität der Nation grundlegend verändern sollte. Zentrum dieses Bebens war Berlin. Die Hohenzollern-Dynastie, die seit rund einem halben Jahrtausend über die Mark Brandenburg und Preußen geherrscht hatte, musste abdanken.

19—
18

KAPITEL
V

1945

DEMOKRATIE UND DIKTATUR.
DIE STAATSKAPELLE
BERLIN IN
WEIMARER REPUBLIK
UND NATIONALSOZIALISMUS

VON Detlef Giese

KAPITEL
V

»Revolution! Geschlossen!« war am 9. November 1918 auf dem Besetzungszettel der Berliner Hofoper Unter den Linden zu lesen. Die Aufführung von Mozarts »Hochzeit des Figaro« fiel aus. Fünf Tage später spielte man wieder, beinahe so, als wäre nichts gewesen, Wagners »Meistersinger von Nürnberg«. Dabei hätte der historische Einschnitt nicht größer sein können. Über drei Jahrhunderte lang hatte man in der Pflicht der Monarchie gestanden, doch nun waren die Hohenzollern und ihr Hofstaat aus Berlin und Deutschland verschwunden, gekrönte Häupter gab es nicht mehr. Erstmals in der deutschen Geschichte war landesweit die Republik ausgerufen worden.

Wie überall machte sich auch im Orchester der Berliner Oper eine große Verunsicherung bemerkbar. Es war schlichtweg nicht abzuschätzen, was die neue Zeit bringen würde. Zugleich lag aber auch eine Hoffnung in der Luft – die Hoffnung auf Erneuerung. In beeindruckender Geschwindigkeit wurden die kulturellen Institutionen des Landes neu benannt. Alles, was in ihren alten Namen auf das preußische Königs- und das deutsche Kaisertum hingewiesen hatte, wurde getilgt. Die »Königlichen Schauspiele«, zu denen das Opernhaus Unter den Linden offiziell zählte, wurden per Verwaltungsakt zu den »Preußischen Staatstheatern«. Aus der Hofoper wurde die Staatsoper. Noch am Mittag des 8. November 1918 hatte Richard Strauss die »Königliche Kapelle« bei einem Sinfoniekonzert dirigiert, nun hieß sie schlicht »Kapelle der Staatsoper«. Im Laufe des nächsten Jahres setzte sich die Bezeichnung »Staatskapelle« durch, zunächst in der Variante »Preußische Staatskapelle«, später unter dem Namen, den das Orchester bis heute trägt: »Staatskapelle Berlin«.

Richard Strauss, seit einem Jahrzehnt nahezu alleiniger Dirigent der Sinfoniekonzerte, stand am 29. November 1918 wieder am Pult. Vor dem Umbruch wurde Beethoven und Franz Schubert gespielt, drei Wochen später Robert Schumann. Das Konzert schloss, wie fast immer, mit Beethoven, seit rund einem Dreivierteljahrhundert ein fester Brauch. Diesmal stand die 7. Sinfonie auf dem Programm. In den Revolutionstagen im November 1918 hatte sich für Strauss, der sich mit dem vom preußischen Hof eingesetzten Generalintendanten Georg Graf von Hülsen-Haeseler nie sonderlich gut verstanden hatte, kurzzeitig die Möglichkeit eröffnet, die nominelle Direktion der Lindenoper zu übernehmen. Das preußische Ministerium für Wissenschaft, Kunst und Volksbildung, nun mit der Trägerschaft des Hauses betraut, wollte den renommierten Dirigenten und Komponisten zum künstlerischen und administrativen Leiter berufen. Die Belegschaft von Oper und Orchester jedoch hatte andere Pläne: Mit neuem demokratischem Geist wählte sie zuerst den eigentlich schon pensionierten Oberspielleiter Georg Droescher zum Intendanten für die Interimszeit. Im Frühjahr darauf fiel ihre Wahl auf Max von Schillings, wie Strauss Komponist und Dirigent in Personalunion. Strauss war mit dieser Entscheidung, soweit man weiß, trotz eigener Ambitionen nicht unglücklich und nahm noch bis zum Frühjahr 1920 die Leitung der Sinfoniekonzerte wahr. Danach verlagerte er sein Hauptbetätigungsfeld jedoch nach Wien.

Beerbt wurde er durch einen jungen Dirigenten, dem noch eine große Karriere bevorstehen sollte: Wilhelm Furtwängler. Der gebürtige Schöneberger hatte in Straßburg, Lübeck und Mannheim glänzende Meriten als Kapellmeister erworben und war in Wien als Dirigent des Tonkünstler-Orchesters hervorgetreten. Zwischen April 1920 und April

Theaterzettel vom 9. November 1918

Unter den Linden, Zeichnung von
Emil Stumpp, 1928

1922 verwirklichte er mit der Staatskapelle insgesamt 21 Konzertprogramme, wobei er vor allem die Beethoven-Tradition des Orchesters fortschrieb. So ließ er sein erstes Konzert mit einer Aufführung der 9. Sinfonie ausklingen, während zwei Jahre darauf sein vorerst letztes Konzert mit dem Orchester mit Beethovens 5. Sinfonie endete. Darüber hinaus dirigierte er auch einige »moderne« Werke. Er war etwa für die Berliner Erstaufführung von Arnold Schönbergs »Verklärter Nacht« verantwortlich und widmete sich Stücken von Ferruccio Busoni, Nikolaus von Reznicek, Walter Braunfels und Max von Schillings. Hinzu kamen Darbietungen ausgewählter Werke von Richard Strauss, von Bruckners 7. und 8. Sinfonie, Mahlers Zweiter und – geradezu obligatorisch für einen Dirigenten dieser Konzertreihe – der Musik der Romantiker Schubert, Weber, Schumann und Brahms. Furtwängler sollte die Sinfoniekonzerte der Staatskapelle nur zwei Spielzeiten lang leiten. Nach dem Tod des Dirigenten Arthur Nikisch wechselte er zu den Berliner Philharmonikern und wurde, ebenfalls als Nikisch-Nachfolger, mit dem ehrwürdigen Amt des Kapellmeisters des Leipziger Gewandhausorchesters betraut.

Nach Furtwänglers Wechsel wurde die Leitung der Staatskapellen-Konzerte übergangsweise in die bewährten Hände von Leo Blech gelegt. Im Herbst 1922 wurde dann Hermann Abendroth engagiert und im Jahr darauf Bruno Walter, zwei namhafte Dirigenten, die die Konzerte verantwortungsbewusst betreuten und dafür sorgten, dass die inzwischen achtzigjährige Serie auch in den schwierigen Zeiten, die vor dem Orchester lagen, fortgeführt wurde.

Geboren aus den Schrecken des Ersten Weltkriegs, belastet mit dem Zusammenbruch der alten politisch-sozialen Ordnung, mit historischer Schuld und wirtschaftlichen Schulden, hatte die junge deutsche Republik eine schwere Hypothek zu tragen. Gerade ihre ersten Jahre waren von zahlreichen Konflikten geprägt: von Revolution, Umsturzversuchen, politischen Attentaten, einer bislang nicht gekannten Geldentwertung und außenpolitischer Isolation. Dennoch gilt die Zeit der Weimarer Republik heute als eine der einschneidenden und trotz aller Widersprüche glanzvollen Epochen der europäischen Kulturgeschichte.

D

Die sogenannte »relative Stabilisierungsphase« der mittleren und späten Zwanzigerjahre ging für das junge Land mit einer stetig wachsenden internationalen Anerkennung, mit diplomatischer Verständigung und dem Beginn einer Aussöhnung mit den ehemaligen Kriegsgegnern einher. Innenpolitisch zeigte sich trotz rasch wechselnder Reichskanzler und Regierungskoalitionen eine zunehmende Akzeptanz der zunächst noch ungewohnten republikanischen Staatsform der parlamentarischen Demokratie. Zudem erlebte die Republik, wenn auch nur temporär, einen unverhofften wirtschaftlichen Aufschwung.

Die retrospektiv so genannten »Goldenen Zwanziger« waren in vieler Hinsicht alles andere als »golden«. Doch das Gebiet, auf das dieses bekannte Attribut wirklich zutraf, war die »Weimarer Kultur« mit ihrem konsequenten Durchbruch in die ästhetische Moderne. Das kulturelle Leben der Republik blühte in einer nicht gekannten Fülle und Vielfalt wieder auf. Es kam zur Entwicklung von Stumm- und Tonfilm. Rundfunk und Schallplatte traten auf den Plan. In Literatur, Malerei und Musik kam es zu davor kaum vorstellbaren Experimenten. Einige dieser Tendenzen hatten sich schon in der Kaiserzeit bemerkbar gemacht, doch nun standen sie in voller Blüte.

Zentrum und Motor dieser umfassenden Erneuerung und Modernisierung war zu großen Teilen Berlin. Als im Oktober 1920 insgesamt 87 bislang selbständige Gemeinden zur Verwaltungseinheit Groß-Berlin vereinigt wurden, stieg die Einwohnerzahl der Stadt auf deutlich mehr als 3,5 Millionen. Mit einem Schlag wurde das einstmals provinzielle Berlin nach New York und London zur drittgrößten Metropole der Welt. Als Hauptstadt des neuen Bundesstaats Preußen und der jungen Republik war es zudem die wirtschaftlich leistungsfähigste und kulturell vielfältigste Stadt Deutschlands. Hier bündelten sich, wie in einem Brennspiegel, alle maßgeblichen Strömungen der Zwischenkriegszeit. Ultra-urban und dynamisch, mit einem unverwechselbaren Profil und ungekannter Anziehungskraft: Berlin wurde zu »der« modernen Metropole schlechthin.

I

Im Regierungsapparat Preußens waren es vor allem zwei Personen, die die kulturelle Entwicklung der Stadt mit beeinflussten: Carl Heinrich Becker und Leo Kestenberg. Becker war ab Mitte der Zwanzigerjahre als Minister für Wissenschaft, Kunst und Volksbildung des Bundesstaats tätig und galt als eine der beherrschenden Figuren der deutschen Kulturpolitik schlechthin. Kestenberg arbeitete als Referent für Musikfragen in Beckers Kultusministerium und setzte im Sinne einer »sozialen Kunstpflege« maßgebliche Akzente. Beide strebten eine umfassende Demokratisierung der kulturellen Institutionen Preußens an – sowohl, was die interne Organisation betraf, als auch in Hinblick auf die Erschließung neuer Publikumsschichten. Beide wollten Spielpläne, die nicht mehr nur auf Repräsentation und bildungsbürgerliche Interessen hin ausgerichtet waren. Die Angebote der staatlichen Kultureinrichtungen sollten ein größeres Publikum erreichen. Auch die vormals ausgeschlossenen Bevölkerungsschichten sollten dazu animiert werden, an Musiktheater, Schauspiel und Konzert teilzuhaben. Mit dieser Tendenz verband sich zugleich der Wille zur ästhetischen Modernisierung. Man engagierte eine neue und innovative Generation von Künstlern und ließ ihr große Freiräume.

Das neue Klima im Kultusministerium führte zu einigen bemerkenswerten Personalentscheidungen. Bereits zu Beginn der Weimarer Zeit wurde auf Kestenbergs Vorschlag hin der italienische Komponist Ferruccio Busoni an die Preußische Akademie der Künste berufen, um die dortige Meisterklasse für Komposition zu leiten. Nach dessen Tod im Jahr 1924 folgte mit Arnold Schönberg ein ausgewiesener Vertreter der Avantgarde. Auch die 1869 gegründete Hochschule für Musik bekam 1921 mit dem Opernkomponisten Franz Schreker einen Direktor, der zur ästhetischen Moderne zählte. Mit der Berufung Paul Hindemiths zum Professor für Komposition konnte 1927 ein weiterer Künstler der Moderne für Berlin gewonnen werden.

N

Nicht zuletzt kam es auch in der Orchesterlandschaft zu Veränderungen von ungeahnter Tragweite. Nahezu zeitgleich mit dem Wechsel Furtwänglers zum Philharmonischen Orchester verließ auch der langgediente Generalmusikdirektor Leo Blech die Staatsoper und leitete von nun an das Deutsche Opernhaus in Charlottenburg. Intendanz und Kultusministerium mussten sich um einen adäquaten Ersatz für die künstlerisch profilierten Dirigenten bemühen. Die Berufung des damaligen Kölner Generalmusikdirektors Otto Klemperer, Kestenbergs Favorit für ein führendes Amt an der Berliner Staatsoper, scheiterte am Widerstand des Intendanten Schillings. Stattdessen einigte man sich auf den jungen Mannheimer Kapellmeister Erich Kleiber, in Berlin noch ein weitgehend unbeschriebenes Blatt, aber zweifellos eines der größten musikalischen Talente sei-

Die Staatsoper am Platz der Republik,
die sogenannte Krolloper, um 1930

»Kann man von einem Kroll-Stil sprechen?«

»Ja.«

»Wie würden Sie ihn beschreiben?«

»Gute Opernaufführungen zu machen. Wir gaben klassische Opern ohne Engstirnigkeit. Wir gaben Werke von lebenden Komponisten. Wir waren nicht interessiert an Pomp und Spektakel.«

Otto Klemperer im Gespräch mit Peter Heyworth
über seine Zeit an der Krolloper

Generalmusikdirektor Otto Klemperer,
1930

Leo Blech und Erich Kleiber beim Opernball
in der Krolloper, 1931

ner Generation. Nach einem überzeugenden Dirigat von Beethovens »Fidelio« übernahm Kleiber zur Saison 1923/24 die künstlerische Leitung des Hauses.

Der Staatsoper und der Staatskapelle kam in der legendären Musikszene jener Jahre eine besonders markante Rolle zu. Das Opernhaus, immer noch Repräsentant der »Hochkultur« des 19. Jahrhunderts, stand im Opernwesen der Weimarer Republik weiterhin an der Spitze und galt unverändert als ein öffentliches Aushängeschild. Auch wenn man nicht mehr dem wilhelminischen Hof, sondern dem preußischen Kultusministerium unterstand, setzte man weiter auf sängerischen Glanz, orchestrale Qualität und ein mehrheitlich klassisches Repertoire. Der Musik der Moderne öffnete man sich nur zögerlich. Immerhin wurden zu Beginn der Zwanzigerjahre Opern des Neuberliners Franz Schreker, neben Strauss einer der meistgespielten Musiktheaterkomponisten der Zeit, auf den Spielplan gesetzt. Auch die Werke von Busoni, Hans Pfitzner, Ermanno Wolf-Ferrari, Walter Braunfels, Franz Schmidt oder Erich Wolfgang Korngold kamen zur Aufführung, nach Blechs Abgang dirigiert von den verlässlichen Kapellmeistern Fritz Stiedry und Georg Szell.

D

Der eigentliche Einzug der Moderne im Haus war jedoch im wesentlichen dem neuen Generalmusikdirektor Erich Kleiber zu verdanken. Die weitaus größten musikgeschichtlichen Spuren hat dabei seine Uraufführung von Alban Bergs »Wozzeck« im Dezember 1925 hinterlassen. Das Sujet, die außergewöhnliche Tonsprache und neuartige Ausdrucksintensität der Oper sorgten bei Publikum und Presse für erhebliche Kontroversen, heute gelten sie als opernhistorische Meilensteine. Durch seine akribische Probenarbeit hatte es Kleiber vermocht, die immensen aufführungspraktischen Herausforderungen des Werks zu meistern und das gesamte Ensemble für den »Wozzeck« zu begeistern. Zwischen 1927 und 1930 folgten weitere Aufführungen, von denen einige heute geradezu legendär sind: Kurt Weills »Royal Palace« und »Der neue Orpheus«, Schrekers »Der singende Teufel«, Karol Rathaus' »Fremde Erde« und natürlich Darius Milhauds »Christoph Kolumbus« im Mai 1930. Milhauds Oper war eine der ersten Bühneninszenierungen überhaupt, in der Filmprojektionen zum Einsatz kamen. Darüber hinaus war Kleiber für die Berliner Erstaufführungen von Leoš Janáčeks »Jenůfa«, Ernst Kreneks »Die Zwingburg«, Jaromír Weinbergers »Schwanda, der Dudelsackpfeifer« und Schrekers »Der ferne Klang« verantwortlich. Dass er als Generalmusikdirektor der Lindenoper auch Werke des sogenannten »Standardrepertoires« zu betreuen hatte, versteht sich von selbst: Besonders häufig hat er sich den großen Opern Mozarts und Verdis gewidmet. Sein Augenmerk lag aber auch auf Wagner: von der Erstaufführung des frühen »Liebesverbots« bis hin zu einem paritätisch mit Leo Blech geleiteten »Ring«-Zyklus.

Kleiber trat auch als Dirigent der Sinfoniekonzerte der Staatskapelle in Erscheinung. Sein Auftaktprogramm von Anfang Dezember 1923 konnte geradezu als eine Hommage an die Tradition verstanden werden: Auf die Ouvertüre von Spontinis »Die Vestalin« folgten eine Mozart-Sinfonie und Beethovens Siebte, was durchaus als ein Bekenntnis zu verstehen war. Bei den weiteren Sinfonie-Soireen schlug der Dirigent eher den Weg einer vorsichtigen Innovation ein – was nicht bedeuten sollte, dass er alles beim Alten ließ. So bot er etwa gleich 1923 der Musik des russischen Modernisten Alexander Skrjabin eine Plattform. Später kamen Schönbergs »Fünf Orchesterstücke op. 16« und dessen Tondichtung »Pelleas und Melisande« zur Aufführung, Alban Bergs »Sieben frühe Lieder«, seine Konzertarie »Der Wein« und – als markanter

Schlusspunkt dieser Aktivitäten – die »Symphonischen Stücke aus Lulu«. Kleiber setzte auch Werke von Schreker, Busoni, Rathaus, von Igor Strawinsky, Nikolaus von Reznicek, Bernhard Sekles, Berthold Goldschmidt, Erwin Schulhoff, Max Butting, Béla Bartók, Alfredo Casella, Maurice Ravel, Emil Bohnke oder Ernst Toch auf seine Programme, viele von ihnen in Erst- oder Uraufführungen.

I

Insgesamt aber lag Kleibers Fokus bei den Sinfoniekonzerten auf der Pflege des inzwischen kanonischen klassisch-romantischen Werkbestands, angefangen von der Trias Haydn, Mozart und Beethoven über Schubert, Weber, Mendelssohn, Schumann, Berlioz, Brahms und Bruckner bis zu Mahler und Strauss. Auch Smetana, Dvořák, Borodin und Tschaikowsky, einige der großen slawischen Komponisten des 19. Jahrhunderts, wurden oft gespielt. Was bei den von Kleiber geleiteten Konzerten besonders auffällt, ist ihre Berücksichtigung vorklassischer Musik, damals alles andere als eine Selbstverständlichkeit. Regelmäßig wurden etwa die Ouvertüren von Gluck, Orchestermusik von Händel und die Orchestersuiten von Bach gespielt, gelegentlich sogar ein Stück von Jean-Philippe Rameau oder ein Flötenkonzert von Friedrich dem Großen. Im Oktober 1928 eröffnete Kleiber die Konzertsaison der Staatskapelle gar mit einer neu instrumentierten Aufführung von Bachs »Kunst der Fuge«, bei der auch die Cembalistin Alice Ahlers mitwirkte, eine der wichtigen Persönlichkeiten in der Wiederbelebung der Alten Musik. Im Mai 1932 dirigierte er zudem zwei Sonderkonzerte im Schlüterhof des Berliner Stadtschlosses, deren Programme ganz im Zeichen des 18. Jahrhunderts stehen sollten.

Das Interesse für Alte Musik führte auch dazu, dass sich Kleiber ein Verständnis Haydns und vor allem Mozarts aus dem Stil ihrer Zeit heraus erarbeitete, anstatt sich der gängigen ästhetischen Sicht des 19. Jahrhunderts anzuschließen, das dazu tendierte, die Komponisten »romantisch« zu überformen. Kleiber war ein schlagtechnisch beeindruckend präziser und nuancierter Dirigent und ließ die musikalischen Strukturen überaus klar und transparent zu Klang werden. Doch sein Dirigat konnte auch sehr temperamentvoll und emotional sein. Beim Orchester und in der Öffentlichkeit brachte ihm das hohe Anerkennung ein.

Als Kleibers Gegenpol konnte der schon erwähnte Otto Klemperer verstanden werden, der 1927 doch noch nach Berlin kommen sollte und die Direktion der sogenannten »Krolloper« übernahm. Das erst seit wenigen Jahren bestehende Opernhaus befand sich am Platz der Republik, in der Nähe von Reichstag und Tiergarten. Zu Wilhelminischer Zeit hatte das Haus noch als »Neues Königliches Opern-Theater« firmiert. Da es in den Weltkriegsjahren arg in Mitleidenschaft gezogen worden war, investierte der preußische Staat in eine umfängliche Rekonstruktion. Institutionell wurde die Krolloper, die zirka 2.500 Zuschauerinnen und Zuschauer aufnehmen konnte, der Staatsoper zugerechnet, während das Stammhaus Unter den Linden mit seinen rund 1.700 Plätzen deutlich kleiner war.

So schön es auch schien, dass die Institution Staatsoper nun über zwei Opernhäuser verfügte, so problematisch gestaltete sich die Doppelbespielung. Diese stellte bald eine kaum zu bewältigende Belastung dar. Zwar war absehbar, dass die Staatsoper den neuen Bau bald auch für ihre eigenen Aktivitäten benötigen würde, da für 1926 eine grundlegende Sanierung der Lindenoper anstand, dennoch musste eine dauerhafte Lösung gefunden werden.

Heinz Tietjen, der neue Generalintendant, der Ende 1925 den zunehmend glücklos agierenden Max von Schillings abgelöst hatte, war schon eine »Arbeitsgemeinschaft« mit der Städtischen Oper eingegangen, die mit

Plakat zur Uraufführung
von Alban Bergs »Wozzeck«, 1925

SINFONIE =KONZERTE

AUSGEFÜHRT
VON DER

STAATSKAPELLE

SPIELZEIT 1931/32.

DIRIGENTEN:

IN DER STAATSOPER　　　　　IM KROLLTHEATER
UNTER DEN LINDEN　　　　　AM PLATZ DER REPUBLIK
KLEIBER　　　　　　　　　　**KLEMPERER**

Die General-Intendanz der Preußischen Staatstheater veranstaltet in der laufenden Spielzeit sechs Sinfonie-Konzerte:

drei unter Leitung des Generalmusikdirektors Erich Kleiber in der Staatsoper Unter den Linden und drei unter Leitung des Generalmusikdirektors Otto Klemperer im Krolltheater am Platz der Republik.

Für jedes der beiden Häuser wird ein Abonnement für 3 Konzerte aufgelegt.

Staatsoper Unter den Linden:

1. Konzert am 8. Januar 1932.
1. Joh. Chr. Bach: Sinfonie für Doppelorchester.
2. Ravel: Klavierkonzert (Uraufführung) *Solist: Dr. P. Wittgenstein.*
3. Haydn: Sinfonie concertante für Violine, Oboe, Cello, Fagott und Orchester.
4. E. N. von Reznicek: Tanzsinfonie.

2. Konzert am 4. Februar 1932.
1. G. Ph. Telemann: Aus der Tafelmusik 1733.
2. Weinberger: Passacaglia für großes Orchester und Orgel.
3. Ernst Toch: Tragische Musik (Uraufführung).
4. Beethoven: II. Sinfonie.

3. Konzert am 18. März 1932.
1. Krenek: Thema mit 13 Variationen.
2. Mozart: Zwei Konzertarien *Solist: Marc. Wittrisch.*
3. Liszt: Faustsinfonie.

Krolltheater Am Platz der Republik:

1. Konzert am 29. Januar 1932.
1. Bach: Suite D-dur.
2. Bruckner: Achte Sinfonie.

2. Konzert am 18. Februar 1932.
1. Haydn: Sinfonie C-moll.
2. Mozart: Sinfonie C-dur (Jupiter).
3. Brahms: IV. Sinfonie.

3. Konzert am 7. April 1932.
1. Beethoven-Violinkonzert.
2. IX. Sinfonie
(mit dem Philharmonischen Chor und Solisten der Staatsoper)

Aenderungen vorbehalten.

Preise (ausschließlich Garderobegebühr):

Preis-stufe	Platzgattung Staatsoper Unter den Linden	Krolltheater Am Platz der Republik	Abonnements-preise für je drei Konzerte *) RM	Kassenpreise für ein Konzert RM
I	Fremdenlogen, Orchesterlogen, 1. Ranglogen, Mittelloge 1. u. 2. Reihe, 1. Rang-Balkon 1. R., Parkett 1.—9. Reihe	1. Ring 1.—2. Reihe, 1. Ring-Logen, Parkett 1.—9. Reihe	18,—	7,50
II	Mittelloge 3.—7. Reihe, 1. Rang-Balkon 2. Reihe, Parkett 10.—16. Reihe	1. Ring 3.—6. Reihe, Parkett 10.—18. Reihe	13,50	5,50
III	Parkett 17.—22. Reihe, 2. Rang-Balkon u. Prosz.-Loge	Parkett 19.—26. Reihe	9,—	4,—
IV	3. Rang-Balkon u. Prosz.-Loge	Oberring 1.—3. Reihe	6,—	3,—
V	4. Rang-Balkon, Sitzplatz	Oberring 4.—6. Reihe	4,50	2,—
VI	4. Rang-Balkon, Stehplatz		*) in einer Summe zu entrichten.	1,25

Abonnements-Anmeldungen nimmt das Abonnementsbüro der Preußischen Staatstheater Berlin W 56, Oberwallstraße 22, entgegen. Schalterstunden von 9—14 Uhr. Fernsprecher: A 6 Merkur 9024. Abonnementskasse der Preußischen Staatstheater, Postscheck-Konto: Berlin Nr. 70000.

Umgehende Bestellung auf beiliegender Bestellkarte sichert gute Plätze.

Der General-Intendant der Preußischen Staatstheater.

Berlin, im Dezember 1931.

Vorschau zu den Sinfoniekonzerten der Staatskapelle für die Saison 1931/32

der Verpflichtung verbunden war, sich wechselseitig mit künstlerischem und technischem Personal auszuhelfen. Gemeinsam mit dem preußischen Kultusministerium entwickelte er nun den Plan, die Doppelbelastung der Staatsoper zu beenden und die Krolloper zu einer künstlerisch selbständigen Institution mit eigenem Ensemble auszubauen, einschließlich eines eigenen Orchesters mit immerhin 106 Planstellen, eines eigenen Chors und eigener Gesangssolisten. An der Krolloper sollte von nun an die von den sozialdemokratischen Kulturverantwortlichen entwickelte Idee der »sozialen Kunstpflege« in Form einer »Volksoper« Gestalt gewinnen.

D

Der in Breslau geborene Klemperer hatte sich schon bei seinen Tätigkeiten in Prag, Hamburg, Straßburg, Köln und Wiesbaden den Ruf erworben, musikalische und szenische Arbeit auf einem besonders hohen künstlerischen Niveau abzuliefern. Nun besaß er die Möglichkeit, seine Vorstellungen unter bestmöglichen Bedingungen zu verwirklichen und dem Berliner Opernwesen Impulse für ein zukunftsorientiertes Musiktheater zu geben. Er ergriff seine Chance. Obwohl es die Krolloper als eigenständige Opern- und Konzertinstitution letztlich nur vier Jahre lang geben sollte, schrieb er dort Musik- und Kulturgeschichte.

Neben etwa vier Operneinstudierungen pro Saison oblag Klemperer die Leitung einer eigenen Konzertreihe mit »seiner« Sektion der Staatskapelle, die hinsichtlich ihrer Größe und Struktur ein vollgültiges, leistungsfähiges Sinfonieorchester darstellte. Die »Klemperer-Konzerte« mussten sich nicht nur dem Vergleich mit denen Erich Kleibers stellen, sondern sich auch gegen die großen, maßstabsetzenden Zyklen des Philharmonischen Orchesters unter Wilhelm Furtwängler und Bruno Walter behaupten. Ursprünglich hatte sich Klemperer zehn Sinfoniekonzerte pro Spielzeit gewünscht, realisiert wurden aber zumeist nur sechs bis sieben. Gleichwohl machten diese Konzerte Schule, vor allem wegen Klemperers unverwechselbarer Physiognomie als Interpret. Unter seinem Dirigat erklangen selbst die oft gespielten und viel gehörten Werke häufig neu. Mit außerordentlicher Strenge und Kraft wandte er sich sowohl den Klassikern des Repertoires als auch der Alten und der Neuen Musik zu. Er galt als ein Künstler, der den Dienst an den Werken so ernst nahm wie kein anderer. Er suchte nach ihrer idealen Wiedergabe und konnte mit einem Höchstmaß an aufführungspraktischer Präzision noch kleinste Verästelungen darstellen und artikulieren, ohne dass dabei der Sinn für die größeren Zusammenhänge verlorenging. Geradezu beispielhaft verkörperte Klemperer die viel beschworene »Neue Sachlichkeit« der Weimarer Republik, jene Kunstströmung, die den »Dingen selbst« das Primat einräumte und sich von einem Ideal der »Objektivität« leiten ließ.

An den »Klemperer-Konzerten« fällt zunächst auf, wie selbstverständlich moderne und avancierte Musik in den Programmen vertreten ist. Mit der Berliner Erstaufführung von Janáčeks »Sinfonietta« hatte der Dirigent gleich bei seinem Debütkonzert Ende September 1927 für Aufmerksamkeit gesorgt. In derselben Saison sollten mit Hindemiths »Kammermusik Nr. 5« und dessen »Konzertmusik für Blasorchester«, mit Jean Sibelius' Sinfonie Nr. 7 und Maurice Ravels »Alborada del Gracioso« weitere Novitäten folgen. In den anschließenden Spielzeiten setzt sich diese Programmatik fort, u. a. mit »Apollon Musagète«, »Les noces«, dem Capriccio für Klavier und Orchester und der »Psalmensinfonie« von Igor Strawinsky, Kreneks »Kleiner Sinfonie« und dessen »Thema und 13 Variationen für Orchester«, Joseph Matthias Hauers in strenger Zwölftontechnik geschriebener »Sinfonietta« und dessen Kammeroratorium »Wandlungen«, mit Weills »Dreigroschenmusik« und dessen »Lindberghflug«, Hindemiths »Konzert für Orchester«, dem Klavierkonzert des Schönberg-Schülers Eduard Erdmann, der »Begleitmusik für eine Lichtspielscene« von Schönberg selbst sowie Busonis »Berceuse élégiaque« und dessen Violinkonzert. Unter der vielfach vertretenen Neuen Musik dürfte Klemperer besonders der markante motorische Gestus des »Neoklassizismus« von Strawinsky und Hindemith entgegengekommen sein.

T

Typisch für Klemperers insgesamt 30 Konzerte waren auch Programme, die Werke eines einzelnen Komponisten vorstellen. Die Bandbreite war dabei erstaunlich groß. In seiner ersten Saison setzte Klemperer gleich vier solcher Abende an, zwei mit Musik von Beethoven, einen mit Brahms und einen mit Schubert. Ein Jahr später folgten ein Mahler-Abend – mit dessen »Kindertotenliedern« und der damals sehr selten gespielten 9. Sinfonie – ein Bach- und gar ein Strawinsky-Abend. Auch jene monumentale Sinfonik, für die der späte Klemperer der Fünfziger- und Sechzigerjahre bekannt war, findet sich hier schon. Bruckners Fünfte und Siebte wurden ebenso gespielt wie Mahlers Zweite, Beethovens Neunte und das »Heldenleben« von Strauss. Häufig arbeitete er zudem mit Instrumental- und Vokalsolisten und mit Chören zusammen und nahm damit schon das Ende jener Ära vorweg, in der der Dirigent die Institution »Konzert« allein repräsentierte. Die Krolloper, die eine »Oper für alle Tage« sein sollte, entfaltete schon ein Jahr nach ihrer Neuausrichtung ihre volle Leistungsfähigkeit. Es dürfte geholfen haben, dass Klemperer administrativ von Ernst Legal entlastet wurde, der mit den Intendanzgeschäften betraut worden war. Bedingt durch die kurze Dauer und das abrupte Ende des »Kroll-Experiments« wurde das Opernhaus schnell zu einer Legende. Allerdings dürfte dabei auch eine gewisse Verklärung eine Rolle gespielt haben. Die dortigen Inszenierungen schienen ästhetisch nicht selten gewagt. Auch ihre verstärkte Hinwendung zur Moderne hat die Legende beflügelt – schließlich wurden hier Hindemiths »Neues vom Tage« und Strawinskys »Oedipus Rex« uraufgeführt. Kreneks »Leben des Orest« und seine drei Einakter »Der Diktator«, »Das geheime Königreich« und »Schwergewicht oder Die Ehre der Nation« erlebten hier ihre Berliner Erstaufführung, genauso wie Schönbergs Monodramen »Erwartung« und »Die glückliche Hand«. Doch ein avantgardistisches Opernhaus im eigentlichen Sinne war »Kroll« gewiss nicht, da der Schwerpunkt immer auf dem klassischen Opernrepertoire lag.

O

Otto Klemperer führte letztlich auch die ihm unterstellten Musiker der Staatskapelle auf ein neues Niveau. Orchester und Dirigent wuchsen in den Jahren der Krolloper merklich zusammen. Nachzuvollziehen ist das unter anderem in Klangdokumenten, die bis heute nichts von ihrer Faszination verloren haben. Zwischen 1924 und 1932, zunächst noch im akustischen, später im qualitativ überlegenen elektrischen Aufnahmeverfahren, entstanden zahlreiche Einspielungen der Staatskapelle, darunter Gesamteinspielungen mehrerer Sinfonien von Beethoven, Schubert und Brahms – Höhepunkte der umfangreichen Diskographie des Berliner Traditionsorchesters.

Mit Klemperers und Kleibers Tätigkeit an Staatskapelle und Staatsoper war die personelle Konstellation komplett, die mit ihren vielfältigen künstlerischen »Handschriften« den Ruf Berlins als weltweit führende Musikmetropole der Zwischenkriegszeit begrün-

168

Richard Strauss bei der Erstaufführung seiner Oper »Arabella« in der Lindenoper, 1933

den sollte. Der Musikkritiker Heinrich Strobel, ein aufmerksamer Beobachter der damaligen Kulturszene, sollte sich später geradezu schwärmerisch an jene Jahre erinnern: »Man kann sich heute kaum mehr die künstlerische Dynamik dieser Zeit vorstellen, die politisch durch die Weimarer Republik repräsentiert wird. In wenigen Jahren wurde Berlin, gestern noch Symbol des preußischen Stechschritts, zum europäischen Mittelpunkt aller neuen Bestrebungen im Bereich des Theaters und der Musik. Welch eine glanzvolle Epoche, in der im Berliner Kunstleben gleichzeitig Jessner und Piscator, Busoni, Schönberg und Hindemith, Klemperer, Kleiber, Bruno Walter und Furtwängler wirkten, in der vier Staatstheater (darunter drei Opernhäuser) und ein Dutzend erstklassiger Privatbühnen das neueste Schaffen der gesamten Kulturwelt einem hörbegierigen Publikum darboten.«

D

Doch 1929 gingen die »guten Jahre« der Weimarer Republik ihrem Ende zu. Der großen wirtschaftlichen Krise zum Ende der Dekade folgte eine politische, die auch im Kulturbetrieb ihre Spuren hinterließ. Die gemäßigten, demokratieerhaltenden Kräfte verloren an Rückhalt und Unterstützung, die politische Mitte wurde ausgehöhlt. Mochten Staatsoper und Staatskapelle auch gerade einen künstlerischen Höhenflug erleben: Es war nicht zu verkennen, dass sich ein Umbruch ungeahnten Ausmaßes ankündigte, dessen katastrophale Folgen wohl nur die Hellsichtigsten ahnten. Zum Ende der Saison 1930/31 wurde die Krolloper geschlossen, aus finanziellen Gründen und infolge eines immer größeren politischen Drucks. Auch über Berlin hinaus hatte sie den Ruf einer »anderen« Staatsoper erlangt und galt als Stätte eines linken Avantgardismus. Die an Einfluss gewinnenden rechtsnationalen Kräfte liefen geradezu Sturm, erregten sich über den angeblichen »Kulturbolschewismus« und die vermeintliche »jüdische Unkultur« und sprachen Klemperer, der jüdischer Herkunft war, die Fähigkeit ab, Musik deutscher Komponisten angemessen zur Aufführung zu bringen. Das Ende der kurzen, aber einflussreichen Ära ging für viele Musiker mit dem Verlust der Arbeitsstelle einher. Klemperer wurde zum Generalmusikdirektor an der Staatsoper ernannt, ein Titel, den auch Blech und Kleiber trugen.

D

Der gewaltsame Straßenterror und die Wahlsiege der NSDAP sorgten auch an Staatsoper und Staatskapelle für Angst und tiefgreifendes Unbehagen. Als Adolf Hitler am 30. Januar 1933 zum Reichskanzler ernannt wurde, entwickelten sich die politischen Risse in Haus und Orchester zu Klüften, und der schon lange latente Antisemitismus zeigte nun auch hier ganz offen sein hässliches Gesicht. Am 12. Februar dirigierte Klemperer noch die Premiere von Wagners »Tannhäuser«. Aufgrund sogenannter »undeutscher« Tendenzen in der szenischen und musikalischen Interpretation war die Inszenierung heftigen Anfeindungen ausgesetzt. Das vormals recht gute Verhältnis des Generalintendanten Heinz Tietjen zu Klemperer hatte sich zu diesem Zeitpunkt schon ins Gegenteil verkehrt. Als ein für den 30. März 1933 geplantes Sinfoniekonzert des Dirigenten »aus Gründen der öffentlichen Sicherheit« abgesagt wurde – aus der Sicht Tietjens eine »reine Präventivmaßnahme«, um eventuellen »Unannehmlichkeiten« vorzubeugen –, gab es für Klemperer keine andere Möglichkeit mehr als Berlin den Rücken zu kehren, wollte er nicht Beruf, Leib und Leben riskieren. Bereits wenige Tage später befand er sich auf dem Weg ins Schweizer Exil.

»Es muß deshalb klar ausgesprochen werden, daß Männer wie Bruno Walter, Klemperer, Max Reinhardt usw. auch in Zukunft in Deutschland mit ihrer Kunst zu Wort kommen müssen.«

Wilhelm Furtwängler in einem offenen Brief an Reichspropagandaminister Joseph Goebbels, 1933

Die Berliner Chefdirigenten Bruno Walter,
Erich Kleiber, Otto Klemperer und Wilhelm Furtwängler
mit Arturo Toscanini, 1930

Generalmusikdirektor Erich Kleiber und
die Staatskapelle, 1928

Zur Emigration gezwungen wurde auch Bruno Walter, der nach dem Erlass des brutalen »Gesetzes zur Wiederherstellung des Berufsbeamtentums« im April 1933 aufgrund seiner jüdischen Abstammung Berufsverbot erhielt. Noch im Herbst 1931 hatte er eine Premiere von Webers »Oberon« an der Lindenoper geleitet und mehrere Sinfoniekonzerte mit der Staatskapelle dirigiert.

E

Erich Kleiber war von den antisemitschen Verordnungen nicht direkt betroffen, wusste aber, dass ihn schon seine ästhetischen Bekenntnisse zu einem Feind dieses neuen deutschen Staats machten. Auch er entschloss sich, Berlin zu verlassen. Den letzten Anstoß gab ein Konzert am 30. November 1934, bei dem er die »Fünf symphonischen Stücke aus Lulu« von Alban Berg zur Uraufführung brachte. Der Abend musste unter Saalschutz stattfinden, da man um die Sicherheit von Dirigent und Orchester fürchtete. Bergs Musik galt als »entartet« und war den neuen Machthabern verhasst. Das Konzert rief Jubel, aber auch lautstarke Proteste hervor. Aus dem Publikum erklang der Ruf »Heil Mozart«. Wenige Tage später legte Kleiber sein Amt nieder; im Januar 1935 ging er nach Lateinamerika ins Exil.

Der große Exodus der jüdischen Künstler und Mitarbeiter von Oper und Orchester hatte sich zu diesem Zeitpunkt bereits vollzogen. Die Berliner Staatstheater unterstanden dem zum »Preußischen Ministerpräsidenten« ernannten Hermann Göring. Auf Betreiben einer nationalsozialistischen »Betriebszelle« innerhalb der Belegschaft, die schon 1932 entsprechende Listen erstellt hatte, wurden bis Mitte 1933 insgesamt 18 Personen aus dem musikalischen und dem szenischen Dienst, aus Solistenensemble, dem Chor und der Staatskapelle entlassen. Wenngleich es ihm gelang, mit Leo Blech einen bekanntermaßen jüdisch-stämmigen Dirigenten zumindest noch bis 1936 zu halten, hatte Tietjen diese Vorgänge mit zu verantworten.

1933 machte Göring Wilhelm Furtwängler zum Ersten Kapellmeister und ernannte ihn ein halbes Jahr später zum Direktor der Staatsoper. Furtwängler, ein »alter Bekannter« am Haus, war zu diesem Zeitpunkt der wohl prominenteste deutsche Dirigent und galt neben dem Italiener Arturo Toscanini als Inbegriff des Berufsstands. Zwischen 1920 und 1922 hatte er, wie erwähnt, die Staatskapellen-Konzerte geleitet, danach vereinte er als Chefdirigent des Berliner Philharmonischen Orchesters – eine Stelle, die er auch als Staatsoperndirektor beibehielt –, als Konzertdirektor der Gesellschaft der Musikfreunde in Wien, als Kapellmeister des Leipziger Gewandhausorchesters und Leiter der Richard-Wagner-Festspiele in Bayreuth die wichtigsten Positionen des deutschen Opern- und Konzertbetriebs in einer Person. Schon im Herbst 1931 war er für einige Dirigate an die Lindenoper zurückgekehrt, zunächst für die Uraufführung von Hans Pfitzners Oper »Das Herz«, ein Jahr später für eine Neuproduktion von Wagners »Meistersingern« und ein Jahr darauf für die »Elektra« und die Berliner Erstaufführung der »Arabella« von Strauss. Als neu berufener Operndirektor stellte er sich nun dem auch mit Blick auf die Orchesterarbeit ambitionierten Projekt, den kompletten Wagner'schen »Ring«-Zyklus zur Aufführung zu bringen.

F

Furtwänglers Ägide an der Lindenoper sollte unerwartet kurz bleiben. In Zusammenarbeit mit Tietjen gelang es ihm, die Staatskapelle wieder auf 120 Mitglieder aufzustocken und auch die Entlohnung der Musiker maßgeblich zu bessern. Göring, der Staatsoper und Staatskapelle bewusst als »Elite« positionieren wollte, konnte eine über das bisherige Maß hinausgehende finanzielle Förderung abgerungen werden. Die Staatskapelle wurde so zum führenden deutschen Opernorchester und genoss entsprechende Privilegien.

Doch obwohl künstlerisch weithin geschätzt und einflussreich, war auch Furtwängler nicht vor den entfesselten Kräften der Diktatur gefeit. Sein Wunsch, Hindemiths Oper »Mathis der Maler« an der Staatsoper zur Uraufführung zu bringen, kostete ihn sein Amt. Im Machtkampf mit den Nationalsozialisten, die den modernen Komponisten, der den Geist der Weimarer Jahre verkörperte, als »entartet« bezeichneten, hatte er keine Chance. Im Dezember 1934, nach einer Vorstellung von Wagners »Tristan und Isolde«, trat Furtwängler von allen seinen Ämtern zurück. Die neuen Dirigenten, die an Staatsoper und Staatskapelle kamen, konnten das hohe künstlerische Niveau Furtwänglers nicht auf Dauer halten. In der Saison 1935/36 amtierte Clemens Krauss in Berlin, zwischen seinen Engagements an der Wiener und an der Bayerischen Staatsoper, und brachte immerhin zentrale Werke wie Wagners »Meistersinger« oder Beethovens »Fidelio« auf die Bühne. Er dirigierte die Berliner Erstaufführung von Giacomo Puccinis »Turandot« und die Neuproduktionen von »Der Rosenkavalier« und »Die ägyptische Helena« des von ihm außerordentlich verehrten Richard Strauss. Es folgten der junge, später als Dirigentenlehrer bekannt gewordene Hans Swarowsky sowie der dirigierende Komponist Werner Egk. Egk diente zwischen 1936 und 1940 als Staatskapellmeister und brachte 1938 unter anderem seine eigene Oper »Peer Gynt« zur Uraufführung. Vor allem aber waren es die Dirigenten Robert Heger und Johannes Schüler, deren Arbeit die mittleren und späten Dreißigerjahre prägt. Auch Karl Elmendorff, der bereits zur Weimarer Zeit aktive Hermann Abendroth und internationale Dirigentengrößen wie Sir Thomas Beecham und Victor de Sabata kamen ans Haus.

Furtwänglers Abstinenz von der Staatskapelle und auch von den Philharmonikern – seit 1934 stand das »Reichsorchester« unter dem Schirm von Joseph Goebbels' Ministerium für Volksaufklärung und Propaganda – währte letztlich nur wenige Jahre. Ab 1935 war er als Gastdirigent bei den Philharmonikern und ab 1936 auch wieder an der Staatsoper zu hören. Er wurde wieder in Bayreuth engagiert und mit der Leitung der Wiener Philharmoniker betraut. Zu groß war der politische Wille, dem berühmten Furtwängler eine führende Rolle im Musikleben des »Dritten Reichs« einzuräumen.

In seiner unumstrittenen Vormachtstellung als wichtigster deutscher Dirigent sollte er jedoch bald Konkurrenz bekommen. Ende September 1938 trat der erst dreißigjährige Aachener Generalmusikdirektor Herbert von Karajan erstmals an der Lindenoper auf und dirigierte eine Aufführung von Beethovens »Fidelio«. Bei Intendanz, Orchester, Publikum und Presse stieß das Dirigat des jungen, charismatischen und talentierten Künstlers auf großes Interesse, ja Begeisterung.

Am 21. Oktober 1938 leitete er dann eine Vorstellung von Wagners »Tristan und Isolde«, die eine geradezu überwältigende Resonanz erfuhr. Am Tag darauf erschien unter der demonstrativen Überschrift »Das Wunder Karajan« ein Artikel des Musikkritikers Edwin van der Nüll in der Berliner Börsen-Zeitung. Nicht nur technisch habe er das Orchester und die Sängerinnen und Sänger auf der Bühne bestens »im Griff« gehabt, hieß es in dem Artikel, er sei auch Wagners überaus anspruchsvoller

Herbert von Karajan, späte 1930er Jahre

Programmzettel zum Opern- und Konzertgastspiel
in Rom, 1941

PHILHARMONIE

Erstes Sinfoniekonzert
der STAATSKAPELLE

Montag, den 19. Oktober 1942 · Beginn 17³⁰ Uhr · *Ausverkauft*

Voraufführung: Sonntag, 18. Oktober 1942 · 11³⁰ Uhr · *Ausverkauft*

LUDWIG VAN BEETHOVEN

Ouvertüre zu Goethes Trauerspiel „Egmont" für Orchester
op. 84

Konzert III für Pianoforte mit Begleitung des Orchesters
c-moll, op. 37
Allegro con brio — Largo — Rondo: Allegro
   Solist: *EDUARD ERDMANN*

PAUSE

Sinfonie III (Eroica) für Orchester, Es-dur, op. 55
  I. Allegro con brio   III. Scherzo: Allegro vivace
 II. Marcia Funebre: Adagio assai IV. Finale: Allegro molto

Musikalische Leitung: **HERBERT VON KARAJAN**

KONZERTFLÜGEL: C. BECHSTEIN

Beim Klingelzeichen zu Beginn des Konzerts werden die Eingänge zum Konzertsaal geschlossen.
Vor Beendigung des angefangenen Musikstückes kann niemand mehr Einlaß erlangen.

Programmzettel zu den Sinfoniekonzerten der Staatskapelle
am 18. und 19. Oktober 1942

Partitur bis in die letzten Details gerecht geworden. Von einer »höchst eindrucksvollen Darstellung dieses Ausnahmewerkes« war zu lesen, von »Stunden wahrer Magie«. Der zuvor wenig bekannte Dirigent war plötzlich in aller Munde. Bis heute ist unklar, welchen politischen Hintergrund van der Nülls Rezension hatte. Karajan war seit 1933 NSDAP-Mitglied und trat auch bei zahlreichen Veranstaltungen der Nationalsozialisten auf. Man kann den Artikel durchaus als einen Versuch werten, den offensichtlich außerordentlich begabten Karajan als »Gegenfigur« zu dem mehr als zwanzig Jahre älteren, weltweit gefeierten und politisch weniger zähmbaren Wilhelm Furtwängler zu etablieren.

N

Neben Engagements bei den Berliner Philharmonikern, die er später über drei Jahrzehnte lang als gefeierter Chefdirigent leiten sollte, realisierte Karajan im Januar 1939 die vielbeachtete Uraufführung von Rudolf Wagner-Régenys »Die Bürger von Calais« an der Staatsoper und schloss einen ersten Vertrag über Tonaufnahmen für die Deutsche Grammophon. Drei Monate später wurde er von Adolf Hitler zum Staatskapellmeister ernannt. Ab der Saison 1940/41 lag auch die Leitung der Staatskapellen-Konzerte in seinen Händen.

Zu diesem Zeitpunkt war der von den Nationalsozialisten entfesselte Zweite Weltkrieg bereits seit einem Jahr im Gange und versetzte Europa und die Welt in ein zuvor unvorstellbares Grauen. Trotz der immer größeren Einschränkungen erwiesen sich Karajans Sinfoniekonzerte als überraschend populär. Seine insgesamt 27 Programme waren kaum als experimentierfreudig zu bezeichnen, boten jedoch einige seltener gespielte Werke, beispielsweise von César Franck, Ottorino Respighi, Jean Sibelius, und die Uraufführung von Gottfried von Einems »Concerto für Orchester«. Dazu gab es natürlich die Klassiker des Repertoires, etwa ein Konzert, das allein der Musik Mozarts gewidmet war, eine Reihe von Beethoven-Sinfonien und dessen »Missa solemnis«, Schubert, Schumann, Brahms und Tschaikowsky, mehrfach auch Sinfonien von Bruckner und die Werke von Strauss.

Die Staatsoper Unter den Linden sollte während des Kriegs zwei Mal vollständig vom Bombenhagel der Alliierten zerstört werden. Zuerst lag das historische Haus im April 1941 in Trümmern. Auf Befehl Hitlers wurde es sofort wieder aufgebaut und bereits im Dezember 1942 mit Wagners Festoper »Die Meistersinger von Nürnberg« unter der Leitung von Wilhelm Furtwängler wiedereröffnet. Auch um die Bauzeit zu überbrücken, waren die Staatskapelle und das Staatsopernensemble auf Weisung Hitlers in der Zwischenzeit auf Tournee geschickt worden. Im besetzten Paris spielte man etwa Wagner und Mozart, jene beiden Komponisten, die man als besonders propagandatauglich erachtete. Im Rom Mussolinis wurde ein öffentlichkeitswirksam inszeniertes Gastspiel gegeben, das die Verbundenheit der beiden faschistischen Regimes zum Ausdruck bringen sollte.

M

Mit Beginn des Krieges hatte die gesamte Mitarbeiterschaft der Staatsoper die »UK-Stellung« erhalten und wurde fortan als »kriegswichtig« eingestuft. Solisten, Choristen und Staatskapellenmusiker, aber auch Vertreter der technischen Gewerke wurden vom Kriegsdienst freigestellt, um an der »Heimatfront zum Sieg beizutragen«. Diese vergleichsweise komfortable Lage geriet jedoch zunehmend zu einem bloßen Durchhalten auf verlorenem Posten. Die Zahl der Opernvorstellungen, die in den ersten Kriegsjahren noch erstaunlich hoch war, nahm ab 1942/43 rapide ab, obwohl

Die brennende Staatsoper nach dem ersten Bombardement
der Alliierten, April 1941

```
STAATSTHEATER   BERLIN


              Staatsoper
    (zurzeit im Schauspielhaus am Gendarmenmarkt ).
```

                        Sonntag, d. 15.4.45
          17 Uhr
                           "Opern-Konzert"
                           ===============
                    Musikal.Leitung: Joh. Schüler
         "Sizilianische Vesper": Ouvertüre, Procida-Arie
                           - Greindl -
         "Othello":   1.Akt, Duett, 2.Akt, Credo, Traumer-
                       zählung bis Schluß, 4.Akt, Othellos Tod
                          -Lemnitz, Suthaus -
                           Pause.
         "Verkaufte Braut": Ouvertüre, Duett Kezal/Hans,
                            Rezitativ u. Arie des Hans
                           - Fuchs, Witte -
         "Rosenkavalier":   Walzer, Finale 2.Akt
                           - Berglund , Greindl -.

Programmzettel für das vorletzte Konzert der Staatskapelle
vor dem Ende des Zweiten Weltkriegs, 15. April 1945

große Anstrengungen unternommen wurden, um zu demonstrieren, dass man trotz der Fliegerangriffe spielfähig blieb.

Spätestens ab dem Herbst 1943, als die Angriffe der Alliierten immer verheerender wurden, war der Ausnahmezustand zum Alltag geworden. Goebbels hatte den »Totalen Krieg« ausgerufen. Wiederholt wurden nun auch Angehörige der Staatskapelle zur Wehrmacht eingezogen. Ein Gebäude nach dem anderen fiel den Bomben zum Opfer; Tausende Menschen starben. Der brutal geführte Krieg kam mit gnadenloser Wucht nach Berlin zurück, dorthin also, wo er geplant worden war. Im Herbst 1944 wurde die Schließung der Theater verfügt.

V

Von nun an waren im Opernhaus nur noch Konzerte möglich. Ausschnitte aus Opernwerken kamen zur Aufführung, mit den bekannten Sängerinnen und Sängern der Staatsoper, mit dem Chor des Hauses und natürlich mit der Staatskapelle. In die letzten Kriegsjahre und -monate fiel zudem eine überraschende Aufnahmetätigkeit. Mit den Kräften von Staatsoper und Staatskapelle wurde im Mai 1943, dirigiert von Robert Heger, »Tristan und Isolde« eingespielt. Im Jahr darauf folgte, ebenfalls unter Heger, der den Nationalsozialisten als »unverzichtbar« galt, Verdis »Rigoletto« in deutscher Sprache. Johannes Schüler, der Ende August 1944 mit Mozarts »Hochzeit des Figaro« die letzte Opernaufführung Unter den Linden dirigiert hatte, nahm noch im selben Jahr Friedrich von Flotows komische Oper »Martha« auf. Und einen Monat später kam es zu einer Einspielung, die heute als eine der erste Stereo-Aufnahmen überhaupt gilt. Im Berliner Haus des Rundfunks dirigierte Karajan das Finale von Bruckners Achter. Hört man sich diese Aufnahme heute an, vermeint man, in dem offensiv-wuchtigen Klang der Trompeten und der Hörner- und Posaunenchöre das Kriegsgetöse der Zeit zu hören, daneben aber auch immer wieder Passagen hymnischer Feierlichkeit und friedvoller Ruhe.

Die Tondichtung »Till Eulenspiegel« von Richard Strauss, ein Bravourstück der Staatskapelle, das der Komponist selbst oft mit dem Orchester gespielt und aufgenommen hatte, sollte übrigens das letzte Werk werden, das unter der Leitung Herbert von Karajans von der Staatskapelle aufgeführt wurde. Es erklang am 18. Februar 1945 im Beethovensaal, nach Webers »Freischütz«-Ouvertüre, Schumanns 4. Sinfonie und Mozarts »Haffner-Sinfonie«. Robert Heger und Johannes Schüler führten die Konzerte unregelmäßig bis Mitte April des Jahres im Schauspielhaus am Gendarmenmarkt weiter – in einer Atmosphäre von Angst und Schrecken, die sich auf Musiker und Publikum legte. Das Gebäude der Staatsoper war schon im Februar, zum Zeitpunkt des letzten Konzerts unter Karajan, erneut zerstört worden und lag wie ein Großteil der Stadt in Trümmern. Bis zur Wiedereröffnung des Hauses sollte ein Jahrzehnt vergehen.

KAPITEL
VI

1989

ZWISCHEN
ZWÄNGEN UND CHANCEN.
VON DER »STUNDE NULL«
BIS ZUM VORABEND
DER FRIEDLICHEN REVOLUTION

VON Detlef Giese

184

KAPITEL VI

Nach dem Ende der erbitterten Kämpfe im Mai 1945 war Berlin, die einstmals so stolze und lebendige Weltstadt, nicht einmal mehr ein Schatten seiner selbst. Von den etwas mehr als vier Millionen Menschen, die hier noch zu Beginn des Zweiten Weltkriegs gelebt hatten, waren kaum drei Millionen mehr am Ort. Viele hatten ihr Leben verloren, viele waren geflohen. Im chaotischen Frühsommer der »Stunde Null« war Berlin eine gespenstische Stadt. Die Schrecken der Bombennächte und der Straßenkämpfe, denen die Zivilbevölkerung weitgehend schutzlos ausgesetzt gewesen war, hatten sich tief ins kollektive Bewusstsein eingegraben, und die Gewalt war nach der Befreiung durch die Rote Armee keineswegs zu Ende. Die einstige Metropole war ein Trümmerfeld geworden. Vor allem das Zentrum zwischen Alexanderplatz und Brandenburger Tor, mit dem einstigen Prachtboulevard Unter den Linden und dem Opernhaus, lag nahezu vollständig in Schutt und Asche. Dass hier jemals wieder Musiktheater und Konzerte gespielt würden, erschien angesichts des Ausmaßes der Zerstörungen kaum denkbar.

Nach dem Ende der Kampfhandlungen und der bedingungslosen Kapitulation waren die sowjetischen Streitkräfte gewissermaßen Alleinherrscher über die Stadt. Im Juli übernahmen auch die drei anderen Siegermächte des Zweiten Weltkriegs, die USA, Großbritannien und Frankreich, in ihren jeweiligen Sektoren die Kontrolle. In jenen Monaten wurde nicht nur eine historische Aufbauleistung auf den Weg gebracht, es wurden auch die Weichen für die Spaltung der Stadt gelegt, die 16 Jahre später zum Bau der Berliner Mauer führen sollte.

Im Mai und Juni 1945 ging es zunächst darum, wesentliche Teile der städtischen Infrastruktur wieder instand zu setzen. An erster Stelle stand die Versorgung von Bevölkerung und Truppen mit einem Mindestmaß an Lebensmitteln. Noch viele Jahre lang sollten sie rationiert werden. Die Strom- und Gasversorgung wurde reaktiviert, auch einige Bus- und Bahnlinien fuhren bald wieder. Auch wenn das von Hunger und Not geprägte Leben der Stadt weit von irgendeiner »Normalität« entfernt war, bemühten sich die sowjetische Militäradministration und der erste Nachkriegsmagistrat Berlins auch darum, das am Boden liegende Kulturleben wieder in Gang zu bringen und eine Art »kultureller Grundversorgung« zu gewährleisten. Vor allem der sowjetische Stadtkommandant Nikolai Bersarin verfolgte konsequent auch die Wiedereröffnung der großen Opern- und Schauspielbühnen.

Zunächst mussten dafür geeignete Gebäude gefunden werden. Keines der Stammhäuser der großen Kulturinstitutionen hatte den Krieg überstanden. Die Berliner Philharmoniker verfügten über keine Spielstätte mehr, die Städtische Oper und das Schauspielhaus am Gendarmenmarkt, die beiden größten Musik- und Sprechtheaterbühnen der Stadt, waren zerstört worden. Auch das Opernhaus Unter den Linden war nach dem Bombenangriff vom Februar 1945 zu einer Ruine geworden. Dennoch versuchten die Institutionen, mit Unterstützung der Behörden so bald wie möglich wieder ihren Spielbetrieb aufzunehmen. Die Städtische Oper fand im noch weitgehend intakten Theater des Westens in der Kantstraße am Bahnhof Zoo eine neue Bühne, und die Philharmoniker sicherten sich den

Die zerstörte Staatsoper nach dem
Zweiten Weltkrieg, 1945

Der Admiralspalast, die Interimsspielstätte von Staatsoper und Staatskapelle, 1945

Titania-Palast in Steglitz. Der »Ehemaligen Preußischen Staatsoper« – da ein »Staat« im eigentlichen Sinne nicht mehr existierte, musste man sich notdürftig so nennen – wurde der Admiralspalast am Bahnhof Friedrichstraße zugewiesen. Das spürbar in Mitleidenschaft gezogene Theatergebäude hatte während der letzten Kriegsjahre als Lazarett und Pferdestall gedient. Aber es war reparabel, lag zentral und konnte bis zu 2.000 Zuschauerinnen und Zuschauer aufnehmen. Nicht weit vom historischen Gebäude der Lindenoper entfernt, konnte man so Opern- und Konzertaufführungen verwirklichen. Im Herbst 1945 wurde die Oper von der Kulturverwaltung des Gesamtberliner Magistrats offiziell in »Deutsche Staatsoper« umbenannt. Der »Admi« sollte ihr und der Staatskapelle Berlin ein Jahrzehnt lang als Interimsheimat dienen.

Z

Zunächst hatte der Magistrat entschieden, Heinz Tietjen, den alten, seit den Zwanzigerjahren aktiven Intendanten, in seinem Amt zu belassen. Auch wenn Tietjen nie NSDAP-Mitglied gewesen war, stand er dem Regime ohne Zweifel nahe. Bereits im Juni 1945 wurde die Entscheidung revidiert. Nach einer Wahl unter den übrig gebliebenen Staatsopernmitgliedern übte der ehemalige Kostümdirektor Kurt Palm das Amt des Intendanten aus. Er organisierte auch das erste Nachkriegskonzert der Staatskapelle. Nach nur wenigen Tagen jedoch wurde er durch Ernst Legal ersetzt. Der Schauspieler und Regisseur hatte an der Seite Otto Klemperers die Krolloper und ab 1931 das Schauspielhaus am Gendarmenmarkt geleitet. Die Zeit der NS-Diktatur hatte er als Regisseur am Charlottenburger Schiller Theater, einer weiteren großen Berliner Schauspielbühne, verbracht. Mit ihm stand ein Theatermann an der Spitze der Staatsoper, der aufgrund seiner Kompetenz und Integrität in der Lage war, das Haus durch die kommenden schwierigen Jahre zu führen.

Es war aber noch Tietjen, der das in den letzten Kriegstagen und -wochen zerstreute Ensemble wieder zusammengetrommelt hatte. Die noch verbliebenen Sängerinnen und Sänger und das Rumpfensemble der Staatskapelle hatten sich schon Mitte Juni im Admiralspalast zu den ersten Proben getroffen. Es waren gerade einmal sechs Bläser und fünfzehn Streicher anwesend. Dennoch konnte schon wenige Tage später, am 16. Juni 1945, ein Konzert im unzerstört gebliebenen Haus des Rundfunks an der Masurenallee gegeben werden. Unter Beteiligung der Starsolisten Erna Berger, Margarete Klose, Peter Anders und Ludwig Suthaus wurde Musik aus Opern von Gluck, Mozart, Rossini, Verdi und Bizet zur Aufführung gebracht. Karl Schmidt, Chordirektor der Staatsoper, dirigierte. Die Veranstaltung war als »Erstes Großes Opernkonzert der bisherigen Staatsoper Berlin« angekündigt worden. Es gehört zu den Merkwürdigkeiten der Geschichte, dass Nikolai Bersarin, ohne den dieses Konzert nicht möglich gewesen wäre, an genau diesem Abend bei einem Motoradunfall ums Leben kam.

Während der Admiralspalast für den Musiktheaterbetrieb hergerichtet wurde, zeigte vor allem die Staatskapelle Präsenz und trotzte mit viel Engagement und Idealismus den schwierigen Bedingungen. Zwischen Juni und August 1945 gestaltete sie insgesamt sieben Abende, zumeist mit Potpourri-Programmen aus gängigen Opernwerken, aber auch mit Kostproben großer Sinfonik. Anlässlich eines von Peter Voelkner dirigierten Konzerts zu Ehren der Opfer des Faschismus am 1. Juli 1945 wurden etwa Brahms' Zweite und Tschaikowskys Fünfte gespielt. Neben dem Funkhaus an der Masurenallee diente das Deutsche Theater in der Schumannstraße als Spielstätte, auch in Potsdam und Zehlendorf trat man auf. Wie den Berliner Philharmonikern, die ihre Konzerttätigkeit unter ihrem neuen Leiter Leo Borchard schon Ende Mai 1945 wieder aufgenommen hatten, fehlte dem

Bisherige
STAATSOPER BERLIN

I. Großes Opernkonzert
im Großen Sendesaal des Funkhauses Berlin
am Sonnabend, dem 16. Juni 1945, 17 Uhr
(Einlaß nur bis 16¾ Uhr)

Das Orchester
der bish. Staatsoper Berlin
(Staatskapelle)

Leitung: Karl Schmidt

Solisten: Erna Berger
Margarete Klose
Peter Anders
Ludwig Suthaus

Preis 30 Pfennig

Programm:

Ouvertüre „Der Freischütz".................. C. M. v. Weber
Bildnis-Arie aus „Zauberflöte"................ W. A. Mozart
      Peter Anders
Arie „Ach ich habe sie verloren" aus „Orpheus" Chr. W. v. Gluck
      Margarete Klose
Arie aus „Entführung".................... W. A. Mozart
      Erna Berger
Ouvertüre „Leonore III".................... L. v. Beethoven

Aus der „Nußknacker-Suite"................. P. Tschaikowsky
 a) Ouvertüre
 b) Tanz der Fee Dragée
 c) Trepak
 d) Blumenwalzer
Schluß-Duett I. Akt „Bohème"................ G. Puccini
      Erna Berger
      Peter Anders
Arie der „Dalila" aus „Samson und Dalila"...... G. Saint-Saëns
      Margarete Klose
Romanze des Rhadames aus „Aïda"............ G. Verdi
      Ludwig Suthaus
Duett aus „Aïda"........................ G. Verdi
      Margarete Klose
      Ludwig Suthaus

Das nächste Große Opernkonzert im Großen Sendesaal des Funkhauses findet am Donnerstag, dem 21. Juni 1945, um 17 Uhr statt.
Solisten: Erna Berger, Margarete Klose, Gertrud Rünger, Peter Anders, Jaro Prohaska, Ludwig Suthaus, Erich Witte.

Programmzettel für das erste Konzert der Staatskapelle nach dem Krieg, 16. Juni 1945

Orchester sein prominenter Chefdirigent. Wilhelm Furtwängler und Herbert von Karajan hatten zwar den Krieg überstanden, waren aufgrund ihrer Verstrickungen mit dem NS-Regime aber mit Dirigierverbot belegt und mussten sich einem mehrjährigen Entnazifizierungsverfahren unterziehen.

Schon Ende August des Jahres konnten Staatsoper und Staatskapelle ihren Spielbetrieb im Admiralspalast aufnehmen. Den Auftakt bildete eine Konzertreihe, in der mit Sängerinnen und Sängern des Ensembles und dem neuformierten Staatsopernchor Ausschnitte aus Opern präsentiert wurden. Als eigenständiger Klangkörper spielte die Staatskapelle unter der Leitung von Konzertmeister Helmut Zernick Beethovens 7. Sinfonie und Tschaikowskys Violinkonzert. Diese »Eröffnungskonzerte« waren in rascher Folge angesetzt worden, fast jeden zweiten Tag wurde gespielt.

A

Am 8. September konnte schließlich die erste Opernpremiere im Admiralspalast gezeigt werden. Die Wahl war dabei auf Glucks »Orfeo ed Euridice« gefallen, in deutscher Sprache. Das war auch als ein Symbol zu verstehen, handelt dieses Werk doch nicht nur vom Triumph der Liebe über die Unterwelt, sondern steht auch für einen Neuanfang innerhalb der Operngeschichte. Zudem war es mit relativ einfachen musikalischen wie szenischen Mitteln zu realisieren, was nicht nur in Anbetracht der knappen Ressourcen wichtig war, sondern auch mit Blick auf den Umstand, dass die Lindenoper ihren kompletten Bestand an Bühnenbildern und Kostümen verloren hatte. Unter diesen schwierigen Umständen realisierte man bis zum Saisonende immerhin elf Premieren, darunter populäre Opern wie »Rigoletto« und »Hänsel und Gretel« sowie ein Ballett. Sukzessive wurde so ein spieltechnisch praktikables und publikumsnahes Repertoire aufgebaut.

In dieser ersten Nachkriegssaison 1945/46 spielte die Staatskapelle rund 50 Konzerte, wobei Programmwiederholungen gerade am Anfang der Spielzeit eher die Regel als die Ausnahme waren. Die ungewöhnliche Anzahl der Konzerte ist durch das eingeschränkte Opern-»Tagesgeschäft« erklärbar. In den Spielzeiten bis zum Beginn der Fünfzigerjahre pendelte sich die Zahl der Konzerte auf 9 bis 14 ein. Das Angebot der Konzerte war bemerkenswert vielfältig, hinsichtlich der Werke und der Interpreten.

Insgesamt erlebte der Admiralspalast 73 Musiktheaterpremieren und 154 Konzerte. Dabei kam es geradezu zu einem künstlerischen »Schaulaufen«. Zwischen 1945 und 1955 standen nicht weniger als 38 Dirigenten am Pult der Staatskapelle. Die Konzerte lagen zunächst noch vor allem in den Händen von Karl Schmidt und Johannes Schüler. Während es Schmidt nicht unbedingt drängte, sinfonische Programme zu dirigieren, verfolgte Schüler größere Ambitionen. Schon ab 1936 hatte er zahlreiche Opern und Konzerte des Hauses geleitet, darunter, wie schon erwähnt, einige der letzten des Zweiten Weltkriegs. Er führte seine Tätigkeit mehr oder weniger nahtlos an der neuen Spielstätte fort und dirigierte dort insgesamt 18 Sinfoniekonzerte. Sein weitgefächertes Repertoire reichte von Bach bis zur Moderne. Unter anderem zeichnete er für die Uraufführungen von Boris Blachers Oratorium »Der Großinquisitor« und dessen »Partita für Streicher und Schlagzeug« sowie von Max Buttings 4. Sinfonie verantwortlich. Er schreckte auch vor monumentalen Werken wie Mahlers 2. Sinfonie oder Dmitri Schostakowitschs Sinfonie Nr. 5 nicht zurück.

Mit Georg Schumann, dem langjährigen Direktor der Singakademie, Hans Chemin-Petit und Karl Forster leiteten in den ersten Jahren der Admiralspalast-Zeit auch ausgesprochene Oratorienspezialisten Konzerte. Hinzu kamen bekanntere Dirigenten wie

Günter Wand, Hermann Scherchen, Karel Ančerl oder Kyrill Kondraschin und heute weniger prominente Namen wie Theo Mackeben, John Bitter, Fritz Lehmann, Artur Rother, Heinz Bongartz oder Karl Egon Glückselig.

Auch die »großen Namen« kehrten an die Staatskapelle zurück. Wilhelm Furtwängler etwa dirigierte gleich nach seinem Entnazifizierungsverfahren drei sinfonische Programme. Sein erster Nachkriegsauftritt mit der Staatskapelle fand Ende Mai 1947 statt. Dort dirigierte er Tschaikowskys 6. Sinfonie, Beethovens Erste und Strauss' »Till Eulenspiegel«. Geradezu legendär geworden ist sein Auftritt mit Yehudi Menuhin am 2. Oktober 1947. Beim gemeinsamen »Wohltätigkeitskonzert zugunsten der Jüdischen Gemeinde Berlins« erklangen Beethovens Violinkonzert, sowie Vorspiel und Liebestod aus Wagners »Tristan und Isolde«. Am Tag darauf leitete Furtwängler zudem die Premiere des »Tristan« und brachte später noch einmal Ausschnitte daraus, zusammen mit Tschaikowskys Sechster, konzertant zur Aufführung.

Mit Hermann Abendroth kehrte ein weiterer der Staatskapelle seit vielen Jahren verbundener Dirigent für zwei Konzertabende zurück. Hans Knappertsbusch, der bereits in den Zwanzigerjahren mehrere Tonaufnahmen mit dem Orchester getätigt hatte, dirigierte 1947 und 1950 zwei Konzerte. Auch Vertreter der neuen Generation, denen noch große Karrieren bevorstanden, waren unter den Dirigenten jener Jahre. Georg Solti etwa kam 1947 für ein Konzert in den Admiralspalast. Leopold Ludwig leitete immerhin acht Konzerte, in denen eine Reihe großer Bruckner-Sinfonien erklang, und mehrere Musiktheaterproduktionen, darunter »Der Rosenkavalier« und »Boris Godunow«. Der junge Franz Konwitschny dirigierte zur Eröffnung des Chopin-Jahres 1949 sein erstes Sinfoniekonzert mit dem Orchester.

1948 ernannte Ernst Legal Joseph Keilberth, der seit 1945 an der Staatsoper Dresden aktiv gewesen war, zum »Leitenden Kapellmeister der Staatskapelle Berlin«. Obwohl er lediglich drei Jahre in Berlin blieb, hinterließ er deutliche Spuren: Sieben Opernpremieren standen unter seiner Leitung, darunter Wagners »Meistersinger« und »Parsifal«, Verdis »Maskenball« und »Macbeth« sowie Mozarts »Don Giovanni«. Darüber hinaus dirigierte er acht stilistisch breit gefächerte Konzertprogramme mit Musik, die von den Wiener Klassikern zu Mahler, Strauss, Pfitzner, Busoni und Hindemith reichte.

N

Nicht nur Staatsoper und Staatskapelle formierten sich in jener schwierigen Phase neu, sondern die gesamte Berliner Kulturlandschaft – mit teils überraschenden Ergebnissen. Ebenfalls im sowjetischen Sektor wurde 1947 eine neue Musiktheaterinstitution ins Leben gerufen, die Komische Oper an der Behrenstraße unter der Direktion von Walter Felsenstein. Im selben Jahr kehrte Wilhelm Furtwängler als Chefdirigent zu den Berliner Philharmonikern zurück, die nach dem tragischen Tod Leo Borchards von dem jungen rumänischen Dirigenten Sergiu Celibidache geleitet worden waren. Künstlerisch erlebte die Städtische Oper einen spürbaren Aufschwung. Heinz Tietjen, inzwischen entnazifiziert, wurde 1948 zu ihrem Intendanten berufen. Eine seiner ersten Amtshandlungen bestand darin, Leo Blech aus dem Exil zurückzuholen und in Charlottenburg zu verpflichten. Generalmusikdirektor am Haus war der junge ungarische Musiker Ferenc Fricsay, der auch als Chefdirigent des neu gegründeten, erst zwei Jahre alten RIAS-Sinfonieorchesters (heute Deutsches Symphonie-Orchester) von sich reden machte.

Die Staatsoper und die Staatskapelle mussten sich in diesem Umfeld neu behaupten, was keineswegs einfach war. Besonders die Währungsreform im Frühsommer 1948 stellte die Intendanz vor eine Herausforderung, da zahlreiche Mitglieder der Ensembles eine Besoldung in der neuen D-Mark bevorzugten. In den westlichen Bezirken der Stadt war der Lebensstandard dank immenser wirtschaftlicher Hilfen der USA spürbar gestiegen. Neben gezielten Abwerbungen von Mitarbeiterinnen und Mitarbeitern kam es, gerade bei jenen, die im Westteil der Stadt ihren Wohnsitz hatten, auch zu zahlreichen freiwilligen Abgängen. Die vielen Kündigungen stellten eine ernsthafte Gefährdung für den Spielbetrieb dar. Doch die traditionsreiche Staatsoper und ihr noch traditionsreicheres Orchester besaßen so viel innere Bindungskraft, dass es dem Intendanten Ernst Legal auch gelang, das Haus durch diese überaus kritische Zeit zu navigieren.

H

Hatte der bereits heraufziehende Kalte Krieg eine Teilung Berlins in West und Ost wahrscheinlich erscheinen lassen, wurde sie mit der Gründung zweier deutscher Staaten Realität. Am 23. Mai 1949 wurde im Westen des Landes die Bundesrepublik Deutschland ins Leben gerufen, am 7. Oktober 1949, im Osten Deutschlands, die Deutsche Demokratische Republik. Berlin wurde in die »Hauptstadt der DDR« und eine politische Sondereinheit »Berlin (West)« getrennt, die mehr oder weniger zur Bundesrepublik Deutschland gehörte. Im Grunde hatte schon die Währungsreform diese Entwicklung unumkehrbar gemacht. Mit der brutalen Berlin-Blockade durch die sowjetische Armee zwischen Sommer 1948 und Frühjahr 1949 hatte der schwelende Konflikt zwischen den einstmals verbündeten Siegermächten zudem einen weiteren Höhepunkt erreicht. Die Angst vor einer erneuten militärischen Auseinandersetzung lag auch nach der Gründung der beiden deutschen Staaten noch in der Luft, vor allem in Berlin, das zunehmend zum Brandherd zwischen verschiedenen Systemen und Interessen wurde. Die Grenze zwischen Ost- und West-Berlin war zwar prinzipiell offen und passierbar, doch der »Eiserne Vorhang« wurde immer mehr zu einer unausweichlichen Realität.

Diese neue Wirklichkeit hatte auch für Staatsoper und Staatskapelle handfeste Konsequenzen. Im Herbst 1949 wurden die Ensembles der Verantwortung des Ministeriums für Volksbildung der jungen DDR unterstellt, ab 1954 unterstanden sie dem neu gegründeten Kulturministerium des Landes. Damit verbunden war eine sich zunächst nur zögerlich abzeichnende Neuorientierung der beiden Traditionsinstitutionen. Ab den späten Vierzigerjahren etwa standen die Werke slawischer, insbesondere russischer und sowjetischer Komponisten auffallend häufig auf den Konzertprogrammen. Die Sinfonien und Solokonzerte Tschaikowskys genossen dabei einen besonders hohen Stellenwert. Zudem häuften sich Sonderkonzerte, die dezidiert an politische Anlässe gebunden waren. So war am Vorabend des Vereinigungsparteitags von KPD und SPD zur SED Beethovens 9. Sinfonie im Admiralspalast erklungen. Die Saison 1947/48 sah ein Konzert zum Gedenken Lenins und eine »Sozialistische Feierstunde« zum 100. Jahrestag der Veröffentlichung des »Kommunistischen Manifests« von Karl Marx und Friedrich Engels. Im Herbst 1948 fand eine Gedächtniskundgebung für die Opfer des Faschismus unter Beteiligung der Staatskapelle statt, 1949 begleitete ein Konzert die Gedenkstunde für Rosa Luxemburg und Karl Liebknecht, 1951/52 war es der Monat der Deutsch-Sowjetischen Freundschaft, der zum Anlass für zwei Konzertveranstaltungen außer der Reihe wurde.

Ernst Legal mangelte es immer noch an einem charismatischen musikalischen Leiter für sein Traditionshaus, der imstande gewesen wäre, sowohl in der Oper als auch im Konzert nachhaltige Impulse zu setzen und idealerweise einen gewissen Glanz auszustrahlen. Er sah es als vordringliche Aufgabe

Plakat für ein Konzert unter Wilhelm Furtwängler,
31. Mai 1947

Johannes Schüler und die Staatskapelle bei einem
Freiluftkonzert, um 1950

»Der Staatsoper und ihrem Orchester verdanke ich die zwölf schönsten Lehr- und Arbeitsjahre meines Lebens! Wenn ich diesem Institut dafür Dankbarkeit zeige und ihm die Treue halte (in welcher ›Zone‹ es auch liegen mag), so wird das vielleicht selbst von ›Politikern‹ einigermaßen verstanden werden.«

Erich Kleiber an den Westberliner Kultursenator
Joachim Tiburtius, 1952

Akustikprobe des Orchesters im wieder aufgebauten
Opernhaus, 1955

an, einen Künstler von Rang zu finden und möglichst langfristig an Haus und Orchester zu binden. Nach fehlgeschlagenen Versuchen, Leo Blech, Otto Klemperer und Wilhelm Furtwängler zu engagieren, suchte er zu Erich Kleiber Kontakt, dem die Staatsoper und ihr Orchester so viel verdankten und der hier seit 1934 nicht mehr dirigiert hatte. 1948 war er aus dem lateinamerikanischen Exil nach Europa zurückgekehrt.

I

In mancher Hinsicht war Kleiber der ideale Kandidat. Sein Einsatz für die Moderne war legendär, zugleich war er ein berufener Sachwalter des klassisch-romantischen Repertoires. Als Emigrant hatte er mit dem NS-Regime in keiner Weise kollaboriert. Biographisch und emotional war er zudem in besonderer Weise mit den Menschen von Oper und Orchester verbunden. Legal gelang es zunächst, Kleiber im Juni 1951 für eine Aufführung von Strauss' »Rosenkavalier« nach Berlin zu holen. Es wurde eine triumphale Rückkehr. Noch im Juni 1951 und in der folgenden Saison dirigierte Kleiber drei Konzertprogramme. Im ersten dieser Programme brachte er Webers »Euryanthe«-Ouvertüre, Strauss' »Vier letzte Lieder« und Beethovens »Eroica« zur Aufführung. Es folgte ein Festkonzert mit Beethovens Neunter, und Ende 1952 dirigierte er, ebenfalls ein Weber-Strauss-Beethoven-Programm, die Ouvertüre zum »Freischütz«, »Till Eulenspiegel« und die 7. Sinfonie. Auch diese Konzerte erfuhren immense Resonanz.

Eine Bedingung, die Kleiber für ein dauerhaftes Engagement als Generalmusikdirektor stellte, war die Vergrößerung der Staatskapelle von 110 auf 142 Mitglieder und die des Staatsopernchores von 80 auf 110 Sängerinnen und Sänger. Eine weitere, weitaus schwierigere Bedingung war der Wiederaufbau des zerstörten Opernhauses Unter den Linden. Nur eine Woche nach dem beglückenden »Rosenkavalier« wurde dieser Wiederaufbau bei einem Treffen mit Staatspräsident Wilhelm Pieck, SED-Parteichef Walter Ulbricht, Volksbildungsminister Paul Wandel, Staatsopernintendant Ernst Legal und anderen Größen aus Politik und Kultur beschlossen. Selbstverständlich war das keineswegs, galt das Opernhaus doch als Symbol jener alten Zeit der Unterdrückung, die der neue Staat überwinden wollte. Für die Hohenzollern-Monarchie und die NS-Diktatur war es ein Aushängeschild von Macht und Herrschaft gewesen. Antiaristokratische und antifaschistische Überzeugungen gehörten zur Staatsdoktrin des Arbeiter- und Bauernstaats. Der Wiederaufbau der Lindenoper war nicht zuletzt auch ein hochbrisantes Projekt, da im Land immer noch große materielle Not herrschte. Doch die Führung der DDR erkannte auch die Chancen, die mit einer solchen Entscheidung für die Tradition verbunden waren. Anstatt das alte Forum Fridericianum zu einem Ort der DDR-Moderne umzugestalten, einigte man sich auf die Errichtung eines historisierenden Baus unter der Leitung des Architekten Richard Paulick.

Aus alter Verbundenheit und mit der Aussicht, bald wieder im neu hergestellten Opernhaus dirigieren zu können, erklärte sich Kleiber 1953 dazu bereit, das Amt des Generalmusikdirektors zu übernehmen. Mit ihm hätten die Berliner Staatsoper und Staatskapelle einen international renommierten Dirigenten als künstlerischen Leiter bekommen, der auch noch einen Brückenschlag in die fortschrittliche und künstlerisch glanzvolle Ära der Weimarer Republik gewährleistet hätte. Allein, es sollte nicht dazu kommen.

Kleiber hatte seit seiner Rückkehr aus Argentinien sowohl im Osten als auch im Westen Deutschlands dirigiert und sah seine Rolle als die eines Versöhners zwischen den sich immer weiter voneinander entfernenden Welten, die eigentlich zusammengehörten. »Die Musik ist für alle da wie die Sonne und die Luft«, war sein Credo. Das hatte er 1935 bereits Hermann Göring ins Gesicht gesagt. Diese Worte wiederholte er 1952 auch in einem Offenen Brief an Joachim Tiburtius, den Kultursenator West-Berlins, nachdem dieser ihm apodiktisch erklärt hatte, dass er sich zwischen dem West- und dem Ostteil der Stadt entscheiden müsse.

Wer diese Überzeugung Kleibers kannte, konnte nicht davon überrascht sein, dass sein Wirken an der Staatsoper ein jähes Ende fand. Kurz vor der Fertigstellung der neuen Lindenoper beschloss das Kulturministerium der DDR, die Inschrift »Fridericus Rex Apollini et Musis«, die seit 1742 den Portikus des Hauses geschmückt hatte, zu entfernen. Der auf die Freiheit von Kunst und Kunstausübung pochende Dirigent sah darin all seine Befürchtungen bestätigt. Ernst Legal war zwei Jahre zuvor vom Interimsintendanten Heinrich Allmeroth abgelöst worden. Diesem war Max Burghardt gefolgt, der das Haus seit einigen Monaten streng nach den Richtlinien der DDR-Führung leitete. Am 16. März 1955 schrieb Kleiber dem neuen Intendanten: »Für mich ist dieser Vorfall [...] ein trauriges aber sicheres Symptom, dass – wie im Jahre 1934 – Politik und Propaganda vor der Tür dieses Tempels nicht Halt machen werden. Früher oder später müßte ich dann doch ein zweites Mal Abschied nehmen von dem Hause, nach dem ich mich 20 Jahre lang gesehnt habe.« Schweren Herzens erklärte Kleiber seinen Rückzug.

Ein halbes Jahr vor der geplanten Wiedereröffnung waren Staatsoper und Staatskapelle nun wieder ohne Generalmusikdirektor. Intendant Max Burghardt musste schnellstmöglich einen adäquaten Ersatz finden. Seine Wahl fiel auf Franz Konwitschny, den er noch aus den Städtischen Theatern Leipzig kannte, wo er zuvor als Intendant tätig gewesen war. Trotz erheblicher Verstrickungen in die NS-Kulturpolitik und NSDAP-Mitgliedschaft war Konwitschny dort 1949 zum Gewandhauskapellmeister ernannt worden. Ab 1953 war er zusätzlich als Generalmusikdirektor der Dresdner Staatsoper aktiv. Wie schon erwähnt hatte er zwischen 1949 und 1951 auch drei Sinfoniekonzerte an der Staatskapelle geleitet; das Orchester kannte ihn.

Die Möglichkeit, die festliche Wiedereröffnung der Staatsoper Unter den Linden musikalisch zu leiten, brachte natürlich ein besonderes Prestige mit sich. Kleiber hatte sich Beethovens »Fidelio« für die Eröffnung gewünscht. Aus dem Politbüro, dem Machtzentrum der jungen DDR, kam jedoch die Weisung, dass Wagners »Meistersinger« gespielt werden sollten, eine für viele merkwürdige, jedoch nicht unlogische Wahl. Kleiber selbst hatte am Pult der Staatskapelle gestanden, als er 1924 die neue Krolloper als zweite Spielstätte der Staatsoper mit den »Meistersingern« eröffnete. Wilhelm Furtwängler hatte die Oper dirigiert, als Ende 1942 das nach der ersten Kriegszerstörung wiederaufgebaute Haus von den Nationalsozialisten eingeweiht wurde. Und nun, im Jahr 1955, sollte Wagners Musikdrama erneut als festliches Entree dienen.

K

Konwitschny, ein gestandener Wagner-Dirigent, bestand die Herausforderung glänzend. Der Galaaufführung Anfang September 1955 folgte auch das zweimal dargebotene »Festkonzert anläßlich der Wiedereröffnung der Lindenoper« unter seiner Leitung, bei dem er Beethovens 9. Sinfonie dirigierte. Bei seinem sich wenig später anschließenden dritten Konzert brachte er gemeinsam mit dem gefeierten sowjetischen Geiger David Oistrach drei Violinkonzerte von Bach, Mozart und Brahms zur Aufführung.

Auch in den folgenden Jahren blieb Konwitschny der zentrale Dirigent des Hauses, in Oper wie Konzert. In seiner ersten Saison leitete er Premieren von Beethovens »Fidelio« – Kleibers Idee war lediglich verschoben worden –, Wagners »Tristan und Isolde«

Festkonzert zur Wiedereröffnung der Staatsoper,
1955

Das Opernhaus Unter den Linden,
1962

und Verdis »Aida«. In den folgenden Spielzeiten kamen anspruchsvolle Werke wie »Die Frau ohne Schatten« und »Der Rosenkavalier« von Strauss, Wagners »Lohengrin«, Mozarts »Die Hochzeit des Figaro« und Verdis »Don Carlos« hinzu, vor allem aber eine Neuproduktion von Wagners »Ring«-Tetralogie, bei der die Solisten und das Orchester eindrucksvoll das gewachsene Leistungsvermögen der Staatsoper unter Beweis stellten.

I

In den Konzerten der Staatskapelle widmete er sich Mozart und Beethoven und den von ihm sehr geschätzten Sinfonien Bruckners, aber auch der Musik von Schumann, Janáček, Strauss und Mahler. Von den Zeitgenossen wurden Schostakowitsch, Ottmar Gerster und Paul Dessau auf die Programme gesetzt. Letzterer war etwa mit der Uraufführung seiner »Orchestermusik 1955« vertreten. Auch Vokalsinfonisches kam mit Aufführungen von Beethovens 9. Sinfonie, Haydns »Jahreszeiten«, einem konzertanten »Titus« von Mozart oder Verdis »Messa da Requiem« keineswegs zu kurz.

Neben Konwitschny war eine Reihe profilierter Dirigenten am neuen Haus tätig, die das hohe Niveau der Opernaufführungen und Konzerte entscheidend mittrugen. Der altgediente Johannes Schüler leitete im Oktober 1955 einen neuen »Wozzeck«. Auch Chordirektor Karl Schmidt, nach dem Krieg eine der Stützen beim Wiederaufbau des Orchesters, dirigierte zwischen 1956 und 1961 noch einmal drei Konzerte. Lovro von Matačić, Hans Löwlein und Horst Stein hingegen standen für eine neue Generation von Kapellmeistern. Besonders der aus Kroatien stammende Matačić trat ab 1956 auch als Dirigent von Sinfoniekonzerten hervor, unter anderem mit einem großen Bruckner-Abend mit dessen 9. Sinfonie und dem »Te Deum«.

Dazu tauchen neue Namen auf. Siegfried Kurz leitete 1959 die Uraufführung seiner eigenen 1. Sinfonie – er sollte der Staatskapelle über viele Jahre verbunden bleiben. Im selben Jahr dirigierte niemand anderes als Kurt Masur erstmals das Orchester, und mit Herbert Kegel machte ein weiterer nachmals prominenter Dirigent mit einer besonderen Affinität für die Moderne auf sich aufmerksam.

Schon im Mai 1954 unternahmen Staatsoper und Staatskapelle die erste Gastspielreise nach dem Krieg. Johannes Schüler hatte im Pariser Théâtre des Champs-Élysées Mozarts »Don Giovanni« und »Così fan tutte« dirigiert, zudem ein sinfonisches Programm mit Musik von Strauss, Mozart und Beethoven. Konwitschny führte diesen Ansatz fort. Ende 1958 dirigierte er die Staatskapelle auf einer Konzerttournee in der Sowjetunion. In Moskau und Leningrad spielte das Orchester bei insgesamt elf Sinfoniekonzerten Musik von Beethoven, Brahms und Bruckner, aber auch von Johannes Paul Thilman und Max Butting. Im Mai 1959 ging es nach Prag, im August 1960 nach Kopenhagen. Darüber hinaus gab es wiederholt Auftritte in verschiedenen Städten der DDR, etwa in Leipzig, Halle, Dresden, Karl-Marx-Stadt, Erfurt, Magdeburg, Schwerin, Schwedt, Ludwigsfelde oder Bitterfeld.

Mit dem Namen Konwitschnys sind auch prestigeträchtige Aufnahmeprojekte des Orchesters verbunden. Schon die von ihm dirigierte »Meistersinger«-Vorstellung zur Eröffnung des Opernhauses war aufgezeichnet worden, dem folgten, ebenfalls 1955, drei Beethoven-Ouvertüren. Im Februar und im Oktober 1960 spielte er schließlich in einer Kooperation des ostdeutschen Eterna-Labels mit der westdeutschen Electrola die Wagner-Opern »Der fliegende Holländer« und »Tannhäuser« ein – mit Dietrich Fischer-Dieskau, Elisabeth Grümmer, Marianne Schech, Gottlob Frick, Hans Hopf, Fritz Wunderlich, Rudolf Schock, Gerhard Unger, Rainer Süß und anderen in einer gesamtdeutschen Besetzung, die prominenter kaum hätte sein können. Die beiden bis heute immer wieder aufgelegten Studioproduktionen aus der Berliner Grunewaldkirche haben viel für den Ruf des Orchesters bewirkt. Der Querschnitt von Wagners »Rheingold« unter Rudolf Kempe von 1959 kam hinzu, ebenso die deutschsprachigen Gesamtaufnahmen von Puccinis »Tosca« unter Kapellmeister Horst Stein aus dem Jahr 1960 und von »La Bohème« unter Alberto Erede, einem Spezialisten für das italienische Fach, aus dem Jahr 1961.

In der Nacht vom 12. auf den 13. August begann die DDR-Regierung, die Sektorengrenze nach West-Berlin abzuriegeln. Schon neun Jahre zuvor war eine befestigte Grenze zwischen den beiden deutschen Staaten errichtet worden, um den Flüchtlingsstrom aus der DDR aufzuhalten. Von nun an sollte auch West-Berlin vom Gebiet des ostdeutschen Staats abgeschlossen werden. Die Berliner Mauer zementierte die Teilung der Stadt. Die innerstädtische Grenze hatte bislang immer noch eine gewisse Durchlässigkeit ermöglicht, nun wurde sie von den ostdeutschen Grenztruppen bewacht, die den Befehl hatten, auf Flüchtlinge zu schießen. Für die meisten Berlinerinnen und Berliner war der Mauerbau ein unvergleichlicher Schock. Familien wurden auseinandergerissen, und Freunde konnten einander nicht mehr sehen. Die Hoffnung auf eine Vereinigung der beiden deutschen Staaten erlosch zusehends.

Das auch weltpolitisch einschneidende Ereignis traf Staatsoper und Staatskapelle in einer Weise, die an ihre Existenz rührte. Selbst Intendant Max Burghardt zeigte sich von der brutalen Grenzschließung überrascht, obwohl er enge Kontakte zu den höchsten Kreisen der ostdeutschen Partei- und Staatsführung unterhielt. Mehr als 200 Mitarbeiterinnen und Mitarbeiter von Haus und Orchester hatten ihren Wohnsitz in den westlichen Stadtbezirken. Ihnen wurde freigestellt, in den Ostteil hinüberzuwechseln oder ihre Verträge aufzulösen. Ausnahmslos alle entschieden sich für die zweite Option – aus wirtschaftlichen Erwägungen und weil deutlich geworden war, wie grundlegend der Arbeiter-und-Bauern-Staat persönliche Freiheiten und künstlerische Entfaltungsmöglichkeiten einschränkte. Ihnen folgten weitere. Insgesamt verließen etwa 400 Menschen die Staatsoper, vornehmlich aus den künstlerischen Abteilungen. Allein die Staatskapelle verlor ungefähr 40 Prozent ihrer Mitglieder. Einen solchen Aderlass hatte das Orchester in seiner langen Tradition noch nicht erlebt.

Eile war schon deshalb geboten, da die Saison 1961/62 kurz vor ihrem Beginn stand. Außerdem durfte man den ideologischen Wettkampf mit dem Westteil der Stadt nicht verlieren, wo schon der Untergang von Staatsoper und Staatskapelle prophezeit wurde. Aufgefüllt wurden die freigewordenen Stellen zum einen mit Instrumentalisten aus den anderen Berliner Kulturorchestern, vor allem aus dem seit den mittleren Zwanzigerjahren bestehenden, von Rolf Kleinert geleiteten Rundfunk-Sinfonieorchester (RSB), aber auch aus dem von Kurt Sanderling geführten und 1952 gegründeten Berliner Sinfonie-Orchester (BSO), dem heutigen Konzerthausorchester Berlin. Die neuen Mitglieder für das Solistenensemble und den Staatsopernchor kamen überwiegend vom Staatlichen Volkskunstensemble, von anderen Theatern der Republik und aus den sogenannten »sozialistischen Bruderländern«. Außerdem profitierte man von den Musikhochschulen in Berlin, Leipzig, Dresden und Weimar, aus deren Reihen vielversprechende junge Musikerinnen und Musiker teils noch vor ihrem Examen an das Orchester geholt wurden. Die Lücken, die durch diesen Prozess anderswo gerissen wurden, führten zu einem regelrechten »Verschiebebahnhof« in der noch jungen DDR-Musikszene.

Der Spielbetrieb kam trotz der tiefgreifenden Zäsur nicht zum Erliegen. Burghardt

Konzertplan der Staatskapelle für
die Spielzeit 1957/58

206

Generalmusikdirektor Franz Konwitschny mit dem
Geiger Igor Oistrach, 1956

Generalmusikdirektor Otmar Suitner mit
der Staatskapelle im Opernhaus, 1966

Otmar Suitner am Pult der Staatskapelle,
1966

stabilisierte die Lage unter anderem, indem er die verbliebene Belegschaft und die neuen Mitglieder auf Staatstreue und inneren Zusammenhalt einschwor – und auf das Ziel, der Öffentlichkeit in Ost und West die unveränderte künstlerische Leistungsfähigkeit von Kapelle und Oper zu demonstrieren. Zwar fanden in der Saison lediglich drei Opernpremieren statt, eine davon war sogar »nur« eine Kammeroper im Apollosaal, aber dafür versuchte man, im Repertoirebetrieb zu glänzen, etwa mit einer Aufführung von Beethovens »Fidelio«.

A

Auch das Konzertprogramm der ersten Saison nach dem Mauerbau war ehrgeizig, nicht zuletzt wegen der Engpässe, die bei den Dirigenten entstanden waren. Auf Konwitschny, der unter starken Alkoholproblemen litt, war immer weniger Verlass, und seine beiden Kapellmeister hatten sich von der Staatsoper getrennt. Während das im Fall von Hans Löwlein noch verkraftbar schien, war der Weggang von Horst Stein ein ungleich schwererer Verlust, handelte es sich bei ihm doch um einen der kompetentesten Dirigenten seiner Generation – vom enttäuschten Burghardt war er als eine Art »Kronprinz« gehandelt worden. Als Ersatz wurden Helmut Seydelmann aus Leipzig und Heinz Fricke aus Schwerin geholt. Beide leiteten ab Herbst 1961 Opernvorstellungen und Sinfoniekonzerte. Fricke – zwar linientreu und wenig charismatisch, künstlerisch aber mehr als solide – sollte für fast drei Jahrzehnte zu einer Säule des Hauses werden. Seydelmann allerdings starb bereits im Jahr nach seiner Berufung, im Alter von nur 60 Jahren. Als Ersatz wurde Heinz Rögner verpflichtet, der zuvor das Leipziger Rundfunkorchester geleitet hatte.

Franz Konwitschny dirigierte seine letzten drei Konzerte mit der Staatskapelle zwischen Februar und Juni 1962. Sie stellten einen großen Bogenschlag von der Tradition zur Moderne dar: Bachs sechs »Brandenburgischen Konzerten« war ein Programm zugedacht, ein weiteres Beethovens »Missa solemnis«, ein drittes schließlich Beethovens Vierter, Brahms' Zweiter und der Uraufführung von Paul Dessaus Sinfonie Nr. 2. Als er im Juli des Jahres auf einer Konzertreise in Belgrad starb, war die Staatskapelle erneut führungslos, inmitten der anhaltenden Krise infolge des Mauerbaus.

1963 löste Hans Pischner Max Burghardt als Intendant ab. Unter den gegebenen Bedingungen schien er geradezu der ideale Kandidat für diesen Posten zu sein. Als Mitglied des Zentralkomitees der SED und zeitweiliger Stellvertretender Kulturminister bewegte er sich in den engsten Zirkeln der Macht. Zugleich war ihm eine gewisse Unangepasstheit zu eigen, mit der er immer wieder Freiräume auslotete und seinen Künstlerinnen und Künstlern, soweit das möglich war, loyal zur Seite stand. Dennoch schienen die Aufgaben, die vor ihm lagen, gigantisch. Nicht nur musste er gleich zu Beginn seiner Ägide einen Dirigenten von internationalem Format finden, der Konwitschny ersetzen konnte, er musste die Deutsche Staatsoper mit ihrer traditionsreichen Staatskapelle auch in eine Zukunft führen, die von der Lebenswirklichkeit einer geteilten Stadt und eines zerrissenen Landes bestimmt war.

Nur wenige Wochen nach der Grenzschließung war der von Fritz Bornemann entworfene Neubau der Deutschen Oper Berlin an historischer Stelle an der Charlottenburger Bismarckstraße bezogen worden. In dem modernen Haus konnten sowohl die klassisch-romantische Opernliteratur präsentiert werden als auch die großen Werke des 20. Jahrhunderts. Zwei Jahre darauf, im Herbst 1963, wurde Hans Scharouns spektakulärer Bau der Berliner Philharmonie eröffnet, ein Meilenstein der Konzertsaalarchitektur, der vorbildhaft für viele Bauten dieser Art wurde. Mit ihrem Chefdirigenten Herbert von Karajan, der 1955 als Nachfolger Furtwänglers sein Amt angetreten hatte, wurden die Philharmoniker zudem von einer wirklich herausragenden Gestalt der Musikszene geleitet. Mit visionären Ideen, medialer Omnipräsenz, Führungsstärke, Repertoirevielfalt und Souveränität als Dirigent baute er die Spitzenstellung der Philharmoniker unter den Berliner Konzertorchestern aus. Die Staatsoper und die Staatskapelle konnten da schlichtweg nicht mithalten, zumindest nicht im internationalen Maßstab.

D Doch Pischner gelang ein Coup: 1964 wurde Otmar Suitner zum »Ersten und Geschäftsführenden Generalmusikdirektor« ernannt. Er sollte mehr als ein Vierteljahrhundert lang an der Spitze des Orchesters stehen und dessen Geschichte nachhaltig prägen. Der gebürtige Innsbrucker hatte zuvor in Salzburg, Remscheid, Ludwigshafen und Dresden dirigiert. Suitner galt als ein souveräner, qualitätsbewusster Bewahrer des großen klassisch-romantischen Erbes. Neben Wagner und Strauss waren es immer wieder die Werke Mozarts, denen sein besonderes Interesse galt. Die Kompositionen des Wiener Klassikers kamen seiner Ästhetik vielleicht am besten entgegen. Sein Ideal war ein pointiertes Musizieren bei transparentem Klangbild. Durch seine präzise Probenarbeit und seine enge Vertrautheit mit dem Orchester sollte er dieses Ideal oft erreichen. Als österreichischem Staatsbürger war es Suitner möglich, die innerdeutsche Grenze in beide Richtungen zu überschreiten. Auch international sollte er sich daher als Mozart-, Wagner- und Strauss-Dirigent einen großen Namen machen und diese Komponisten in Bayreuth, ganz Europa, den USA und Fernost dirigieren.

Suitners erste Tonaufnahme mit der Staatskapelle sollte 1965 eine Operneinspielung werden: Rossinis »Barbier von Sevilla«, in deutscher Sprache. Diese Einspielung legte einen Grundstein für eine besondere Zusammenarbeit. Drei Jahre später, im Herbst 1968, hatte die Opera buffa unter seiner musikalischen Leitung an der Staatsoper Premiere, in der Regie von Ruth Berghaus.

Ihre schon bald legendäre Inszenierung im Geiste der italienischen Commedia dell'arte mit einem Bühnenbild des jungen Achim Freyer wird bis heute gespielt. Suitner dirigierte auch die folgenden Berghaus-Inszenierungen von Webers »Freischütz«, Strauss' »Elektra«, Wagners »Rheingold«, Mozarts »Don Giovanni« und der »Fledermaus« von Johann Strauss, einem seltenen Ausflug auf das Feld der Operette. Auch mit dem Regisseur Harry Kupfer, der bereits in den 1970er Jahren mehrfach an der Staatsoper inszenierte, ergab sich eine überaus produktive Zusammenarbeit. Mit ihm erarbeitete Suitner Großwerke wie Strauss' »Die Frau ohne Schatten« und Wagners »Parsifal«. In den Sechziger- und Siebzigerjahren brachte Suitner zudem gleich drei Opern von Paul Dessau zur Uraufführung, wiederum mit Ruth Berghaus als Regisseurin: »Puntila« im Jahr 1966, »Einstein« 1974 sowie 1979, im Todesjahr des Komponisten, die Kammeroper »Leonce und Lena«.

Auch in der Sinfonik setzte sich Suitner für die Klassische Moderne und die zeitgenössische Musik ein. Ideologische Scheuklappen kannte er nicht. Seine kluge Programmpolitik berücksichtigte ganz selbstverständlich auch die Musik des 20. Jahrhunderts. Schon bei seinem Debütkonzert im Oktober 1964 konfrontierte er seinen Intendanten, das Publikum und die DDR-Führung mit Schönbergs »Fünf Orchesterstücken op. 16«. Neben Schönberg spielte er Strawinsky und Hindemith. Nicht nur seine Dirigate von Reiner Bredemeyers »Bagatellen für B.«, Georg Katzers »Baukasten für Orchester«, Ján Cikkers »Palette für Sinfonieorchester« und mehreren Werken von Victor Bruns bezeugen seinen beispiel-

Die Staatskapelle bei einem Gastspiel
im italienischen Ravello, 1976

Gastspiel der Staatskapelle in der
Osaka Symphony Hall in Japan, 1988

haften Einsatz für zeitgenössische Komponisten. Er nahm sich auch der Orchestermusik von Dessau an, etwa der »Symphonischen Mozart-Adaptation nach dem Quintett KV 614« oder der 2. Sinfonie.

D

Die Welt der klassischen Musik war nie so fein säuberlich in Ost und West getrennt, wie man heute oft annimmt. Sängerinnen, Sängern und Dirigenten aus dem westlichen Ausland war es zwar nur bedingt möglich, Unter den Linden aufzutreten. Dennoch kam es vor allem im Rahmen der Staatskapellen-Sinfoniekonzerte immer wieder zu Gastauftritten international renommierter Dirigenten, etwa von Sergiu Celibidache, der 1966 in Proben und Aufführungen großen Eindruck hinterließ, Igor Markevitch, Benjamin Britten, Charles Mackerras, Frank Martin, Wolfgang Sawallisch, Herbert Blomstedt, Walter Weller, Aldo Ceccato oder Christoph von Dohnányi.

Aus den Ländern des sozialistischen Lagers kamen Aram Chatschaturjan, Gennadi Roschdestwensky, Kyrill Kondraschin, Arvīds Jansons, Witold Rowicki, Jan Krenz, Jiří Bělohlávek, Milan Horvat, Henryk Czyż und Witold Lutosławski nach Berlin, um das Orchester zu dirigieren. Aus der DDR selbst kamen Kurt Sanderling, der Chefdirigent des Berliner Sinfonie-Orchesters, und Helmut Koch, der Leiter des Berliner Rundfunkchores und der 1963 neu an der Staatsoper gegründeten Berliner Singakademie, für Gastauftritte ans Haus. Und schließlich profilierte sich auch Peter Schreier, der hier zu einem der führenden lyrischen Tenöre seiner Zeit geworden war, als Dirigent, hauptsächlich mit Musik von Bach bis Mozart. Er sollte der Staatskapelle über Jahrzehnte eng verbunden bleiben. Ab den späten Siebzigerjahren zog sich Suitner zunehmend aus dem Operngeschehen zurück.

Zwar realisierte er wiederholt ambitionierte Projekte wie eine hochrangig besetzte, live gespielte und für die Schallplatte aufgezeichnete Produktion von Pfitzners »Palestrina« oder die Fernsehaufzeichnungen von »Tannhäuser« und »Die Meistersinger von Nürnberg« zum Wagner-Jubiläumsjahr 1983. Doch sein Hauptaugenmerk verschob sich immer mehr auf das sinfonische Repertoire. Ein Grund dafür war sicherlich die Neueröffnung des Schauspielhauses am Gendarmenmarkt im Oktober 1984, das wie die Staatsoper im historisierenden Stil wiederhergerichtet worden war. Im großen, repräsentativen Saal dieses Hauses fanden von nun an auch die Sinfoniekonzerte der Staatskapelle statt.

213

S

Suitners Interesse für die große Sinfonik wurde zudem von der Möglichkeit befeuert, Gesamteinspielungen der Werke von Beethoven, Schubert, Schumann, Brahms, Dvořák, Bruckner und Mahler vorzunehmen. Diese Projekte wurden mithilfe des japanischen Labels Denon verwirklicht, einem der Vorreiter der digitalen Aufnahmetechnik. Suitner gelang es so, essentielle Teile des sinfonischen Kernrepertoires in klanglich bestmöglicher Form aufzuzeichnen. Dass die Staatskapelle am Ausgang des 20. Jahrhunderts nicht nur als ein führendes Orchester für das Musiktheater, sondern auch für die große Konzertliteratur wahrgenommen wurde, ist im wesentlichen ihm zu verdanken.

Die Verbindung zu Japan war kein Zufall. Suitner war als Gastdirigent des NHK Symphony Orchestra gerne in Tokio gesehen und pflegte intensive Verbindungen zum Land. Ab 1977 unternahm er gemeinsam mit der Staatskapelle auch regelmäßig Gastspielreisen dorthin. Diese Tourneen stießen auf enorme Resonanz: Die Staatskapelle Berlin, obwohl im Osten Deutschlands zu Hause, galt

Ankündigung eines Sinfoniekonzerts der Staatskapelle mit Arvīds Jansons und Christoph Eschenbach, 1967

»Wenn ich mich in erster Linie (keineswegs ausschließlich) zu den Meistern Mozart, Wagner und Strauss hingezogen fühle, so aus einem einfachen Grund: Hier glaube ich, die mir besonders ›gemäße‹ Empfindungs- und Ausdruckswelt gefunden zu haben.«

Otmar Suitner zu seinen Vorlieben als Dirigent, 1965

als berufener Kulturbotschafter der europäischen klassischen Musik, als der seltene Vertreter einer langen und zugleich lebendigen Tradition.

V

Vor allem in den späten Siebziger- und den Achtzigerjahren kam der Staatskapelle eine besondere Rolle als Kulturbotschafter zu. Nicht nur die gesamtdeutschen Produktionen von künstlerisch hochwertigen und entsprechend gewürdigten Opernaufnahmen wie Nicolais »Die lustigen Weiber von Windsor« oder Albert Lortzings »Der Wildschütz« unter Bernhard Klee waren ein Ausdruck dieser Rolle, sondern auch die zahlreichen Gastspielreisen. Das Orchester gastierte nicht nur in Japan, sondern auch in Frankreich, Großbritannien, Italien, Spanien, Österreich und in der Schweiz, in verschiedenen skandinavischen Ländern, diversen bundesdeutschen Städten und natürlich in der Sowjetunion und anderen Staaten des Warschauer Pakts, etwa in Polen, der Tschechoslowakei, Ungarn, Rumänien, Bulgarien und Jugoslawien. 1986 führte eine mehrwöchige Tournee sogar nach Australien und Neuseeland. Dem Staat brachten diese Gastspielreisen Devisen ein – und die Anerkennung, ein international konkurrenzfähiges Opern- und Sinfonieorchester zu beheimaten. Insgesamt gastierte die Staatskapelle in Zeiten der DDR in mehr als 25 Ländern. Auch einige der Sängerinnen und Sänger der Staatsoper wurden zu einer Art »Exportschlager« und machten sich bei internationalen Engagements einen Namen, unter ihnen Anna Tomowa-Sintow, Ludmila Dvořáková, Eva-Maria Bundschuh, Sylvia Geszty, Gisela Schröter, Annelies Burmeister, Theo Adam, Peter Schreier, Eberhard Büchner, Siegfried Lorenz, Siegfried Vogel, Ekkehard Wlaschiha und Reiner Goldberg.

Doch die zahlreichen Gastspielreisen hatten eine Kehrseite, die man offiziell verschwieg. Nach nahezu jeder Tournee ins westliche Ausland mussten frei gewordene Stellen neu besetzt werden. Trotz umfassender Überprüfungen durch die Staatssicherheit entschieden sich fast immer einige Mitglieder des Orchesters dafür, nicht mehr zurückzukehren und auf der anderen Seite des Eisernen Vorhangs ein neues Leben zu beginnen.

Ab 1983 wurde die Lindenoper schließlich technisch ertüchtigt und optisch aufgefrischt. Für eine umfassende Sanierung des inzwischen in die Jahre gekommenen Gebäudes fehlten allerdings die Ressourcen. Als das Opernhaus im November 1986 wiedereröffnet wurde, kam Webers selten gespielte Oper »Euryanthe« zur Aufführung. In der Wiedereröffnung spiegelte sich auch die neue Geschichtsauffassung der späten DDR wider. »Fridericus Rex Apollini et Musis«, jener Schriftzug am Portikus des Hauses, dessen Tilgung 1955 zu Erich Kleibers Rücktritt geführt hatte, war nun wiederhergestellt worden. Plötzlich waren die Hohenzollern mit ihrer höfischen Tradition auch im kleinen Land zwischen Rügen und Erzgebirge wieder präsent.

In den Jahren des Umbaus hatte es einen Wechsel an der Spitze der Staatsoper gegeben. Der nunmehr siebzigjährige Hans Pischner beendete 1984 seine Tätigkeit als Intendant. Fast 20 Jahre lang hatte er gemeinsam mit Otmar Suitner einen Kurs gefahren, der die Pflege der Tradition mit einer merklichen programmatischen und ästhetischen Experimentierfreudigkeit kombinierte. Geschickt hatte er die Staatsoper durch politische Zwangslagen und Krisensituationen gesteuert, hatte eigenwilligen, unangepassten Regisseurinnen und Regisseuren wie Ruth Berghaus und Harry Kupfer eine Plattform gegeben, hatte im kleinen Apollosaal die Werke unangepasster Komponisten wie Friedrich Goldmann, Reiner Bredemeyer, Georg Katzer und Reiner Kunad präsentiert und auf der

Ausstellung im Apollosaal zum 400. Jubiläum
der Staatskapelle, 1970

Die Staatskapelle und Otmar Suitner im neueröffneten Konzertsaal
des Schauspielhauses am Gendarmenmarkt, 1984

großen Bühne auch avancierte Opern von Schostakowitsch, Prokofjew und Krzysztof Penderecki aufführen lassen.

M it Günter Rimkus übernahm ein langjähriger Staatsopernmitarbeiter das Amt des Intendanten, der als Dramaturg eng mit Pischner zusammengearbeitet hatte und mit allen Vorgängen am Haus vertraut war. Zu seinen Aufgaben sollte die Suche nach einem neuen Chefdirigenten gehören. Denn auch die Ära Otmar Suitners schien sich ihrem Ende zuzuneigen. Sein Gesundheitszustand verschlechterte sich zusehends, und er bot mehrfach an, von seinem Amt als Generalmusikdirektor zurückzutreten. Doch gerade von Seiten des Orchesters wollte man auf den großen Dirigenten nicht verzichten, nicht nur wegen seines hohen internationalen Ansehens, sondern auch, weil er sich immer wieder wirkungsvoll für die Musikerinnen und Musiker einsetzte. Zwei Jahrzehnte lang war er der unbestrittene Fixpunkt des Orchesters gewesen. Die Suche nach einem Nachfolger gestaltete sich als schwierig. Der nächste Chefdirigent der Staatskapelle Berlin, so war es ausgemacht, musste ein DDR-Künstler sein. Kandidaten gab es durchaus: Heinz Fricke und Siegfried Kurz, beide schon Generalmusikdirektoren am Haus, kannten das Orchester schon lange. Kurt Masur, der wohl prominenteste Dirigent des Landes, hatte seit den späten Fünfzigerjahren bei Konzerten, Fernsehaufzeichnungen und Gastspielreisen immer wieder mit dem Orchester zusammengearbeitet, unter anderem für einen kompletten Zyklus der Beethoven-Sinfonien. Auch der schon erwähnte Kurt Sanderling besaß ein Renommee, das weit über die Grenzen der DDR hinausreichte. Herbert Kegel, ebenfalls ein profilierter Dirigent, hatte schon mehrfach am Pult der Staatskapelle gestanden, gerade auch mit modernen und zeitgenössischen Werken. Günther Herbig leitete in den Siebzigerjahren die Staatskapelle bei mehreren Schallplattenaufnahmen mit Musik von Haydn, Beethoven und Mendelssohn. Auch Heinz Rögner, Claus Peter Flor und Hartmut Haenchen hatten sich in Konzerten mit dem Orchester bewährt. Doch die Entscheidung wurde letztlich verschoben. 1987 konnte Suitner dazu bewegt werden, seinen Vertrag noch einmal um zwei Jahre zu verlängern.

Der 40. Jahrestag der DDR wurde am 7. Oktober 1989 mit bemühten Feiern der Partei- und Staatsführung begangen. Suitner und die Staatskapelle befanden sich gerade auf Konzerttournee in Paris. In der weltoffenen französischen Metropole, in der ein Dirigent namens Daniel Barenboim seit 1975 das Orchestre de Paris geleitet hatte, dürfte man noch stärker als daheim gespürt haben, dass sich Stillstand, Erstarrung und Resignation wie Mehltau über die kleine DDR und ihr großes Orchester gelegt hatten. Es war an der Zeit, dass etwas Neues begann.

1989

KAPITEL VII

2020

AUFBRUCH UND KONTINUITÄT.
DIE STAATSKAPELLE BERLIN AUF DEM WEG
IN DIE GEGENWART

VON Detlef Giese

222

KAPITEL VII

I

Im Herbst 1989 erlebte Berlin einige der wohl aufregendsten Tage seiner Geschichte. In der DDR war eine Reformbewegung entstanden, die sich nicht mehr eindämmen ließ und die die Systemfrage stellte. Wer daran zweifelte, dass dringende Veränderungen nötig waren, musste im Sommer jenes Jahrs nur auf die massenhafte Flucht der DDR-Bürgerinnen und -Bürger über die offene ungarisch-österreichische Grenze und die BRD-Botschaften in Budapest und Prag schauen. Im Laufe der zweiten Hälfte des schicksalhaften Jahrs entwickelten diese Ereignisse einen Sog, dem sich niemand mehr entziehen konnte. Eine friedliche Revolution nahm ihren Lauf. Musikerinnen und Musiker der Staatskapelle Berlin waren an den Demonstrationen in den Großstädten der DDR und dem sich vollziehenden gravierenden Wandel beteiligt. Am 5. Oktober 1989 verabschiedete das Orchester eine Resolution, in der die Besorgnis über die inzwischen unübersehbaren gesellschaftlichen Spannungen zur Sprache kam und die Notwendigkeit von Reformen angemahnt wurde. Der Text wurde sowohl Kurt Hager, dem Kulturverantwortlichen der Partei- und Staatsführung und Vertrauten von Staatsratsvorsitzendem und SED-Generalsekretär Erich Honecker, als auch dem Intendanten Günter Rimkus zugestellt. Er forderte eine »wahrhafte Demokratisierung unserer Gesellschaft« und schloss mit dem Satz: »Wir wünschen eine ideologische Entkrampfung, weil die Probleme der Zukunft ganz andere Prioritäten setzen und nicht durch neue Ideologien zu lösen sind.«

Einen Monat später, am 5. November des Jahrs, organisierte die Staatskapelle ein »Konzert gegen Gewalt« in der Gethsemanekirche im Stadtbezirk Prenzlauer Berg, die sich in den vorangegangenen Jahren zu einem Zentrum der Oppositionsbewegung entwickelt hatte. In der Staatsoper Unter den Linden, der Heimat der Staatskapelle, wo am Tag darauf der 72. Jahrestag der Oktoberrevolution mit einem Staatsakt gefeiert wurde, hätte dieses Konzert nicht stattfinden können. Für den Abend in der Gethsemanekirche konnte Rolf Reuter, der Generalmusikdirektor der Komischen Oper, als Dirigent gewonnen werden. In einer kurzen Ansprache forderte er unmissverständlich: »Die Mauer muss weg!« Gespielt wurde das Air aus Bachs 3. Orchestersuite und Beethovens »Eroica« – Werke, die symbolhaft für schmerzliche Sehnsucht nach Freiheit und Toleranz standen. Die Macht der DDR-Kader schwand, während sich die Macht der Musik wieder einmal neu bewies.

Z

Zwei Wochen, nachdem Erich Honecker seinen Rücktritt von allen Ämtern erklärt hatte, fiel am 9. November die Berliner Mauer – der Rest ist Geschichte. In ungeahntem Tempo sollte in den kommenden Wochen und Monaten ein fundamentaler Umbruch geschehen, der sämtliche Lebensbereiche der DDR einschloss. Binnen eines Jahrs gab es den Arbeiter- und Bauernstaat nicht mehr. Die Wiedervereinigung Deutschlands wurde von der großen Mehrheit des Landes als Epochenzäsur begrüßt. Für viele Menschen stellte sie die Erfüllung langgehegter Hoffnungen dar. Hoffnungen, an deren Erfüllung eigentlich kaum jemand mehr geglaubt hatte.

Spätestens als Otmar Suitner Ende 1989, direkt zur »Wendezeit«, endgültig seinen Rücktritt erklärte, wurde deutlich, dass

Generalmusikdirektor Daniel Barenboim dirigiert
die Staatskapelle, 1992

RESOLUTION

Die Mitglieder der Staatskapelle Berlin haben, wie die gesamte Bevölkerung der DDR, die vergangenen Monate sehr aufmerksam erlebt und in ihrer Entwicklung verfolgt.

Die Tatsache, daß junge Menschen in erschreckend hoher Zahl unserem Land den Rücken kehren, läßt keinen gleichgültig. Wir, die wir weiterhin hier leben wollen, mit unseren alltäglichen Erfahrungen vom Leben in der DDR, die offensichtlich nicht immer den Erfahrungen eines Regierenden gleichgesetzt werden können, haben das Recht, unsere Meinung zu artikulieren.

Wir mußten die verharmlosende Form der Berichterstattung in unseren Medien über uns ergehen lassen, ihr Delegieren der Probleme auf ausschließlich äußere Einflüsse, ohne die großen inneren Widersprüche ins Auge zu fassen, die sich im eigenen Lande ergeben haben. Auch das Verbreiten von "Bildzeitungs-ähnlichen" Storys kann wohl nicht der richtige Weg sein, die Probleme zu lösen.

Es sind Teile unserer Jugend, immerhin ein Teil unserer Zukunft, der hier gegangen ist. Darüber müssen alle nachdenken. Uns Bürger dieses Landes mit solchen, milde gesagt, monotonen "Informationen" abzuspeisen, sollte der Vergangenheit angehören.

Es steht zu befürchten, daß uns weiterhin viele verlassen werden, wenn nicht entscheidende Reformen eine höhere Arbeitsproduktivität und größere Effektivität in der Wirtschaft bewirken, sowie mehr Gerechtigkeit und Perspektive für den Einzelnen bringen. Grundlage dafür ist eine wahrhafte Demokratisierung unserer Gesellschaft und die Offenheit (Glasnost) des öffentlichen Lebens.

Unter dem permanenten Mißtrauen, das uns nach wie vor umgibt, leidet das Vertrauen und auch die Aktivität. Es verbreitet Angst und Mißgunst. Das solche Dinge in der Psyche der Menschen, und besonders der Jugendlichen eine Rolle spielen, darüber wird leider geschwiegen. Das jahrzehntelange Klassifizieren der Bürger nach ihrer Reiseeignung hat Entsprechendes bewirkt.

Wir stellen uns einen Sozialismus vor, in dem die Fruchtbarkeit des Pluralismus der Meinungen und Ideen zum Tragen kommt, und nicht einen Sozialismus, in dem abweichende Meinungen kriminalisiert werden und der die Tendenz hat, sich immer mehr von der übrigen Welt abzukapseln. Reisefreiheit für jeden, das wäre etwas, was zu unserem Sozialismusbild gehört. Faktische Schließung der Grenzen zur CSSR, dem einzigen Land, in das wir noch frei reisen konnten, erzeugt von neuem ein riesiges Potential der Unzufriedenheit.

Wir wünschen eine ideologische Entkrampfung, weil die Probleme der Zukunft ganz andere Prioritäten setzen und nicht durch Ideologien zu lösen sind.

Berlin, den 5.Oktober 1989

Für die Staatskapelle Berlin
die AGL

Text der Resolution der Staatskapelle für »eine wahrhafte Demokratisierung«, 5. Oktober 1989

auch Staatsoper und Staatskapelle vor gewaltigen Veränderungen standen, deren Folgen niemand abschätzen konnte. Die Entwicklungen der kommenden Jahre sollten nicht selten wahre Zerreißproben darstellen. Intendant Günter Rimkus führte das Haus noch durch das erste Jahr der Wendewirren, doch auch er stellte Ende Februar 1991 sein Amt zur Verfügung.

N

Nach einer kurzen Übergangsphase in der Verantwortung des Bundesinnenministeriums, das die Staatsoper vom einstigen Kulturministerium der DDR übernommen hatte, wurde das Haus Anfang 1991 dem Kultursenat des neu gegründeten Bundeslands Berlin unterstellt. Aus der »Deutschen Staatsoper« wurde nun offiziell die »Staatsoper Unter den Linden«, eine städtische Einrichtung, die auf gleicher Ebene mit der Deutschen Oper und der Komischen Oper stand. Die Mitglieder der Staatskapelle mussten sich mit Bundes- und Landespolitik auf einen neuen Intendanten und einen neuen Generalmusikdirektor verständigen.

Nur drei Tage nach dem Fall der Berliner Mauer hatten die Berliner Philharmoniker – die seit dem Tod Herbert von Karajans wenige Monate zuvor nunmehr von Claudio Abbado geleitet wurden – ein Konzert gegeben, das Menschen aus Ost-Berlin gratis ein sinfonisches Programm bot. Dieses emotionale Ereignis ging als »Mauerfallkonzert« in die Berliner Musikgeschichte ein. Daniel Barenboim, aus Argentinien stammender und in Israel aufgewachsener Pianist und Dirigent von Weltrang, dirigierte bei diesem Konzert Beethovens 7. Sinfonie und spielte als Solist auch dessen 1. Klavierkonzert. Am Rande dieses Konzerts kam es zu ersten Kontakten zwischen Lothar Friedrich, dem Orchestervorstand der Staatskapelle, und Barenboim.

Friedrich und seine Kollegen ergriffen beherzt die Chance, zum Ausdruck zu bringen, dass sie sich ihn für das vakante Generalmusikdirektorenamt an Staatsoper und Staatskapelle wünschten. Einige Musiker der Staatskapelle kannten Barenboim, einen der prominentesten Künstler der klassischen Musikwelt, bereits aus eigenem Erleben von den Bayreuther Festspielen, wo er seit 1981 regelmäßig dirigierte. Es war der richtige Moment. Das Engagement Barenboims als Leiter der Opéra Bastille in Paris war nach Querelen mit der französischen Kulturpolitik im Frühjahr 1989 abrupt beendet worden.

I

Im Frühjahr 1990 intensivierte man die Bemühungen um den Ausnahmekünstler Barenboim. In der Dahlemer Jesus-Christus-Kirche im Südosten Berlins nahm dieser Wagners »Parsifal« auf. Für die großen Chorpartien war der Wagner-erfahrene und -affine Staatsopernchor unter dessen Direktor Ernst Stoy verpflichtet worden. Gewählte Vertreter der Staatskapelle nahmen diese Kooperation zum Anlass, um Barenboim die künstlerische Leitung von Haus und Orchester anzutragen – aus eigener Initiative heraus und ohne ein entsprechendes politisches Mandat zu haben. Für Ende Mai 1990 wurde eine Orchesterprobe vereinbart. Die Arbeit am Vorspiel zum »Parsifal« genügte dem Dirigenten, um sich ein Urteil über die Qualitäten und Potenziale des Orchesters zu bilden, das er bis dahin nur aus der Ferne gekannt hatte. In seiner Autobiografie »Die Musik – mein Leben« sollte er sich einige Jahre später daran erinnern, wie fasziniert er vom Klang dieses Orchesters war. »Er erinnerte mich an den Klang, mit dem ich aufgewachsen war«, schrieb er dort, »an den Klang des Israel Philharmonic Orchestra, dessen Musiker ja zum größten Teil aus allen Ländern Europas eingewandert waren«.

Diesen Eindruck erklärte er sich damit, dass die Staatskapelle über lange Jahre von den internationalen Entwicklungen abgeschottet gewesen sei und sich somit ein Klangbild erhalten habe, das wirke, als stamme es aus einer vergangenen Zeit. Es war ein Klang, der die Gegenwart mit der einzigartigen Tradition der Staatskapelle auf den Feldern von Musiktheater und Sinfonik verband, mit ihrer Ahnenreihe großer Dirigenten, insbesondere mit Strauss, Furtwängler, Kleiber, Klemperer und Karajan. Barenboim entschied sich, den ihm angetragenen Posten anzunehmen.

A

Auch Bundespräsident Richard von Weizsäcker, der den Künstler und Menschen Barenboim außerordentlich schätzte, machte sich für dessen Berufung stark. Dennoch dauerte es noch anderthalb Jahre, bis der Dirigent sein Amt als Künstlerischer Leiter und Generalmusikdirektor antreten konnte. In der Zwischenzeit war Georg Quander zum Intendanten des Hauses berufen worden. Noch bevor er seinen Vertrag unterschrieb, begann Barenboim gemeinsam mit ihm, einen ambitionierten Spielplan für die Musiktheatervorstellungen und Konzerte des Hauses zu entwerfen. Der Spielplan erstreckte sich über mehrere Jahre und hatte erklärtermaßen das Ziel, Staatsoper und Staatskapelle wieder an die internationale Spitze zu bringen. Am 30. Dezember 1991, dem Tag der Vertragsunterzeichnung, gaben Daniel Barenboim und die Staatskapelle ihr erstes gemeinsames Konzert. Die Wahl des Werks war durchaus symbolhaft zu verstehen: Beethovens Neunte, »das« sinfonische Werk schlechthin.

Im Oktober 1992 fand die erste von Barenboim geleitete Opernpremiere am Haus statt: Wagners »Parsifal« in der Regie von Harry Kupfer. Beide kannten sich bereits aus Bayreuth, wo sie 1988 eine Produktion der »Ring«-Tetralogie miteinander erarbeitet hatten. Die Premiere war der Auftakt zu einem monumentalen, gemeinsamen Wagner-Zyklus, den die Künstler über einen Zeitraum von zehn Jahren verwirklichen sollten.

D

Der Prozess, die Strukturen der Staatsoper den neuen Bedingungen anzupassen, war ein schwieriges Unterfangen. Für Barenboim und Quander ging es darum, die Zukunftsfähigkeit der Institution zu sichern. Künstlerische Qualität, Konkurrenzfähigkeit und Strahlkraft waren nicht-verhandelbare Werte. Besonders Barenboim drängte beim Berliner Kultursenat immer wieder darauf, die Staatskapelle sukzessive auszubauen und finanziell aufzustocken, um mit dem Orchester der Deutschen Oper und sogar mit den Berliner Philharmonikern mithalten zu können. Auch beim Engagement des künstlerischen Personals forderte er größere Freiheiten, um seine Vision realisieren zu können. Barenboims Bedingungen waren nicht einfach zu erfüllen. Die Ressourcen der Kulturpolitik erwiesen sich wiederholt als allzu begrenzt, und auch in der Belegschaft der Staatsoper regte sich zuweilen Unmut.

Die frühen Neunzigerjahre waren für viele der an Haus und Orchester arbeitenden Menschen eine Phase großer Unsicherheit, in der künstlerischen Arbeit und im täglichen Leben. Ende 1991 wurde eine Überprüfung aller Mitarbeiterinnen und Mitarbeiter in Bezug auf eine mögliche Verwicklung in den Staatssicherheitsapparat der DDR beschlossen. Es kam zu großen menschlichen Enttäuschungen, auch zu einer Reihe von Kündigungen. Zudem musste der im Vergleich zu Häusern ähnlicher Größe massive Personalbestand schrittweise heruntergefahren werden. Das sorgte für schmerzhafte Eingriffe und Konflikte. Auch das Solistenensemble des Hauses musste merklich verschlankt und ver-

Das »Konzert gegen Gewalt«
der Staatskapelle in der Berliner Gethsemanekirche,
5. November 1989

Plakat zum ersten Auftritt der Staatskapelle im Westteil Berlins,
18. Dezember 1989

jüngt werden. Für so manche Kommentatoren drängte sich der Eindruck auf, dass dabei die Lebensleistungen der Künstlerinnen und Künstler nicht immer wertgeschätzt wurden. Zugleich aber wurde auch eine Stimmung von Aufbruch und Optimismus spürbar. Staatsoper und Staatskapelle hatten die Chance, sich in Berlin, der neuen Hauptstadt des wiedervereinigten Deutschlands, wirkungsmächtig zu positionieren und im europäischen Maßstab Akzente zu setzen.

Die Ära Daniel Barenboims währt nun schon fast drei Jahrzehnte. Auch in der Vergangenheit gab es immer wieder Dirigenten, die über einen ausgesprochen langen Zeitraum an der Staatsoper und der Staatskapelle aktiv waren; man denke nur an Strauss, Blech oder Suitner. Doch selten gab es einen Künstler, der die Geschichte des Orchesters so geprägt hat wie er. Auch oft gespielte Werke nehmen nach seiner intensiven Probenarbeit eine neue expressive Nuancierung, ja eine neue klangliche Gestalt an. Seine außergewöhnliche musikalische Neugier führt immer wieder auch zur Entdeckung von unbekannten Werken. Die Arbeit zwischen dem Orchester und ihm ist von wechselseitigem Vertrauen und spürbarer Sympathie geprägt.

Z

Zunächst waren Wagner und Mozart die Konstanten auf der Opernbühne. Nach dem »Parsifal« im Herbst 1992 brachten Barenboim und Kupfer bis 1996 den gesamten »Ring des Nibelungen« auf die Bühne. Die erste zyklische Präsentation der Tetralogie fand zu den neu gegründeten FESTTAGEN zu Ostern 1996 statt. Im Rahmen des jährlichen Festivals wurden in den Folgejahren weitere große Wagner-Premieren präsentiert. Im Jahr 2002 erlebte ein staunendes Publikum den schon erwähnten, zehnteiligen Zyklus von Wagners Hauptwerken. In den wenigen »freien Tagen« dazwischen spielte die Staatskapelle unter Barenboims Leitung noch die vier Brahms-Sinfonien.

Auch nach Abschluss des ersten systematischen Durchgangs durch Wagners Œuvre wendeten sich die Staatskapelle und ihr Chefdirigent in Zusammenarbeit mit jeweils anderen Regisseuren noch mehrmals diesen überaus anspruchsvollen Werken zu. »Parsifal« und »Tristan und Isolde« wurden mittlerweile jeweils drei Mal neu produziert. Mit der Mailänder Scala wurde mit Blick auf Wagners 200. Geburtstag zwischen 2010 und 2013 ein zweiter »Ring« koproduziert, ein dritter ist in Planung.

E

Ende 1994 dirigierte Daniel Barenboim die Premiere einer Neuproduktion von Mozarts »Zauberflöte«, die, von August Everding in den rekonstruierten schinkelschen Bühnenbildern inszeniert, bis heute auf dem Staatsopernspielplan steht. Auch die drei Da-Ponte-Opern, die seit den Siebzigerjahren in Barenboims Fokus stehen – mit »Don Giovanni« hatte er 1973 als Operndirigent in Edinburgh debütiert – kamen unter seiner Leitung neu zur Aufführung.

Zu weiteren ersten Operndirigaten an der Lindenoper gehörten 1994 Strauss' »Elektra« und Bergs »Wozzeck«, beides Werke, die enorme Anforderungen an Spielfertigkeit und klangliche Differenzierungskunst stellen und nicht nur dem expressionistischen Gestus des Orchesters, sondern auch seiner historisch gewachsenen Klangkultur besonders nahe standen. 2011 bzw. 2016 wurden sie nochmals neu inszeniert und musikalisch einstudiert. Auch Beethovens »Fidelio« wurde unter Barenboims Leitung zweimal produziert, 2016 lebte dabei die lange gewachsene Zusammenarbeit mit Harry Kupfer wieder auf.

»Die Mitglieder der Staatskapelle Berlin haben, wie die gesamte Bevölkerung der DDR, die vergangenen Monate sehr aufmerksam erlebt und in ihrer Entwicklung verfolgt. [...] Wir wünschen eine ideologische Entkrampfung, weil die Probleme der Zukunft ganz andere Prioritäten setzen und nicht durch Ideologien zu lösen sind.«

Aus der Resolution der Staatskapelle Berlin,
5. Oktober 1989

Daniel Barenboim im Kreis von Staatskapellenmusikerinnen
und -musikern nach einer Opernaufführung zu Beginn der 1990er Jahre

Den Werken von Verdi und Puccini, weitere Säulen des traditionellen Opernrepertoires, widmete er sich ebenfalls. Zwischen 2001 und 2014 gab es Neuinszenierungen von »Otello«, »La traviata«, »Simon Boccanegra«, »Il trovatore«, »Macbeth«, »Falstaff« und »Tosca«. Die französische und die russische Oper waren mit Bizets »Carmen« und seinen »Perlenfischern«, Cherubinis »Medée«, Jules Massenets »Manon«, Saint-Saëns' »Samson et Dalila«, Tschaikowskys »Eugen Onegin« und »Pique Dame«, Modest Mussorgskys »Boris Godunow«, Rimsky-Korsakows »Zarenbraut«, Prokofjews »Der Spieler« und dessen »Verlobung im Kloster« vertreten. Aus dem Bereich der Klassischen Moderne hat er neben Bergs »Wozzeck« auch dessen »Lulu« dirigiert, hinzu kamen »Die Brautwahl« und »Doktor Faust« von Busoni sowie Schönbergs »Moses und Aron«. Selbst Werke, die man zunächst kaum mit dem Namen Barenboim verbindet, fanden seine Aufmerksamkeit: Nicolais »Die lustigen Weiber von Windsor« etwa oder Glucks »Orfeo ed Euridice«, die älteste Oper, die er bislang dirigiert hat. Nicht zu vergessen die drei Uraufführungen unter seiner Leitung: Elliott Carters Kurzoper »What next?« im Herbst 1999, Harrison Birtwistles »The Last Supper« im Frühjahr 2000 und »Metanoia« von Jens Joneleit im Herbst desselben Jahres.

Der neue Generalmusikdirektor übernahm mit der Staatskapelle einen Klangkörper, der bereits auf eine lange Tradition als Sinfonieorchester zurückblicken konnte. Nahtlos führte er diese Tradition fort, gerade mit Blick auf die Pflege des musikalischen Kernbereichs des klassisch-romantischen Repertoires. Systematisch studierte Barenboim alle Sinfonien und Klavierkonzerte Beethovens neu ein. Letztere leitete er vom Flügel aus, in einer die gestalterischen Impulse bündelnden Personalunion von Pianist und Dirigent. Schon beim zweiten gemeinsamen Auftritt von Dirigent und Orchester im April 1992 konnte ein solcher Auftritt bewundert werden, als Beethovens 3. Klavierkonzert und dessen 3. Sinfonie zur Aufführung kamen. Im selben Jahr erklangen im Rahmen eines Konzerts, das dem 150. Jahrestag der Gründung der »Sinfonie-Soireen« gewidmet war, auch noch die Sinfonie Nr. 5 und die Ouvertüre »Leonore III«. Selbst das selten gespielte Oratorium »Christus am Ölberge« und die »Chorfantasie« standen auf dem Programm. Die Beschäftigung mit der Orchestermusik des Wiener Klassikers kulminierte 1999 in einer Gesamtaufnahme seiner Sinfonien und im Mai 2000 in einer Gesamtaufführung der Sinfonien und Klavierkonzerte im Rahmen eines sechsteiligen Beethoven-Zyklus.

N

Nach Beethoven folgte mit Brahms ein weiteres enzyklopädisches Projekt der Staatskapelle und ihres Generalmusikdirektors. Zu den FESTTAGEN 2002 kamen, wie schon erwähnt, alle vier Sinfonien zur Aufführung, wiederholt wurden beiden Klavierkonzerte präsentiert, ebenso das »Deutsche Requiem«.

Bereits Ende 1992 führten die Staatskapelle und der Staatsopernchor unter Leitung Barenboims gemeinsam die große chorsinfonische »Messa da Requiem« von Verdi auf. Seither ist dieses Werk, das sich mit seinem opernhaften Charakter für die beiden Klangkörper geradezu anbietet, immer wieder gespielt worden. Die Neubeschäftigung mit der klassisch-romantischen Sinfonik setzte sich mit den Werken Robert Schumanns fort, dessen vier Sinfonien in der Saison 2002/03 zur Aufführung gelangten. Danach wurde sukzessive das Œuvre Gustav Mahlers in den Fokus gerückt. Barenboim verzichtete darauf, sämtliche Sinfonien und Orchesterlieder selbst zu dirigieren. Er konzentrierte sich auf die rein instrumentalen Sinfonien Nr. 1, 5, 7 und 9 sowie auf »Das Lied von der Erde«. Niemand anderes als Pierre Boulez, mit dem Barenboim seit vielen Jahren eine künst-

Daniel Barenboim und die Staatskapelle im
Konzerthaus, 2003

Barenboim als Solist mit der Staatskapelle unter Zubin Mehta
in der Staatsoper Unter den Linden, 2003

lerische Partnerschaft und Freundschaft verband, dirigierte die großen vokalsinfonischen Werke Nr. 2 und Nr. 8, die »Wunderhorn«-Sinfonien Nr. 3 und 4 und die »tragische« Nr. 6. In paritätischer Leitung von Boulez und Barenboim entstand so ein monumentaler Mahler-Zyklus in zehn Teilen, der zu den FESTTAGEN 2007 auf immense Resonanz stieß und auch international Furore machte.

In den Folgejahren wandte sich Barenboim intensiv den Sinfonien Bruckners zu. Ein »kleiner« Zyklus der Sinfonien Nr. 4 bis Nr. 9 kam im Juni 2010 zur Aufführung, später kamen noch die ersten drei Sinfonien hinzu. Der »große« Bruckner-Zyklus war bis dato noch nicht in Berliner Konzertsälen in Gänze erklungen, konnte aber schon mehrfach auf Gastspielreisen der Staatskapelle gehört werden.

Auch wenn man dabei nicht von Zyklen im eigentlichen Sinne sprechen kann, verwirklichten Barenboim und sein Orchester zudem weitgehend vollständige Neueinstudierungen der Werke von Schönberg, Berg, Debussy und Elgar. Die Beschäftigung mit Schönberg, dem Begründer der sogenannten Wiener Schule, fand vor allem zwischen 2002 und 2010 statt. Von Berg wurden im Frühjahr 2015 Konzerte mit sämtlichen Kompositionen für große Orchesterbesetzung gespielt. In den Zehnerjahren wurde Debussy verstärkt Aufmerksamkeit zuteil: Neben den »Nocturnes«, den »Images«, dem »Prélude à l'après-midi d'un faune« und »La Mer« kamen auch unbekannte Stücke wie die Fantasie für Klavier und Orchester und das Quasi-Oratorium »Le Martyre de Saint-Sébastien« zur Aufführung. Im selben Zeitraum wurden auch die beiden großen Sinfonien, das Cellokonzert, die Symphonische Studie »Falstaff«, die »Sea Pictures« und das Oratorium »The Dream of Gerontius« von Edward Elgar gespielt, dessen Musik Daniel Barenboim schon lange begleitet. Hinzu kam die Auseinandersetzung mit Strauss und Strawinsky, etwa mit den großbesetzten Tondichtungen und dem Jahrhundertwerk »Le sacre du printemps«.

Auch wenn das Repertoire aus dem 19. und frühen 20. Jahrhundert zweifellos im Zentrum der Sinfoniekonzerte steht, ist doch offensichtlich, dass der Generalmusikdirektor der zeitgenössischen Musik mehr als nur einen Nebenplatz einräumt. In den ersten beiden Jahrzehnten der Barenboim-Ära waren es vor allem zwei Komponisten, denen man sich zuwandte: Elliott Carter und Pierre Boulez. Schon Ende 1993 setzte Barenboim Boulez' hochkomplexe »Notations pour orchestre« auf das Programm. Das Werk ist von einer Struktur und einer Klangsprache geprägt, die für die Staatskapelle unbekanntes Terrain darstellten. Über die kommenden Jahre und Jahrzehnte wurden diese Stücke – zunächst vier, 1997 kam ein neu komponiertes fünftes hinzu – immer wieder einstudiert und aufgeführt. Auch andere Partituren von Boulez meisterte das Orchester unter Barenboims Leitung, etwa »Le visage nuptial« oder »Rituel«.

Etwas später rückte die Musik von Elliott Carter in den Fokus. Die gespielten Werke reichten von seinen Liederzyklen über die eigens für Daniel Barenboim komponierten Klavierkonzerte bis zu den sinfonischen Werken. In den Staatskapellenkonzerten erlebten viele dieser Werke ihre europäische oder deutsche Uraufführung. Die eigentlichen Uraufführungen realisierte Daniel Barenboim zumeist mit dem exzellenten Chicago Symphony Orchestra, dem er zwischen 1992 und 2006, parallel zu seinem Posten in Berlin, als Chefdirigent vorstand. Anlässlich von Carters 100. Geburtstag gaben Barenboim und die Staatskapelle 2008 ein Sonderkonzert in der Philharmonie, in dem ausschließlich Werke des Doyens der amerikanischen Neuen Musik erklangen, einschließlich seines Hauptwerks aus den Neunzigerjahren, der dreisätzigen »Symphonia: sum fluxae pretium spei«. Es gehört zu den besonderen Talenten Barenboims, dass er seine Künstlerkollegen für übergreifende Projekte begeistern kann. Nicht nur der gemeinsam mit Pierre Boulez gemeisterte Mahler-Zyklus ist dafür ein Beispiel, sondern auch sein Engagement für Carter, dem sich Dirigenten wie Michael Gielen, Christoph von Dohnányi, Pierre Boulez und später auch Zubin Mehta anschlossen.

Wie bei seinen Operndirigaten und seinen Konzerten in Chicago setzte Barenboim zudem auch bei seinen Staatskapellenkonzerten eine Reihe von Uraufführungen auf das Programm, darunter Isabel Mundrys »Gefalteter Augenblick – eine Miniatur für großes Orchester« im Jahr 2002, Jens Joneleits »YESH MEE' AAYIN« 2010 und Harrison Birtwistles »Deep Time« 2017. In den vergangenen Jahren spielte darüber hinaus die Musik des Komponisten Jörg Widmann verstärkt eine Rolle, etwa seine Orchesterwerke »Teufel Amor«, »Con brio« und »Armonica«. Anlässlich des Festkonzerts zum 450. Geburtstag der Staatskapelle im September 2020 wurde die Uraufführung von Widmanns »Zeitensprünge – 450 Takte für Orchester« verwirklicht.

W

Wie gewohnt fanden die Sinfoniekonzerte des Orchesters an mehreren Orten in Berlin statt: zu Beginn noch im Opernhaus Unter den Linden und im »Konzerthaus Berlin«, dem einstigen Schauspielhaus am Gendarmenmarkt, wo die Staatskapelle seit 1984 regelmäßig auftrat. Ab Herbst 2002 wurde auch die Berliner Philharmonie am Tiergarten bespielt, die Barenboim schon lange vertraut war. 2017 kam ein neuer Spielort hinzu: der von Stararchitekt Frank Gehry entworfene Pierre Boulez Saal im ehemaligen Magazingebäude der Staatsoper. Im Frühjahr und im Sommer des Eröffnungsjahrs spielte die Staatskapelle unter Barenboim hier einen Schubert-Zyklus, dessen Höhepunkt die »Unvollendete« und die große C-Dur-Sinfonie bildeten.

Neben Daniel Barenboim standen in den Neunzigerjahren zahlreiche Dirigenten am Pult der Staatskapelle, denen es aufgrund der politischen Situation nicht oder nicht mehr möglich gewesen war, hier zu gastieren. Darunter waren prominente »Altmeister« wie Carlo Maria Giulini, der 1993 sein verspätetes Debüt mit dem Traditionsorchester feiern konnte und bis 1996 mehrfach wiederkehrte. Georg Solti kam ein knappes halbes Jahrhundert nach einem im Jahr 1947 von ihm geführten Konzert für eine Aufführung von Haydns »Schöpfung« zurück. Auch der einstige Kapellmeister Horst Stein, der als 31-Jähriger im Zuge des Mauerbaus nach Hamburg gewechselt war, dirigierte in der Saison 1993/94 zwei Sinfoniekonzerte. Mit Yehudi Menuhin, Wolfgang Sawallisch, Herbert Blomstedt und Christoph von Dohnányi wurden auch Dirigenten für Konzerte engagiert, die hier schon vor der politischen Wende aufgetreten waren. Mit Kurt Sanderling, Hartmut Haenchen und Peter Schreier wurde die Zusammenarbeit fortgesetzt, auch Kurt Masur dirigierte hier noch einmal. Darüber hinaus wurden Dirigenten wie Christoph Eschenbach, Gerd Albrecht, Paavo Berglund, Heinz Holliger, Hugh Wolff und Pinchas Zukerman eingeladen. Aus der neueren Dirigentengeneration wurden Fabio Luisi, Jun Märkl, Kent Nagano, Donald Runnicles, Antonio Pappano, Sylvain Cambreling oder Semyon Bychkov verpflichtet.

Darüber hinaus war die Staatskapelle seit den frühen Neunzigerjahren mit einem weiteren Dirigenten in besonderer Weise verbunden. Der »Principal Guest Conductor« Michael Gielen leitete das Orchester erstmals bei der von Ruth Berghaus inszenierten Neuproduktion von Debussys »Pelléas et Mélisande« 1991. Im August 1995 folgten vier Aufführungen von Bergs »Lulu« bei den Salzburger Festspielen, bei denen die Staatskapelle unter seiner Leitung spielte. Die Inszenierung hatte Pe-

Principal Guest Conductor Michael Gielen,
2005

Ehrendirigent Pierre Boulez mit der Staatskapelle in der Philharmonie, 2006

ter Mussbach erarbeitet, der die Staatsoper zwischen 2002 und 2008 als Intendant leiten sollte – im Februar 1997 kam sie auch nach Berlin. Es war das erste Mal überhaupt, dass dieses Werk hier erklang. Erich Kleiber hatte 1934, bei seinem letzten Staatskapellenkonzert vor der Emigration, lediglich die von Berg zusammengestellte »Symphonische Suite« aus der Oper dirigiert. Ab 1999 setzte Gielen am Haus regelmäßig neue Maßstäbe, mit jeweils einem Sinfoniekonzert pro Saison und mehreren Musiktheaterpremieren, etwa Bellinis »Norma«, Verdis »Macbeth« und Schrekers »Der ferne Klang«. Kompromisslos setzte er sich bis 2012, vier Jahre vor seinem Tod, für die Neue Musik ein, aber auch für die von falschen Traditionen bereinigte Aufführung von Werken des klassisch-romantischen Repertoires. Viele seiner Orchesterkonzerte bewiesen eindrucksvoll, dass auch das Bekannte in einem überraschend neuen, klaren Licht erscheinen kann, ob es sich dabei nun um Beethoven, Schubert, Berlioz, Bartók, Schönberg oder Mahler handelte.

A

Außerdem wurden neuen Künstlern eigene Konzerte mit der Staatskapelle ermöglicht. Barenboims Förderung junger Dirigentinnen und Dirigenten erwies sich dabei als eminent wichtig. Die Reihe jener, die seit den frühen Neunzigerjahren durch seine Berliner Schule gegangen sind, liest sich heute wie ein »Who's Who« der zeitgenössischen Dirigentengeneration.

Sebastian Weigle etwa, ehemals Solohornist im Orchester, wechselte als Kapellmeister ans Dirigentenpult und leitete zahlreiche Sinfoniekonzerte. Ab 2001 kam der damals noch nicht einmal dreißigjährige Philippe Jordan dazu und dirigierte bis 2009, zwischenzeitlich sogar als Principal Guest Conductor, regelmäßig Opernpremieren und Konzerte. Auch der ersten Dirigentin überhaupt, die ein Sinfoniekonzert der Staatskapelle leitete, ist eine glänzende Karriere gelungen. Im Mai 1994 stand die Australierin Simone Young bei einem Programm mit Schostakowitschs 1. Violinkonzert sowie Schumanns 2. Sinfonie am Pult der Staatskapelle – in dem immer noch von Männern dominierten Bereich der Klassischen Musik leider eine allzu seltene Erscheinung. Auch junge Dirigenten wie Dan Ettinger, Asher Fisch, Omer Meir Wellber, Julien Salemkour und Domingo Hindoyan haben von der Arbeit mit der Staatskapelle profitiert und tragen diese Erfahrungen in alle Welt weiter.

E

Eine besondere Stellung am Haus nahmen schließlich jene drei Dirigenten ein, denen die Staatskapelle den Titel eines Ehrendirigenten verlieh. Zu Beginn der Neunzigerjahre wurde Otmar Suitner, der das Orchester durch so schwierige Zeiten geführt hatte, mit diesem Titel ausgezeichnet.

Ihm folgte im Jahr 2005 Pierre Boulez, der die Staatskapelle ab 1993 regelmäßig dirigiert hatte, wie schon erwähnt mit den Werken Gustav Mahlers, aber auch mit Wagner, Liszt und Béla Bartók, mit Musik der Wiener Schule und natürlich seinen eigenen Kompositionen. Vier Mal – in den Jahren 2000, 2005, 2010 und 2015 – wurden ihm zu den österlichen FESTTAGEN besonders ehrenvolle »Hommage«-Abende und -Matineen gewidmet. Anlass waren jeweils sein 75., 80., 85. und 90. Geburtstag. Bei der letzten Ehrung konnte Boulez persönlich nicht mehr anwesend zu sein, sein Gesundheitszustand ließ es nicht zu. Das Konzert mit seinen »Notations« und seinem groß besetzten »Le visage nuptial«, einem vielschichtigen oratorischen Werk für Solisten, Chöre und Orchester, hätten ihn gewiss beeindruckt.

2014 wurde Zubin Mehta zum Ehrendirigenten der Staatskapelle ernannt, der das Orchester seit 1995 sowohl bei Opernaufführungen als auch bei Konzerten regelmäßig dirigiert. Unter seiner musikalischen Leitung fanden gleich mehrere Premieren statt: Verdis »Aida«, Webers »Freischütz«, Johann Strauss' »Fledermaus« sowie Richard Strauss' »Die Frau ohne Schatten« und »Der Rosenkavalier«. Bei den von ihm geleiteten sinfonischen Programmen kamen Werke von Strauss, Mahler, Messiaen, Mozart, Beethoven, Brahms, Dvořák und Tschaikowsky zur Aufführung.

A

Am Haus und im Orchester pflegte man schon immer die Tradition, historische und zeitgeschichtliche Ereignisse mit Sonderkonzerten zu bedenken – so auch in der jüngeren Vergangenheit. Oft handelte es sich dabei um Empathiebekundungen, die das Gefühl tiefer Betroffenheit der Musikerinnen und Musiker zum Ausdruck brachten. So gab die Staatskapelle 1995, geleitet von Daniel Barenboim, ein Gedenkkonzert anlässlich des 50. Jahrestags der Befreiung des Konzentrationslagers Auschwitz – mit Schönbergs »Ein Überlebender aus Warschau« und Beethovens »Eroica«. Im November 1999, zehn Jahre nach dem Fall der Berliner Mauer, spielte die Staatskapelle Beethovens 9. Sinfonie. Als die Welt nach dem 11. September 2001 den Atem anhielt, gehörte man zu jenen drei Berliner Orchestern, die sich in der Philharmonie zusammenfanden, um gemeinsam der Opfer der Terroranschläge von New York zu gedenken. Unter dem Motto »In Friendship and Solidarity« spielte die Staatskapelle unter Michael Gielen Schuberts »Unvollendete«, dazu traten die Berliner Philharmoniker unter Simon Rattle und das Orchester der Deutschen Oper unter Christian Thielemann auf.

Im Herbst 2009, zwei Jahrzehnte nach dem legendären »Konzert gegen Gewalt« wurde die Gethsemanekirche im Prenzlauer Berg erneut zu einem Ort des Gedenkens, abermals mit Beethovens »Eroica«. Im selben Jahr spielte die Staatskapelle bei der Feier zum 60. Jahrestag der Gründung der Bundesrepublik Deutschland und bei der Begehung des 20. Jahrestags des Mauerfalls, beide Male am Brandenburger Tor. Auch zu den Jahrestagen 2014 und 2019 wurden das Orchester und Daniel Barenboim eingeladen – es waren Auftritte, bei denen der Name »Staatskapelle« ein neues Gewicht bekam. 2020 schließlich, zum 75. Jahrestag der Befreiung des Konzentrationslagers von Auschwitz, ließen das Orchester und sein Chefdirigent in einem beeindruckenden Brückenschlag noch einmal Schönbergs »Ein Überlebender aus Warschau« und Beethovens »Eroica« erklingen.

Nicht alle Sonderkonzerte des Orchesters waren an derartige Anlässe gebunden. 2007 wurde das Format »Staatsoper für alle« ins Leben gerufen, das in der Regel aus einer Opernübertragung aus dem Haus Unter den Linden auf den benachbarten Bebelplatz und aus einem Livekonzert der Staatskapelle besteht. Das alljährliche sommerliche Open-Air-Großereignis sollte bald bis zu 45.000 Berlinerinnen und Berliner und Gäste der Stadt anziehen. Beethoven, Mendelssohn, Wagner, Brahms, Tschaikowsky, Debussy und sogar Strawinskys »Le sacre du printemps« wurden dem begeisterten Publikum hier präsentiert. 2018 kam das »Konzert für Berlin« hinzu, bei dem Daniel Barenboim und die Staatskapelle in Zusammenarbeit mit der Berliner Senatsverwaltung für Kultur und Europa gratis explizit für jene Menschen spielten, die ansonsten weniger die Chance haben, Konzerte mit klassischer Musik zu besuchen.

Auch die zahlreichen Benefizkonzerte sollten nicht vergessen werden, die die Staatskapelle in den vergangenen drei Jahrzehnten initiierte und spielte. Die Erlöse ka-

Programmheft und Eintrittskarten zum Opern- und Konzertgastspiel in Tokio, 2002

Gastspiel in der Suntory Hall in Tokio,
2016

men Opfern von Naturkatastrophen zugute, aber auch internationalen Umweltprojekten – hier hat sich besonders das 2010 von Staatskapellenmitgliedern gegründete »Orchester des Wandels« hervorgetan – und schließlich auch der lange überfälligen Sanierung des Opernhauses Unter den Linden. Das Haus wurde zwischen 2010 und 2017 einer umfassenden Restaurierung unterzogen, und das gesamte Ensemble der Staatsoper musste in das Schiller Theater, eine Interimsspielstätte im Westen Berlins, umziehen. Jürgen Flimm – zwischen 2010 und 2018 Intendant des Hauses, bevor er sein Amt an Matthias Schulz übergab – führte durch diese schwierige Übergangszeit. Unter anderem wurde die Lindenoper mit einer angehobenen Saaldecke und einer spürbar verbesserten Akustik ausgestattet. Seither dient sie, neben der Berliner Philharmonie, auch wieder als Spielort für die künstlerisch besonders anspruchsvollen großen Sinfoniekonzerte, die nach wie vor das Rückgrat des Konzertlebens der Staatskapelle bilden.

S

Schon unter Otmar Suitner war die Staatskapelle regelmäßig auf der internationalen Bühne zu Gast. Heute ist das Traditionsorchester nahezu weltweit präsent. Daniel Barenboim hatte die Gastspielaktivitäten 1995 mit einem Opern- und Konzertauftritt im Pariser Théâtre du Châtelet wiederaufgenommen, wo man Beethovens »Fidelio« und einen vollständigen Zyklus seiner Sinfonien und Klavierkonzerte spielte. Im selben Jahr ging es nach Jerusalem, Brasilien, Argentinien und zu den Salzburger Festspielen. Schon bald folgten Auftritte in Spanien, Italien, Belgien und der Schweiz, im Herbst 1997 kam die erste Japan-Tournee der neu organisierten Staatskapelle zustande, im Jahr darauf führte eine Konzertreise nach London und ein weiteres Mal nach Paris. Der Wiener Musikverein, einer der wichtigsten Konzertsäle der Welt, wurde von Daniel Barenboim und der Staatskapelle im Jahr 2000 zum ersten Mal bespielt, ebenso die New Yorker Carnegie Hall. Ein Höhepunkt der Gastspielreisen waren sicherlich die Aufführungen von Wagners »Ring«-Tetralogie in Tokio und Yokohama 2002 und, in konzertanter Form, in der Londoner Royal Albert Hall 2013. Der in Berlin gefeierte Mahler-Zyklus von Barenboim und Boulez war sowohl in Wien als auch in New York zu erleben, den beiden großen Zentren der Mahler-Pflege. Mit dem kompletten Bruckner ging es ebenfalls in die beiden Städte, darüber hinaus in die Suntory Hall Tokio und mehrmals in die neue Philharmonie de Paris. Die Resonanz auf den konsequent durchgestalteten Zyklus war überwältigend. Die Brahms-Sinfonien schließlich, als bislang letztes zyklisches Unternehmen dieser Art, kamen in einer beispiellosen geographischen Breite in Buenos Aires, Peking, Sydney und Paris zur Aufführung. Im vergangenen Jahrzehnt gastierte die Staatskapelle in insgesamt 45 Städten in 20 Ländern auf fünf Kontinenten.

Mindestens einmal im Jahr kommt auch die Welt zu Besuch an die Staatsoper. Wenn um die Osterfeiertage die alljährlichen FESTTAGE stattfinden, treten hier neben der Staatskapelle die besten Orchester der Welt auf, zunächst das Orchestre de Paris, längere Zeit dann das Chicago Symphony Orchestra, im Anschluss daran die Filarmonica della Scala und seit einer Reihe von Jahren schon »das« klassische Sinfonieorchester schlechthin, die Wiener Philharmoniker.

Die internationale Öffnung des Musikmarktes ließ für die Staatskapelle zudem auch neue Möglichkeiten für prestigeträchtige Aufnahmeprojekte entstehen. Seit Jahrzehnten schon hatte Barenboim zahlreiche Einspielungen bei den großen Labels realisiert, zunächst als Pianist, später als Dirigent. Als Chefdirigent der Staatskapelle hatte er sein Augenmerk zunächst auf Opernaufzeichnungen. Wagners »Parsifal« von 1992 erschien als

»Als ich direkt nach dem Fall der Mauer die Staatskapelle zum ersten Mal hörte und danach öfters Vorstellungen in der Staatsoper besuchte, war ich fasziniert vom Klang dieses Orchesters. Er erinnerte mich an den Klang, mit dem ich aufgewachsen war, an den Klang des Israel Philharmonic Orchestra, dessen Musiker ja zum größten Teil aus allen Ländern Europas eingewandert waren. Inzwischen ist fast überall dieser spezifische Klang verlorengegangen und einem ›modernen‹ gewichen, nicht jedoch bei der Staatskapelle Berlin.«

Daniel Barenboim über
den Klang der Staatskapelle Berlin,
1995

Gastspiel in der New Yorker Carnegie Hall,
2017

Videomitschnitt, der »Wozzeck« von 1994 auf CD wie auf DVD. Busonis »Brautwahl«, sicher eine Rarität, und eine Studioproduktion von Strauss' »Elektra« kamen ebenfalls zu Beginn der Neunzigerjahre heraus. Als besonders ambitioniert und geglückt können die Einspielungen der drei romantischen Wagner-Opern »Der fliegende Holländer«, »Tannhäuser« und »Lohengrin« gelten. Einerseits setzte die Staatskapelle unter Barenboim damit ihre lange Tradition von Wagner-Einspielungen fort, die unter Leo Blech begonnen hatte und von Dirigenten wie Franz Konwitschny fortgeführt worden war; Barenboim setzte andererseits völlig neue Akzente, vor allem, was die spieltechnische Präzision, die Transparenz des Klangbilds und die orchestrale Expressivität betraf. Gleiches galt für seine »Fidelio«-Einspielung. In den vergangenen Jahren kamen verschiedene DVD-Produktionen von Inszenierungen wie Prokofjews »Der Spieler«, Rimsky-Korsakows »Die Zarenbraut«, Verdis »Il trovatore«, Bergs »Lulu«, Wagners »Tannhäuser« und dessen »Parsifal« hinzu.

Ähnlich wie Suitner, der seine Aufnahmeaktivitäten zunehmend von der Oper auf die Sinfonik verlagert hatte, begann auch Barenboim Ende der Neunzigerjahre damit, die großen sinfonischen Zyklen von Beethoven, Schumann, Bruckner und Brahms aufzuzeichnen. Teilweise handelte es sich dabei um Liveaufnahmen, etwa bei den Bruckner-Sinfonien, den Klavierkonzerten von Beethoven und auch jenen von Liszt, Chopin und Brahms, bei denen Barenboim unter dem Dirigat von Boulez, Andris Nelsons und Gustavo Dudamel als Solist präsent war. Die beiden Sinfonien und das Cellokonzert von Elgar wurden zu Beginn der Zehnerjahre im Studio aufgezeichnet, sein Oratorium »The Dream of Gerontius« hingegen live in der Berliner Philharmonie. Größeren Anspruch an den Aufführungsapparat stellt nur noch Mahlers 8. Sinfonie, jene berühmte »Sinfonie der Tausend«, die unter der Leitung von Pierre Boulez 2007 mit der vollen Besetzung der Staatskapelle aufgenommen wurde – gleichsam ein »Non plus ultra« der sinfonischen Literatur.

Nicht immer erhellt die Beschäftigung mit der Geschichte einer Institution den Blick auf ihre Gegenwart, manchmal verstellt sie ihn auch. Vor allem, wenn man, wie im Fall der Staatskapelle, mit einer derart langen Geschichte konfrontiert wird, die notwendigerweise von Brüchen und Krisen strukturiert ist. Man muss sich also ganz konkret die Frage stellen, wer und was die Staatskapelle heute ist.

Das Orchester nimmt seine lange und organisch gewachsene Tradition ernst, sie bestimmt das Bewusstsein seiner Arbeit. Eingebettet in den Kosmos der »Staatsoper« hält es seine Doppelnatur als Ensemble für das Musiktheater und für das Sinfoniekonzert lebendig. Auf beiden Feldern verfügt es über enorme Repertoirevielfalt und stilistische Flexibilität. Zugleich ist die Staatskapelle ein Klangkörper, der sich immer wieder weiterentwickelt. Sie besteht heute aus mehr als 130 Musikerinnen und Musikern aus mehr als 20 Nationen. Gerade in den vergangenen Jahren ist sie spürbar internationaler, jünger und weiblicher geworden. Diese Tendenz dürfte sich noch verstärken.

Die 1997 gegründete Orchesterakademie bei der Staatskapelle Berlin rückt die Nachwuchsarbeit stärker in den Fokus als je zuvor. Die zweijährige praxisnahe Ausbildung sorgt dafür, dass junge Musikerinnen und Musiker ganz unmittelbar in den Arbeitsalltag eintauchen. Mehr als 30 Absolventinnen und Absolventen der Akademie ist inzwischen der Sprung in die Staatskapelle gelungen.

Daniel Barenboim, von den Musikerinnen und Musikern des Orchesters im Jahr 2000 zum »Chefdirigenten auf Lebenszeit« gewählt, hat seinen Vertrag bis 2027 verlän-

Gedenkkonzert zum 30. Jahrestags des Mauerfalls
am Brandenburger Tor, 9. November 2019

Open-Air-Konzert auf dem Bebelplatz im Rahmen von
»Staatsoper für alle«, 2018

Kinderkonzert mit Mitgliedern der Orchesterakademie
im Apollosaal, 2017

Preußens Hofmusik, das Kammerorchester der Staatskapelle,
im Apollosaal, 2018

Die Staatskapelle unter Simone Young bei einer Wagner-Gala
im Schiller Theater, 2017

Die Staatskapelle nach einem Sinfoniekonzert in der
Berliner Philharmonie, 2018

gert – ein offenkundiger Vertrauensbeweis an ein großes Orchester. Neben dem Generalmusikdirektor geben auch andere Künstlerinnen und Künstler entscheidende Impulse und sorgen dafür, dass sich die Klangkultur der Staatskapelle weiterentwickelt. Zubin Mehta, Simon Rattle, Antonio Pappano und Paavo Järvi sind hier zu nennen, Lahav Shani, Simone Young, Andris Nelsons, Yannick Nézet-Séguin, François-Xavier Roth und viele andere. Der neue Staatskapellmeister Thomas Guggeis hat schon als Mitzwanziger seine erste Opernpremiere Unter den Linden und ein erstes Sinfoniekonzert mit der Staatskapelle dirigiert. Die Zukunft wird weitere Namen bringen, bereits bekannte wie neue.

E

Es gehört zum Selbstverständnis der Staatskapelle, dass sie ihre Geschichte, die so ungewöhnlich lang und reich ist, bewusst wahrnimmt und reflektiert. Zum 400-jährigen Bestehen des Orchesters gab es im Oktober 1970 einen Festakt in der Staatsoper, mit Musik von Johann Wesalius, dem ersten namentlich bekannten Kapellmeister des Ensembles, von Carl Philipp Emanuel Bach, dem langjährigen Hofcembalisten Friedrichs II., und von Carl Maria von Weber, dem Komponisten des »Freischütz«. Otmar Suitner dirigierte zudem ein Festkonzert mit Werken von Beethoven, Schubert und Dessau. Ein halbes Jahrhundert später sollte erneut gefeiert werden.

Niemand hat ahnen können, dass das 450. Jubiläum des Orchesters in so unerwartete und herausfordernde Zeiten fallen würde. Die vom Coronavirus SARS-CoV-2 ausgelöste Pandemie hat das kulturelle Leben der Welt zu großen Teilen zum Erliegen gebracht. Während diese Zeilen geschrieben werden, im Frühsommer 2020, pausiert erstmals seit dem Zweiten Weltkrieg der komplette Spiel- und Probenbetrieb von Staatsoper und Staatskapelle – wann er wieder aufgenommen werden kann, teilweise oder vollständig, ist nicht absehbar. Gleiches gilt für die Kurz- und Langzeitfolgen dieser erzwungenen mehrmonatigen Ruhephase. Anlässlich der FESTTAGE, die Ostern 2020 zum 25. Mal hätten stattfinden sollen, war die Aufführung aller neun Beethoven-Sinfonien geplant. Sie hätte ein wesentlicher Teil der Jubiläumsfeierlichkeiten sein sollen. Stattdessen gab es bild- und tontechnisch aufgezeichnete, online gestreamte Konzerte in kleineren Besetzungen aus dem leeren Opernhaus und eine Reihe von »Hofkonzerten«, bei denen Musikerinnen und Musiker des Orchesters in Berliner Innenhöfen auftraten – immerhin live und vor Publikum, aber doch im Bewusstsein, damit nicht das »Eigentliche« zu verwirklichen, die sprichwörtlich »große Oper« und die ebenso bedeutsame »große Sinfonik«.

Wir alle leben heute in dem Bewusstsein, wie zerbrechlich unser einst so selbstverständlich scheinender Alltag ist und wie ungewiss die Zukunft aussieht. Wenn der Blick in die lange Geschichte der Hof- und Staatskapelle Berlin eines lehrt, dann, dass auch solche historischen Zäsuren überstanden werden können. Dem Orchester, das sich schon oft gegen Widrigkeiten aller Arten behauptet hat, wird das auch dieses Mal gelingen. Die Geschichte wird weiter ihren Lauf nehmen und fortgeschrieben werden – mit neuen Ereignissen und Herausforderungen, mit neuen Vorhaben, Wünschen und Hoffnungen. 450 Jahre sind nur ein Etappenziel.

Johann Wesalius GEST. 1582
1553–1611 JOHANNES ECCARD
William Brade 1560–1630
1666–1729 Attilio Ariosti
Jean-Baptiste Volumier CA. 1670–1728
1697–1773 Johann Joachim Quantz
CARL HEINRICH GRAUN 1704–1759
1709–1786 Franz Benda 1714–1788
CARL PHILIPP EMANUEL BACH
Johann Friedrich Agricola 1720–1774
1752–1814 Johann Friedrich Reichardt
Vincenzo Righini 1756–1812
1774–1851 Carl Moeser
GASPARE SPONTINI 1774–1851
1786–1826 CARL MARIA VON WEBER
Giacomo Meyerbeer 1791–1864
FELIX MENDELSSOHN BARTHOLDY 1809–1847
Otto Nicolai 1810–1849
1811–1891 Wilhelm Taubert
JOSEPH SUCHER 1843–1908
1859–1940 KARL MUCK

FELIX VON WEINGARTNER 1863–1942
1864–1949 RICHARD STRAUSS
LEO BLECH 1871–1958
1886–1954 Wilhelm Furtwängler
OTTO KLEMPERER 1885–1973
1890–1956 ERICH KLEIBER
HERBERT VON KARAJAN 1908–1989
1894–1966 Johannes Schüler
Robert Heger 1886–1978
1908–1968 Joseph Keilberth
FRANZ KONWITSCHNY 1901–1962
1928–2008 Horst Stein
Heinz Rögner 1929–2001
1927–2015 Heinz Fricke
OTMAR SUITNER 1922–2010
*1942 DANIEL BARENBOIM
Pierre Boulez 1925–2016
1927–2019 Michael Gielen
Zubin Mehta *1936
*1974 Philippe Jordan
Simone Young *1961

450 JAHRE STAATSKAPELLE BERLIN 1570–2020

Eine Chronik

VON Detlef Giese, Ekkehard Krüger und Tobias Schwinger

1500

UM 1570

Der brandenburgische Kurfürst Joachim II. unterhält eine kostspielige Hofhaltung. Mit Sängern an der Hof- und Domkirche, einem Trompeterkorps und weiteren Musikern gibt es das Potenzial für die Bildung einer Hofkantorei. Für den Nachweis einer förmlichen Gründung fehlen jedoch Dokumente. Die undatierten Entwürfe einer Kantoreiordnung stehen sicher mit der Berufung von Johann Wesalius als Leiter 1572 in Zusammenhang.

1580

Kurfürst Johann Georg setzt eine neue, detailliertere Kapellordnung in Kraft. Die Berliner Hofkapelle umfasst wahrscheinlich sechs Sänger und elf Instrumentalisten.

1600

1608

Johannes Eccard, einer der prominentesten deutschen Komponisten und Musiker seiner Zeit, wird zum Hofkapellmeister berufen. Er wird das Amt, zu dem auch die Verantwortung für die Musik im Dom gehört, bis zu seinem Tod 1611 ausüben.

1612

Kurfürst Johann Sigismund beruft mit Nikolaus Zangius einen gebürtigen Brandenburger an die Spitze der Berliner Hofkapelle. Unter seiner Leitung erhöht sich die Zahl der Musiker auf 31. 18 davon sind Instrumentalisten.

1619

Für ein Jahr amtiert der prominente englische Gambist und Instrumentalkomponist William Brade als Hofkapellmeister.

1627

Kurfürst Georg Wilhelm flieht vor den Kriegswirren aus Berlin nach Königsberg, wohin er rund ein Dutzend seiner Kapellmusiker mitnimmt.

1648

Infolge des für die Mark Brandenburg verheerenden Dreißigjährigen Krieges war die Berliner Hofkapelle stark geschrumpft. Nun werden die Musiker wieder zurückgerufen. Unter dem »Großen Kurfürsten« Friedrich Wilhelm, der sich bereits 1647 vom Berliner Nikolai-Kantor Johann Crüger in Hinsicht auf die Kapellorganisation beraten ließ, erfolgt in der zweiten Hälfte des 17. Jahrhunderts ein neuer Aufschwung.

1680

Die Musiker der Berliner Hofkapelle werden sozial und finanziell deutlich bessergestellt. Sie erhalten das Recht, sich »Cammer-Musicanten« zu nennen.

1684

Im Berliner Schloss finden unter Beteiligung der Kurbrandenburgischen Hofkapelle die ersten kleineren Opernaufführungen statt.

1696

»Florens Frühlingsfest«, ein Ballett und Singspiel, wird am Berliner Hof geboten. Beteiligt sind sowohl Laienkünstler als auch professionelle Musiker der Hofkapelle. In den Folgejahren wird ein Theatersaal im Marstall nahe dem Stadtschloss für diese Aufführungen genutzt.

1700

1701

Bei der Krönung von Kurfürst Friedrich III. zum ersten »König in Preußen« spielen Musiker der Berliner Hofkapelle in Königsberg. Das Ensemble besteht nunmehr aus rund drei Dutzend Instrumentalisten aus mehreren Ländern. Unter den Kapellmitgliedern befinden sich mit Attilio Ariosti, Giovanni Bononcini und Jean-Baptiste Volumier europaweit bekannte Künstler.

1713

Friedrich Wilhelm I., der »Soldatenkönig«, löst nach seiner Thronbesteigung die Berliner Hofkapelle weitgehend auf. Lediglich ein kleines Militärmusikensemble verbleibt im Dienst, darunter der Musiker Gottfried Pepusch.

1732

Kronprinz Friedrich, der spätere König Friedrich II., versammelt in seiner Residenz Ruppin eine Reihe von Musikern um sich, die den Kern der späteren neuen Königlich Preußischen Hofkapelle bilden, unter ihnen Johann Gottlieb Graun, Franz Benda und Christoph Schaffrath. Friedrich selbst erhält Flötenunterricht von Johann Joachim Quantz.

1736

Im märkischen Rheinsberg, das sich unter Friedrich zu einem wahren »Musenhof« entwickelt, vergrößert Friedrich seine Kapelle auf insgesamt 17 Musiker. Neben Benda, Graun und dessen jüngerem Bruder Carl Heinrich wirkt hier auch der Kontrabassist Johann Gottlieb Janitsch. Zahlreiche Virtuosen kommen besuchsweise nach Rheinsberg.

1740

Nach seiner Thronbesteigung beauftragt Friedrich II. den Architekten Georg Wenzeslaus von Knobelsdorff damit, das Opernhaus Unter den Linden zu errichten. Es ist das erste Bauwerk des neu entstehenden Forum Fridericianum.

1742

Die Königlich Preußische Hofkapelle, die Friedrich sukzessive auf knapp 40 Musiker vergrößert, darunter ab 1741 Carl Philipp Emanuel Bach, findet im neuen Opernhaus Unter den Linden ihr Zuhause. Zur Eröffnung erklingt die Oper »Cleopatra e Cesare«, komponiert und geleitet von Hofkapellmeister Carl Heinrich Graun. Friedrichs Kammermusik steht unter der Verantwortung von Johann Joachim Quantz.

1755

Mitglieder der Hofkapelle sind bei der Erstaufführung von Carl Heinrich Grauns Passionsoratorium »Der Tod Jesu« beteiligt. Das Werk wird bis zum Ende des 19. Jahrhunderts regelmäßig dargeboten und entwickelt sich zu einem wichtigen Bestandteil der höfischen und städtischen Musikpflege.

1775

Der junge Königsberger Musiker Johann Friedrich Reichardt wird von Friedrich II. zum Hofkapellmeister berufen.

1783/84

Johann Friedrich Reichardt etabliert mit der Konzertserie »Concert spirituel« – nach dem Vorbild der gleichnamigen Pariser Veranstaltungen – eine der ersten öffentlichen Konzertreihen Berlins.

1786

Händels »Messias« wird im Berliner Dom unter der Leitung von Johann Adam Hiller unter Beteiligung von Mitgliedern der Hofkapelle, der Kapelle des Kronprinzen und zahlreicher Laien nach dem Vorbild der Londoner Händel-Ehrung aufgeführt. Nach der Regierungsübernahme Friedrich Wilhelms II. wird die bestehende Hofkapelle mit dessen Kronprinzen-Kapelle vereinigt und somit stark vergrößert.

1796

Die Hofkapelle veranstaltet ein Benefizkonzert zugunsten von Mozarts Witwe Konstanze.

1800

1800

Mit Haydns Oratorium »Die Schöpfung« wird ein zentrales Werk der Wiener Klassik erstmals in Berlin präsentiert. Die Hofkapellmeister Vincenzo Righini und Johann Heinrich Himmel erwirken bei König Friedrich Wilhelm III. die Gründung eines Fonds zugunsten der Witwen und Waisen von Musikern der Hofkapelle.

1806

Nach Preußens Niederlage gegen Napoleon werden an der Hofoper vorerst keine Vorstellungen mehr gegeben. Die Mitglieder der Hofkapelle erhalten nur noch Bruchteile ihres Gehaltes; einige Musiker werden vom Orchester des Nationaltheaters am Gendarmenmarkt übernommen.

1811

Infolge des Zusammenschlusses von Hofoper und Nationaltheater zu den »Königlichen Schauspielen« vereinigt sich die Hofkapelle mit dem Orchester des Nationaltheaters.

1813

Mit Etablierung der »Quartettsoireen« und großer Konzerte unter der Leitung von Konzertmeister Carl Moeser beginnt die Berliner Beethoven-Pflege. Auch andere Werkbestände der Wiener Klassik werden von nun an systematisch erschlossen.

1820

Gaspare Spontini wird erster preußischer »General-Music-Director«, nachdem Versuche, Carl Maria von Weber an die Berliner Hofoper zu verpflichten, aus politischen Gründen gescheitert waren. Während seiner 21-jährigen Amtszeit erhöht er die Zahl der Orchestermitglieder auf 94 und steigert die künstlerische Qualität der Hofkapelle spürbar.

1821

Carl Maria von Webers Oper »Der Freischütz« wird im neu erbauten Schinkel'schen Schauspielhaus am Gendarmenmarkt uraufgeführt. Es spielt die Berliner Hofkapelle.

1826

Spontini leitet das erste der künftig regelmäßig stattfindenden Bußtagskonzerte der Hofkapelle zugunsten des »Spontini-Fonds« für in Not geratene Kapellmitglieder. Carl Moeser dirigiert erstmals Beethovens 9. Sinfonie in einem Berliner Sinfoniekonzert.

1828

In einem Konzert zum Bußtag im Opernhaus am 30. April unter Leitung Spontinis erklingen die 5. Sinfonie Beethovens, danach »Kyrie« und »Gloria« aus dessen »Missa solemnis« (in Berliner Erstaufführung), die »Coriolan-Ouvertüre« und – erstmals öffentlich – das »Credo« aus Bachs Messe in h-Moll.

1829

Mitglieder der königlichen Hofkapelle sind gemeinsam mit der Sing-Akademie und Mitgliedern der philharmonischen Gesellschaft an der ersten Aufführung von Bachs »Matthäus-Passion« im 19. Jahrhundert beteiligt. Der junge Felix Mendelssohn Bartholdy leitet diese musikgeschichtlich bedeutende und folgenreiche Wiederentdeckung.

1832/33

Felix Mendelssohn Bartholdy wird als Dirigent für vier Sinfoniekonzerte der Hofkapelle verpflichtet, in denen unter anderem seine »Reformationssinfonie«, die finale Fassung der »Hebriden-Ouvertüre« sowie die Kantate »Die erste Walpurgisnacht« uraufgeführt werden.

1836

Die Berliner Hofkapelle unter Carl Moeser und Carl Friedrich Rungenhagen, dem Direktor der Sing-Akademie, spielt zugunsten des Beethoven-Denkmals in Bonn ein Benefizkonzert mit der 9. Sinfonie als Abschluss eines reinen Beethoven-Programms.

1842

Mit der ersten »Symphonie-Soiree« beginnen am 14. November die regelmäßigen Sinfoniekonzerte der Hofkapelle in Berlin. Sie werden in diversen Spielstätten abgehalten, etwa im Haus der Sing-Akademie und im Schinkel'schen Schauspielhaus am Gendarmenmarkt. Carl Wilhelm Henning und Gottfried Wilhelm Taubert leiten die Konzerte zugunsten des Witwen-und-Waisen-Fonds. Der europaweit renommierte Opernkomponist Giacomo Meyerbeer wird zum neuen Generalmusikdirektor der Hofoper berufen.

1843

In der Nacht vom 18. zum 19. August brennt das Opernhaus bis auf die Grundmauern ab. Felix Mendelssohn Bartholdy übernimmt für ein Jahr die meisten der »Sinfonie-Soireen« der Königlichen Kapelle. Als Dirigenten von Sonderkonzerten treten Franz Liszt und Hector Berlioz auf.

1844

Richard Wagner dirigiert im Schauspielhaus am Gendarmenmarkt die Berliner Erstaufführung seines »Fliegenden Holländer«. Am Ende des Jahres eröffnet das wieder aufgebaute Haus Unter den Linden mit der Uraufführung von Meyerbeers »Ein Feldlager in Schlesien«.

1848

Otto Nicolai wird als Hof- und Domkapellmeister nach Berlin berufen. Im März 1849, zwei Monate vor seinem plötzlichen Tod, dirigiert er die Uraufführung seiner komisch-phantastischen Oper »Die lustigen Weiber von Windsor« im Haus Unter den Linden.

1858

Die Sinfoniekonzerte der Hofkapelle finden, in der Regel unter der Leitung von Wilhelm Taubert, von nun an im Konzertsaal der Hofoper, dem heutigen Apollosaal, statt. Die Sinfonik der Wiener Klassiker wird intensiv gepflegt, insbesondere das Œuvre Beethovens.

1866

Wilhelm Taubert und die Hofkapelle veranstalten ein Benefizkonzert zugunsten der im Feldzug gegen Österreich verletzten Soldaten; 1871 folgt eine vergleichbare politische Demonstration durch eine musikalische Gedächtnisfeier für die im Deutsch-Französischen Krieg Gefallenen.

1870

Kapellmeister Karl Eckert dirigiert die Erstaufführung von Wagners »Die Meistersinger von Nürnberg« an der Berliner Hofoper. Sechs Jahre später wird, ebenfalls unter Eckerts Leitung, erstmals »Tristan und Isolde« Unter den Linden präsentiert.

1875

Kapellmeister Robert Radecke, der zwischen 1883 und 1886 als Nachfolger Wilhelm Tauberts die Sinfonie-Soireen leiten wird, dirigiert die Berliner Erstaufführung von Verdis »Messa da Requiem«.

1884

»Die Walküre« ist das erste Werk von Wagners »Ring«-Tetralogie, das von Hofoper und Hofkapelle gespielt wird. Der Zyklus selbst wird nach und nach bis 1888 komplettiert.

1888

Mit Joseph Sucher wird ein ausgewiesener Wagner-Dirigent Berliner Hofkapellmeister; bis 1892 leitet er auch die Sinfoniekonzerte.

1890

Neuer Spielort der »Symphonie-Abende« der Hofkapelle ist aufgrund des gestiegenen Publikumsinteresses der große Saal der Hofoper Unter den Linden.

1892

Felix von Weingartner ist der neue Hauptdirigent der Sinfoniekonzerte. Bis 1908 entwirft und verwirklicht er zahlreiche Programme mit der Hofkapelle. In Weingartner findet das Orchester einen kompetenten Fortführer der Beethoven-Pflege. Auch Bruckner sowie sinfonische Musik aus Frankreich und Russland erklingen unter seiner Leitung.

1898

Richard Strauss wird Hofkapellmeister, ab 1908 amtiert er als Generalmusikdirektor. Er wird das Orchester mehr als 1.000 Mal bei Opern- und Konzertaufführungen dirigieren. In Nachfolge Weingartners ist er bis 1920 der prägende Dirigent der Sinfoniekonzerte, mit einem breiten Repertoirespektrum von Bach über die klassisch-romantischen Sinfoniker bis zu Mahler und seinen eigenen Werken.

1900

1907

Leo Blech, der 1906 auf Strauss' Empfehlung an die Berliner Hofoper verpflichtet worden war, leitet bis 1937 mehr als 2.600 Opern- und Konzertvorstellungen an der Lindenoper, mit einem breit gefächerten Repertoire. Sinfoniekonzerte dirigiert er jedoch eher sporadisch.

1912

Mit Karl Muck verlässt ein Dirigent die Hofkapelle, der seit zwei Jahrzehnten das künstlerische Profil des Orchesters maßgeblich geprägt hatte, in Oper wie Konzert.

1918/19

Nach dem Zusammenbruch des Deutschen Kaiserreichs geht die Trägerschaft der Hofkapelle auf das Land Preußen über. Das Orchester heißt von nun an Staatskapelle Berlin oder Preußische Staatskapelle.

1920

Für zwei Jahre dirigiert Wilhelm Furtwängler die Sinfoniekonzerte. Unter der Intendanz des Komponisten und Dirigenten Max von Schillings beginnt ein spürbarer künstlerischer Höhenflug von Staatsoper und Staatskapelle.

1922/23

Die Sinfoniekonzerte der Staatskapelle stehen unter wechselnder Leitung von Hermann Abendroth, Bruno Walter und Fritz Busch.

1923

Der neu berufene Generalmusikdirektor Erich Kleiber dirigiert am 5. Dezember sein erstes Sinfoniekonzert. Die Uraufführung von Alban Bergs »Wozzeck« unter Kleibers Leitung 1925 wird zu einem Meilenstein der Kulturgeschichte der Weimarer Republik.

1927

Mit Otto Klemperer wird ein weiterer herausragender Dirigent als Generalmusikdirektor nach Berlin verpflichtet. Er übernimmt die Staatsoper am Platz der Republik (die sogenannte »Krolloper«) mit einem eigenständigen Ensemble von Solisten, Chor und Orchester. Mit der Staatskapelle realisiert er zahlreiche vielbeachtete sinfonische Programme, wobei er sich neben Neudeutungen klassisch-romantischer Werke verstärkt auch für die zeitgenössische Musik einsetzt.

1928/29

In ihren Sinfoniekonzerten verwirklichen Erich Kleiber und Otto Klemperer eine Reihe von Uraufführungen, darunter Werke von Hindemith, Schulhoff, Krenek, Butting und Weill.

1933

Nach der Machtergreifung der Nationalsozialisten werden zahlreiche jüdische Solisten, Dirigenten und Orchestermusiker in die Emigration getrieben. Wilhelm Furtwängler wird zum Operndirektor ernannt.

1934

Erich Kleiber dirigiert die Uraufführung von Bergs »Lulu-Suite«, nur kurz darauf emigriert er. Wilhelm Furtwängler, der sich im Zuge der Diskussionen um den »Fall Hindemith« für seinen Künstlerkollegen eingesetzt hat, legt sein Amt als Operndirektor nieder.

1935

Ein Jahr lang amtiert Clemens Krauss als Generalmusikdirektor.

1936

Johannes Schüler wird an die Staatsoper berufen. Gemeinsam mit Staatskapellmeister Robert Heger wird er einen Großteil des Repertoires dirigieren, darunter zahlreiche Konzerte mit sinfonischen Werken und Opernausschnitten.

1938

Herbert von Karajan dirigiert erstmals im Opernhaus Unter den Linden. Durch Berichte vom »Wunder Karajan« wird seine Karriere wesentlich befördert.

1940

Herbert von Karajan dirigiert bis 1945 die Sinfoniekonzerte der Staatskapelle, im Opernhaus Unter den Linden und an anderen Spielstätten. Er wird zum Generalmusikdirektor berufen und unternimmt mit dem Orchester eine Reihe von Gastspielreisen, unter anderem nach Paris und Rom.

1942

Zur Wiederöffnung des im Vorjahr durch Bombenangriffe zerstörten Opernhauses leitet Wilhelm Furtwängler im Dezember eine Festaufführung von Wagners »Meistersingern«.

1945

Die Lindenoper wird am 3. Februar erneut zerstört. Die letzten Sinfoniekonzerte während des Krieges finden im Schauspielhaus am Gendarmenmarkt und an anderen Spielstätten statt. Nur wenige Wochen nach der »Stunde Null« tritt die Staatskapelle unter der Intendanz von Ernst Legal wieder mit Konzerten in Erscheinung. Am 30. Juni nimmt die »Deutsche Staatsoper Berlin« im Admiralspalast an der Friedrichstraße ihren Spielbetrieb wieder auf, zunächst mit Konzerten und gemischten Opern-Sinfonie-Programmen. Ab September werden hier auch wieder reguläre Musiktheatervorstellungen gegeben, ab Oktober reguläre Sinfoniekonzerte.

1947

Wilhelm Furtwängler kehrt für einige Opernaufführungen und Konzerte an die Staatsoper zurück. Gemeinsam mit Yehudi Menuhin gestaltet er ein Benefizkonzert zugunsten der Jüdischen Gemeinde in Berlin.

1948

Joseph Keilberth wird als Kapellmeister an Staatsoper und Staatskapelle verpflichtet, bleibt aber nur bis 1952 am Haus. Die Suche nach einem international renommierten Generalmusikdirektor wird zu einer wichtigen Aufgabe für die Intendanz.

1951

Erich Kleiber dirigiert erstmals seit 1934 wieder an der Staatsoper und leitet einige Sinfoniekonzerte der Staatskapelle. Bei den Kulturpolitikern der neugegründeten DDR fordert er den Wiederaufbau der Lindenoper und übernimmt ab 1953 erneut das Amt des Generalmusikdirektors.

1954

Erstmals nach dem Zweiten Weltkrieg gehen Staatsoper und Staatskapelle Berlin wieder auf Gastspielreise. In Paris spielen sie sechs Opernvorstellungen und ein Sinfoniekonzert.

1955

Nach Konflikten mit den politischen Funktionären der DDR tritt Erich Kleiber als künstlerischer Leiter der Staatsoper zurück. An seiner Stelle wird Franz Konwitschny zum geschäftsführenden Generalmusikdirektor ernannt. Am 4. September dirigiert Konwitschny zur Eröffnung der wieder errichteten Lindenoper Wagners »Meistersinger«. In den Folgetagen leitet er mehrere Festkonzerte, unter anderem mit Beethovens 9. Sinfonie und dem Geiger David Oistrach.

1958

Die Staatskapelle ist unter der Leitung Konwitschnys in Moskau und Leningrad zu Gast.

1959

Mitglieder der Staatskapelle begründen eine Reihe regelmäßig stattfindender Kammerkonzerte im Apollosaal der Staatsoper.

1961

Nach dem Bau der Berliner Mauer sind die im Westteil der Stadt lebenden Orchestermitglieder gezwungen, ihre Tätigkeit in der Staatskapelle aufzugeben. Für die Kapelle bedeutet das einen schweren künstlerischen Aderlass, der erst nach und nach kompensiert werden kann.

1962

Nach dem Tod Franz Konwitschnys stehen zunächst Helmut Seydelmann, Heinz Fricke und Heinz Rögner als Generalmusikdirektoren in der Verantwortung.

1964

Der Österreicher Otmar Suitner wird zum Generalmusikdirektor berufen und wird dieses Amt bis 1990 ausüben. Die Staatsoper steht unter der Intendanz von Hans Pischner, der mit seinem Team einen ausgewogenen Spielplan mit Klassikern des Repertoires (vor allem Mozart, Wagner, Verdi und Strauss) und Zeitgenössischem (unter anderem Dessau, Schostakowitsch und Penderecki) realisiert. Suitner profiliert sich als Opern- wie als Konzertdirigent. Die Staatskapelle erlangt neue internationale Strahlkraft.

1977

Die Staatskapelle Berlin ist unter der Leitung von Otmar Suitner erstmals in Japan zu Gast. Bis zur politischen Wende 1989/90 folgen mehrere überaus erfolgreiche Tourneen nach Fernost.

1984

Die Staatskapelle tritt zum ersten Mal im Konzertsaal des neu eröffneten Schauspielhauses am Gendarmenmarkt auf. Bis 2017 wird das Orchester hier regelmäßig Sinfoniekonzerte spielen.

1989

Im September übergeben die Musikerinnen und Musiker der Staatskapelle der DDR-Regierung eine Resolution, in der sie eine »wahrhafte Demokratisierung unserer Gesellschaft« fordern. Unter der Leitung Otmar Suitners wird im Oktober eine letzte Gastspielreise unternommen, die an die Pariser Opéra Bastille führt. Am 5. November, wenige Tage vor dem Fall der Berliner Mauer, veranstaltet die Staatskapelle in der Berliner Gethsemanekirche ein von Rolf Reuter geleitetes »Konzert gegen Gewalt«.

1991

Daniel Barenboim wird Künstlerischer Leiter und Generalmusikdirektor der Staatsoper, neuer Intendant ist Georg Quander. Am 30. Dezember gibt Daniel Barenboim sein erstes Konzert mit der Staatskapelle. Auf dem Programm steht Beethovens 9. Sinfonie.

1992

Wagners »Parsifal« ist die erste Opernpremiere, die Daniel Barenboim im Haus Unter den Linden dirigiert. Die intensive Beschäftigung mit Wagner wird auch weiterhin im Zentrum seiner Arbeit stehen. Bis 2001 bringt er zusammen mit Regisseur Harry Kupfer alle zehn Hauptwerke neu auf die Bühne. Barenboim beginnt mit der systematischen Einstudierung der Sinfonien und Instrumentalkonzerte Beethovens. Ende des Jahres entsteht eine erste gemeinsame Tonaufnahme mit der Staatskapelle, eine Einspielung von Beethovens Sinfonie Nr. 9, an der auch der Staatsopernchor mitwirkt.

1995

Mit Beethovens »Fidelio« und mehreren Beethoven-Konzerten gastiert die Staatskapelle Berlin unter der Leitung Barenboims im Pariser Théâtre du Châtelet.

1996

Daniel Barenboim ruft die jährlich zu Ostern stattfindenden FESTTAGE mit prominent besetzten Opern- und Konzertaufführungen ins Leben. Den Auftakt bildet die erste zyklische Darbietung der Neuproduktion von Wagners »Ring des Nibelungen«.

1997

Die Orchesterakademie bei der Staatskapelle Berlin wird gegründet, um jungen Absolventinnen und Absolventen der Musikhochschulen die Möglichkeit zu geben, praktische Alltagserfahrungen im Orchester zu sammeln, in Oper, Konzert und auf Gastspielreisen.

1999

Daniel Barenboim gründet gemeinsam mit Edward Said das West-Eastern Divan Orchestra, das junge Musiker aus Israel, Palästina und den arabischen Ländern jeden Sommer zum gemeinsamen Musizieren zusammenführt. Musikerinnen und Musiker der Staatskapelle Berlin beteiligen sich intensiv an diesem Projekt.

2000

2000

Die Staatskapelle Berlin wird von der Zeitschrift »Opernwelt« erstmals zum »Orchester des Jahres« gewählt. In Berlin, Wien, London, New York und anderen Städten werden große sinfonische Zyklen präsentiert. Die Musiker der Staatskapelle wählen Daniel Barenboim zum »Dirigenten auf Lebenszeit«. Die Sinfoniekonzerte finden künftig sowohl im Konzerthaus am Gendarmenmarkt als auch in der Berliner Philharmonie statt.

2002

An der Seite von Generalmusikdirektor Daniel Barenboim leitet Peter Mussbach als Intendant die Staatsoper Unter den Linden. Die zyklische Doppelaufführung von Wagners zehn Hauptwerken und der vier Brahms-Sinfonien zu den FESTTAGEN ist eine besondere Herausforderung für die Staatsoper und die Staatskapelle.

2005

Mitglieder der Staatskapelle engagieren sich beim Aufbau eines Musikkindergartens in Berlin, einer weiteren Initiative Daniel Barenboims.

2007

Zu den österlichen FESTTAGEN wird ein zehnteiliger Mahler-Zyklus mit allen Sinfonien und einem Großteil der Orchesterlieder paritätisch von Pierre Boulez und Daniel Barenboim dirigiert. Die Mahler-Werke werden in den kommenden Jahren auch im Wiener Musikverein und in der New Yorker Carnegie Hall gespielt. Zum ersten Mal findet in Kooperation mit BMW Berlin das jährliche Open-Air-Ereignis »Staatsoper für alle« statt, das aus der Liveübertragung einer Musiktheateraufführung aus dem Opernhaus und einem Konzert der Staatskapelle auf dem Bebelplatz besteht. In den Folgejahren kommen dafür bis zu 45.000 Zuschauerinnen und Zuschauer in die historische Mitte Berlins.

2009

Die Musikerinnen und Musiker der Staatskapelle rufen das »Orchester des Wandels« in Verbindung mit der »Stiftung NaturTon« ins Leben. Die Erlöse aus den regelmäßig stattfindenden Benefizkonzerten, häufig mit besonderen Programmen an speziellen Orten, kommen internationalen Umweltprojekten zugute.

2010

Aufgrund der dringend notwendigen umfassenden Sanierung des Opernhauses Unter den Linden beziehen Staatsoper und Staatskapelle für sieben Jahre ein Ausweichquartier im Schiller Theater in Charlottenburg. Unter der Intendanz von Jürgen Flimm wird ein ambitionierter Spielplan entwickelt, der stärker als bislang auch Modernes und Zeitgenössisches einbezieht. Vereinzelt werden auch Sinfoniekonzerte im Schiller Theater gespielt; die kammermusikalischen Formate finden im Roten Rathaus und im Bode-Museum neue Spielstätten.

2011

Mit einer Neuproduktion von »Wozzeck« beginnt die systematische Erarbeitung der Musiktheater- und Orchesterwerke von Alban Berg. Im Wiener Musikverein präsentieren Daniel Barenboim und die Staatskapelle einen Zyklus mit allen Sinfonien Anton Bruckners.

2013

Der neue »Ring«, eine Koproduktion mit der Mailänder Scala, wird zu den FESTTAGEN erstmals zyklisch aufgeführt. Konzertant spielen Daniel Barenboim und die Staatskapelle Wagners »Ring«-Tetralogie auch bei den Londoner »Proms«.

2015

Zu den FESTTAGEN findet eine »Hommage à Pierre Boulez« anlässlich des 90. Geburtstages des großen Komponisten und Dirigenten statt. Ein Zyklus versammelt Aufführungen der beiden Opern und des gesamten sinfonischen Werks von Alban Berg. Im Blick auf das 2020 anstehende 450. Jubiläum der Staatskapelle wird mit einer Symposionsreihe zur Geschichte des Orchesters begonnen.

2016

Die Staatskapelle und Daniel Barenboim präsentieren den neunteiligen Bruckner-Zyklus in der Suntory Hall in Tokio. Im folgenden Jahr sind sie mit diesem monumentalen Programm auch in der New Yorker Carnegie Hall zu Gast.

2017

Das grundsanierte Opernhauses Unter den Linden wird eingeweiht. Zur Eröffnung spielt die Staatskapelle unter der musikalischen Leitung Barenboims Schumanns »Szenen aus Goethes Faust«. An den Festakten für das 275. Jubiläum der Staatsoper ist sie mit mehreren Konzerten beteiligt.

2018

Matthias Schulz wird neuer Intendant der Staatsoper. Große Gastspielreisen führen die Staatskapelle Berlin nach Buenos Aires, Peking und Sydney.

2019

Das von Mentorinnen und Mentoren der Staatskapelle sowie von Lehrerinnen und Lehrern der Berliner Bezirksmusikschulen betreute neue Opernkinderorchester gibt zu den FESTTAGEN sein Debütkonzert.

2020

Aufgrund der Corona-Pandemie muss ab März der reguläre Spielbetrieb von Staatsoper und Staatskapelle unterbrochen werden. Mit eigens entwickelten alternativen Formaten bleiben die Institutionen jedoch weiterhin in der Öffentlichkeit präsent. Zum 450. Mal jährt sich die Ersterwähnung der Kurbrandenburgischen Hofkapelle. An dieses besondere Jubiläum sind zahlreiche Projekte geknüpft, unter anderem eine CD-Edition mit Tonaufnahmen aus Vergangenheit und Gegenwart, eine Ausstellung zur Geschichte des Ensembles, ein großes Festkonzert sowie ein »Tag für die Staatskapelle Berlin« im Opernhaus Unter den Linden.

AUSGEWÄHLTE LITERATUR

Ingeborg Allihn: »Berlin«, in: MGG2, Sachteil 1 (Kassel [u. a.] 1994), S. 1417–1476.

dies.: Musikstädte der Welt: Berlin, Laaber 1991.

dies.: »Möser, Carl«, in: MGG2, Personenteil 12 (Kassel [u. a.] 2004), S. 530–531.

Wilhelm Altmann: »Zur Geschichte der Königlichen Preussischen Hofkapelle«, in: Die Musik 3, H. 19 (1903/04), S. 3–22, und 3, H. 21 (1903/04), S. 211–227.

ders.: »Spontini an der Berliner Oper. Eine archivalische Studie«, in: SIMG 4, 1902/03, S. 242–292, Archiv-Material zur Preußischen Hofkapelle (Geheimes Staatsarchiv Preußischer Kulturbesitz).

Misha Aster: Das Reichsorchester. Die Berliner Philharmoniker und der Nationalsozialismus, München 2007.

ders.: Staatsoper. Die bewegte Geschichte der Lindenoper im 20. Jahrhundert, München 2017.

Daniel Barenboim: Die Musik – mein Leben, München 2002.

Achim Beyer: Die kurbrandenburgische Residenzenlandschaft im »langen 16. Jahrhundert« (= Veröffentlichungen des Brandenburgischen Landeshauptarchivs 65), zugl. Diss. Potsdam 2011, Berlin 2014.

Michael Bienert/Elke Linda Buchholz: Die Zwanziger Jahre in Berlin. Ein Wegweiser durch die Stadt, Berlin 2005.

dies.: Kaiserzeit und Moderne. Ein Wegweiser durch Berlin, Berlin 2007.

Jens Bisky: Berlin: Biographie einer großen Stadt, Berlin 2019.

Herta und Kurt Blaukopf: Die Wiener Philharmoniker. Welt des Orchesters – Orchester der Welt, Wien 1992.

Philipp Blom: Der taumelnde Kontinent. Europa 1900–1914, München 2009.

ders.: Die zerrissenen Jahre 1918–1938, München 2014.

Charles Burney: Tagebuch einer musikalischen Reise, hrsg. von Christoph Hust (= Documenta Musicologica, Erste Reihe: Druckschriften-Faksimiles XIX), Kassel u. a. 2003.

Gabriele Busch-Salmen: »Mit geschärfterem Blick: Adolph Menzels ›Flötenkonzert Friedrichs des Großen in Sanssouci‹ – ein vertrautes Gemälde?«, in: Flöte aktuell, 2/2012, Frankfurt a. M. 2012, S. 16–25.

Christopher Clark: Preußen. Aufstieg und Niedergang 1600–1947, München 2007.

Hans Curjel: Experiment Krolloper 1927–1931, München 1975.

Deutsche Staatsoper Berlin (Hrsg.): Zur Wiedereröffnung des Hauses Unter den Linden, Berlin 1955.

Deutsche Staatsoper Berlin (Hrsg.): Deutsche Staatsoper Berlin, Berlin 1980.

Deutsche Staatsoper Berlin (Hrsg.): Rekonstruktion 1983–1986, Berlin 1986.

Ines Elsner: Friedrich III./I. von Brandenburg-Preußen (1688–1713) und die Berliner Residenzlandschaft. Studien zu einem frühneuzeitlichen Hof auf Reisen. Ein Residenzhandbuch. Mit einem Itinerar auf CD-ROM, Berlin 2012.

Hugo Fetting: Die Geschichte der Staatsoper, Berlin 1955.

Jürgen Flimm/Detlef Giese (Hrsg.): Die Staatsoper im Schiller Theater 2010–2017, Berlin 2017.

Ruth Freydank: Theater in Berlin, Von den Anfängen bis 1945, Berlin 1988.

Detlef Giese: »Der Ring des Nibelungen« an der Hof- und Staatsoper Berlin, Berlin 2013.

Hermann Glaser: Kleine Kulturgeschichte Deutschlands im 20. Jahrhundert, München 2002.

Peter Gülke: Auftakte – Nachspiele. Studien zur musikalischen Interpretation, Stuttgart 2006.

Manfred Haedler: Deutsche Staatsoper Berlin: Geschichte und Gegenwart, Berlin 1991.

Manfred Haedler/Micaela von Marcard/Walter Rösler: Das »Zauberschloß« Unter den Linden. Die Berliner Staatsoper: Geschichte und Geschichten von den Anfängen bis heute, Berlin 1997.

Herbert Haffner: Orchester der Welt. Der internationale Orchesterführer, Berlin 1997.

ders.: Furtwängler, Berlin 2003.

Karim Hassan: Bernhard Anselm Weber (1764–1821). Ein Musiker für das Theater, Frankfurt a. M. 1997.

Hannes Heer/Jürgen Kesting/Peter Schmidt: Verstummte Stimmen. Die Vertreibung der »Juden« aus der Oper 1933 bis 1945, Berlin 2008.

Sabine Henze-Döhring: Friedrich der Große. Musiker und Monarch, München 2012.

Christoph Henzel: »Zum sozialen Status der Orchestermusiker in der preußischen Hofkapelle um 1800«, in: Beiträge zur Musikwissenschaft 34 (1992). S. 76–105.

ders.: »Zwischen Hofoper und Nationaltheater. Aspekte der Gluckrezeption in Berlin um 1800«, in: Archiv für Musikwissenschaft 50 (1993). S. 201–216.

ders.: »Die italienische Hofoper in Berlin um 1800. Vincenzo Righini als preußischer Hofkapellmeister«, Stuttgart/Weimar 1994.

ders.: »Die Schatulle Friedrichs II. von Preußen und die Hofmusik« (Teil 1). In: Jahrbuch des Staatlichen Instituts für Musikforschung 1999, Stuttgart 1999, S. 36–66.

ders.: »Die Schatulle Friedrichs II. von Preußen und die Hofmusik« (Teil 2). In: Jahrbuch des Staatlichen Instituts für Musikforschung 2000, Stuttgart 2000, S. 175–209.

ders. mit Ernst Fritz Schmid: »Hohenzollern«, in: MGG2, Personenteil 9, Kassel [u. a.] 2003, S. 162–189.

ders.: »Das Konzertleben der preußischen Hauptstadt 1740–86 im Spiegel der Berliner Presse« (Teil 1). In: Jahrbuch des Staatlichen Instituts für Musikforschung 2004, Mainz 2005, S. 216–291.

ders.: »Das Konzertleben der preußischen Hauptstadt 1740–86 im Spiegel der Berliner Presse« (Teil 2). In: Jahrbuch des Staatlichen Instituts für Musikforschung 2005, Mainz 2007, S. 139–241.

ders.: Berliner Klassik. Studien zur Graunüberlieferung im 18. Jahrhundert (= ortus studien 6), Beeskow 2009.

ders.: »Geistliche Musik und ihre Räume in Berlin im 18. Jahrhundert«, in: Ingeborg Allihn/Wilhelm Poeschel (Hrsg.) und Wilhelm Poeschel (Hrsg.): Wie mit vollen Chören. 500 Jahre Kirchenmusik in Berlins historischer Mitte. Beeskow 2010, S. 140–159.

ders.: »Musikübende Gesellschaft«, in: Uta Motschmann (Hrsg.). Handbuch der Berliner Vereine und Gesellschaften 1786–1815. Berlin 2015, S. 13–16.

ders.: »Konzert der Musikliebhaber«, in: Uta Motschmann (Hrsg.). Handbuch der Berliner Vereine und Gesellschaften 1786–1815, Berlin 2015, S. 476–489.

ders.: »Zusammenfluss von Zuhörern allen Standes und aller Religionen. Zum Berliner Konzertleben im 18. Jahrhundert«, in: Frank-Lothar Kroll und Hendrik Thoß, Musik in Preußen – preußische Musik? (= Forschungen zur brandenburgischen und preußischen Geschichte, NF, Beihefte 13/2). Berlin 2016, S. 33–50.

ders.: »Carl Philipp Emanuel Bach und die Formierung der preußischen Hofkapelle«, in: Bach-Jahrbuch 103 (2017), Leipzig 2017, S. 219–225.

Peter Heyworth: Gespräche mit Klemperer, Frankfurt a. M. 1974.

ders.: Otto Klemperer. Dirigent der Republik 1885–1933, Berlin 1988.

Lena van der Hoven: Musikalische Repräsentationspolitik in Preußen (1688–1797). Hofmusik als Inszenierungsinstrument von Herrschaft (= Musiksoziologie, hrsg. von Christian Kaden, Bd. 19), Kassel 2015.

John Hunt: Staatskapelle Berlin – The Shellac Era 1916–1962. A Discography, London 2013.

Hans-Klaus Jungheinrich: Der Musikdarsteller. Zur Kunst des Dirigenten, Frankfurt a. M. 1986.

Julius Kapp: 185 Jahre Staatsoper, Berlin 1928.

ders.: Geschichte der Staatsoper Berlin, Berlin 1937.

Walther Kiaulehn: Berlin. Schicksal einer Weltstadt, München 1958.

Jörg Königsdorf/Curt A. Roesler (Hrsg.): Hundert Jahre Deutsche Oper Berlin. Geschichte und Geschichten aus der Bismarckstraße, Berlin 2012.

Lothar Kroll (Hrsg.): Preußens Herrscher. Von den ersten Hohenzollern bis zu Wilhelm II., München 2000.

Klaus Kropfinger: »Klassik-Rezeption in Berlin (1800–1830)«, in: Carl Dahlhaus (Hrsg.): Studien zur Musikgeschichte Berlins im frühen 19. Jahrhundert, Regensburg 1980, S. 301–404.

David Clay Large: Berlin. Biographie einer Stadt, München 2002.

Neil MacGregor: Deutschland. Erinnerungen einer Nation, München 2015.

Christoph-Hellmut Mahling: »Zum Musikbetrieb Berlins und seinen Institutionen in der ersten Hälfte des 19. Jahrhunderts«, in: Carl Dahlhaus (Hrsg.): Studien zur Musikgeschichte Berlins im frühen 19. Jahrhundert, Regensburg 1980, S. 27–284.

Erich Meffert: Das Haus der Staatsoper und seine Baumeister, Leipzig 1942.

Andreas Meyer-Hanno: Georg Abraham Schneider (1770–1839) und seine Stellung im Musikleben Berlins. Ein Beitrag zur Musikgeschichte der preussischen Hauptstadt in der ersten Hälfte des 19. Jahrhunderts, Berlin 1965.

Norbert Miller: »Zwischen Hofoper und Nationaltheater. Die Berliner Oper unter Friedrich Wilhelm III. und im Schatten seines ›General-Musik-Direktors‹ Gasparo Spontini«, in: Apollini et Musis. 250 Jahre Opernhaus Unter den Linden, hrsg. von Georg Quander, Frankfurt a. M. 1992, S. 47–91.

Nikolaus Müller: Der Dom zu Berlin. Kirchen-, kultus- und kunstgeschichtliche Studien über den alten Dom in Köln-Berlin, Bd. 1, Berlin 1906.

Sigrid Neef (Hrsg.): Staatskapelle Berlin 1842–1992. 150 Jahre Anrechtskonzerte, Berlin 1992.

Richard Osborne: Herbert von Karajan. Leben und Musik, Wien 2002.

Werner Otto/Günter Rimkus (Hrsg.): Deutsche Staatsoper Berlin 1955–1960, Berlin 1961.

Werner Otto: Die Lindenoper. Ein Streifzug durch ihre Geschichte, Berlin 1980.

Fred K. Prieberg: Musik im NS-Staat, Köln 2000.

Georg Quander (Hrsg.): Apollini et Musis. 250 Jahre Opernhaus Unter den Linden, Frankfurt a. M./Berlin 1992.

Georg Quander (Hrsg.): Klangbilder. Portrait der Staatskapelle Berlin, Frankfurt a. M./Berlin 1995.

ders.: Da capo al fine. Die Staatsoper Unter den Linden 1992–2002, Berlin 2002.

Wolfgang Ribbe/Jürgen Schmädeke: Kleine Berlin-Geschichte, Berlin 1994.

Horst Richter: »Präzision, Ausdruck und Feuer«. Von der kurbrandenburgischen Capella zur Staatskapelle Berlin, in: Apollini et Musis. 250 Jahre Opernhaus Unter den Linden, hrsg. von Georg Quander, Frankfurt a. M. 1992, S. 277–291.

Martin Ruhnke: Beiträge zu einer Geschichte der deutschen Hofmusikkollegien im 16. Jahrhundert, Berlin 1963.

Curt Sachs: Musikgeschichte der Stadt Berlin bis zum Jahre 1800. Stadtpfeifer, Kantoren und Organisten an den Kirchen städtischen Patronats nebst Beiträgen zur allgemeinen Musikgeschichte Berlins, Berlin 1908.

ders.: Musik und Oper am kurbrandenburgischen Hof, Berlin 1910.

Louis Schneider: Geschichte der Oper und des Königlichen Opernhauses in Berlin, Berlin 1852.

Karl Eduard Schmidt-Lötzen: Dreißig Jahre am Hofe Friedrichs des Großen. Aus den Tagebüchern des Reichsgrafen Ernst Ahasverus Heinrich von Lehndorff, Kammerherrn der Königin Elisabeth Christine von Preußen, Gotha 1907.

Bärbel Schrader/Jürgen Schebera: Kunstmetropole Berlin 1918–1933. Dokumente und Selbstzeugnisse, Berlin/Weimar 1987.

Wolfgang Schreiber: Große Dirigenten, München/Zürich 2005.

Tobias Schwinger: Die Musikaliensammlung Thulemeier und die Berliner Musiküberlieferung in der zweiten Hälfte des 18. Jahrhunderts (= ortus studien 3), Beeskow 2006.

Staatsoper Unter den Linden (Hrsg.): Ein Rückblick 2002–2010, Berlin 2010.

Staatsoper Unter den Linden (Hrsg.): Diese kostbaren Augenblicke. 275 Jahre Opernhaus Unter den Linden, München 2017.

Eberhard Steindorf: Die Sächsische Staatskapelle, Berlin 1997.

Dirk Stöve: »Meine herrliche Kapelle«. Otmar Suitner und die Staatskapelle Berlin, Berlin 2002.

Frederick Taylor: Die Mauer. 13. August 1961 bis 9. November 1989, München 2009.

R. Larry Todd: Felix Mendelssohn Bartholdy. Sein Leben. Seine Musik, Stuttgart 2008.

Sabine Vogt-Schneider: »Staatsoper Unter den Linden« oder »Deutsche Staatsoper Berlin«, Berlin 1998.

Arnold Werner-Jensen: Die großen deutschen Orchester, Laaber 2015.

REGISTER

A

Abbado, Claudio 227
Abendroth, Hermann 155, 174, 193, 265
Adam, Theo. 216
Agricola, Johann Friedrich . . . 69, 73, 80, 83, *256*
    Il tempio d'Amore 69
    Wallet ihr Seelen voll Schwermuth 83
Ahlers, Alice 162
Albrecht von Brandenburg, Kardinal und Kurfürst 29
Albrecht, Gerd 238
Albrecht Friedrich von Preußen . . . . 43f.
Alessandri, Felice 91
Allmeroth, Heinrich 200
Ančerl, Karel 193
Anders, Peter 189
Anna Amalia von Preußen 69, *75*, 80
Antonius 34
Ariosti, Attilio 48, *256*, 260
Auber, Daniel-François-Esprit 106
August II., König von Polen 61
August Wilhelm von Preußen 69

B

Bach, Carl Philipp Emanuel 62, *66*, 70, 73, 74, 255f., 261
    Die Israeliten in der Wüste 74
Bach, Johann Christoph Friedrich 80
Bach, Johann Sebastian 21, 48, *50*, 53, 62, 70, 102, 109, 141, 162, 167, 192, 200, 209, 213, 224, 262-264
    3. Orchestersuite 224
    Brandenburgische Konzerte *50*, *53*, 141, 209
    Cembalokonzert d-Moll 109
    Die Kunst der Fuge 162
    Messe in h-Moll 109, 262
    Matthäus-Passion 102, 263
Bachmann, Karl Ludwig 79
Baedeker, Karl 120
    Handbuch für Reisende in Deutschland 120

Bärmann, Heinrich 109
Ballett 16, 69, 91f., 98, 106, 192, 260
Barenboim, Daniel 20f., 219, *225*, 227f., 231, *233*, 234, *235f.*, 237f., 241f., 245f., 248, 257, 268-271
Baron, Ernst Gottlieb 61
Bartók, Béla 162, 241
Baumgarten, Nathanael 62
Becker, Carl Heinrich 156
Beecham, Thomas 174
Beer, Joseph 91
Beethoven, Ludwig van 21, 95, 101f., *103*, 105f., 109, 123, 126, 129f., 133, 141f., 152, 155, 161f., 167, 174, 178, 181, 192-194, 199f., 203, 209, 213, 219, 224, 227f., 231, 234, 241f., 245, 248, 255, 262-264, 267-269
    1. Klavierkonzert 227
    3. Klavierkonzert 234
    4. Klavierkonzert 109
    1. Sinfonie 102, 193
    3. Sinfonie (Eroica) 102, 126, 130, 142, 199, 224, 234, 242
    4. Sinfonie 126, 209
    5. Sinfonie 102, 109, 126, 155, 234, 262
    7. Sinfonie 109, 126, 152, 161, 192, 199, 227
    9. Sinfonie 102, *103*, 126, 141, 155, 167, 194, 199f., 203, 228, 242, 262f., 267f.
    Chorfantasie 234
    Christus am Ölberge 234
    Coriolan-Ouvertüre 109, 262
    Fidelio 102, 161, 174, 200, 203, 209, 231, 245, 248, 269
    Leonore III 234
    Missa solemnis 102, 109, 178, 209, 262
    Mondscheinsonate 109
    Violinkonzert 193
    Waldsteinsonate 109
Bellini, Vincenzo 106, 241
    Norma 241
Bělohlávek, Jiří 213
Benda, Franz . . . . 61, *64*, 70, 73, 79, *256*, 260f.
Benda, Johann Friedrich Ernst 79
Benda, Joseph 79
Berg, Alban . . . . 21, 161, *163*, 173, 231, 234, 237f., 241, 248, 265f., 270f.

Der Wein 161
Lulu 234, 238, 248, 266
Sieben frühe Lieder 161
Symphonische Stücke aus der Oper Lulu 161f., 173
Wozzeck 161, *163*, 203, 231, 234, 248, 265, 270
Berger, Erna 189
Berghaus, Ruth 210, 216, 238
Berglund, Paavo 238
Berlioz, Hector 126, 141, 162, 241, 263
Bersarin, Nikolai 186, 189
Birtwistle, Harrison 234, 238
    Deep Time 238
    The Last Supper 234
Bismarck, Otto von 130
Bitter, John 193
Bizet, Georges 141f., 189, 234
    Carmen 142, 234
    Die Perlenfischer 234
Blacher, Boris 192
    Der Großinquisitor 192
    Partita für Streicher und Schlagzeug 192
Blech, Leo 20, 142, *146*, 147, 155f., *160*, 161, 169, 173, 193, 199, 231, 248, 257, 265
Blomstedt, Herbert 213, 238
Boccherini, Luigi *93*
Bohnke, Emil 162
Bohrer, Joseph Anton . . . . 98, 101f.
Bongartz, Heinz 193
Bononcini, Antonio 48
Bononcini, Giovanni 48, 260
Borchard, Leo 189, 193
Bornemann, Fritz 209
Borodin, Alexander 141, 162
Boulez, Pierre . . . . 21, 234, 237f., 240, 241, 245, 248, 257, 270f.
    Le visage nuptial 237, 241
    Notations pour orchestre 237, 241
    Rituel 237
Brade, William 43f., *256*, 259
Brahms, Johannes 21, 43, 133, 141, 155, 162, 167, 178, 189, 200, 203, 209, 213, 231, 234, 242, 245, 248, 269

2. Sinfonie 189, 209
Ein deutsches Requiem 133, 234
Braun, Wilhelm 113
Braunfels, Walter 155, 161
Bredemeyer, Reiner 210, 216
    Bagatellen für B. 210
Britten, Benjamin 213
Bruckner, Anton . . . . 21, 141, 155, 162, 167, 178, 193, 203, 213, 237, 245, 248, 264, 270f.
    5. Sinfonie 167
    7. Sinfonie 155, 167
    8. Sinfonie 155, 181
    9. Sinfonie 203, 237
    Te Deum 203
Brühl, Carl von 102, 105f., 115
Bruns, Victor 210
Büchner, Eberhard 216
Bülow, Hans von 142, 147
Bundschuh, Eva-Maria 216
Burghardt, Max 200, 204, 209
Burmeister, Annelies 216
Burney, Charles 70
Busch, Fritz 265
Busoni, Ferruccio 142, 155f., 161f., 167, 169, 193, 234, 248
    Berceuse élégiaque 167
    Die Brautwahl 234, 248
    Doktor Faust 234
    Violinkonzert 167
Butting, Max 162, 192, 203, 265
    4. Sinfonie 192
Bychkov, Semyon 238

C
Cambreling, Sylvain 238
Carter, Elliott . . . . 234, 237f.
    Symphonia: sum fluxae pretium spei 237f.
    What next? 234
Casella, Alfredo 162
Ceccato, Aldo 213
Celibidache, Sergiu 193, 213
Chatschaturjan, Aram 213
Chemin-Petit, Hans 192
Cherubini, Luigi 101, 129f., 234
    Medée 234
    Requiem 130

Chopin, Frédéric 193, 248
Christian I. von Sachsen, Kurfürst 37
Christian Ludwig von Brandenburg, Markgraf 51, 53
Cikker, Ján 210
    Palette für Sinfonieorchester 210
Cipriano de Rore 37
Corelli, Arcangelo 46, 48
Cranach d. J., Lucas 29, 35
Creusing, Paul 29
Crocker, Johann 43
Crüger, Johann 47, 260
    Psalmodia sacra 47
Czarth, Georg 61
Czwiczek, Mathias 41
Czyż, Henryk 213

D
Da Ponte, Lorenzo 231
d'Albert, Eugen 141
de Sabata, Victor 174
de Vaulx, Johann 36
Debussy, Claude 237f., 242
    Fantasie für Klavier und Orchester 237
    Images 237
    La Mer 237
    Le Martyre de Saint-Sébastien 237
    Nocturnes 237
    Pelléas et Mélisande 238
    Prélude à l'après-midi d'un faune 237
Deppe, Ludwig . . . . 129f.
Dessau, Paul 203, 209f., 213, 255, 268
    2. Sinfonie 209, 213
    Einstein 210
    Leonce und Lena 210
    Orchestermusik 1955 203
    Puntila 210
    Symphonische Adaptation des Quintetts Es-Dur KV 614 von W. A. Mozart 213
Devrient, Eduard 109
Ditters von Dittersdorf, Carl 92
    Doktor und Apotheker 92
Döbbelin, Karl Theophil 92
Dohnányi, Christoph von 213, 238
Domstiftsmusik 36
Dorn, Heinrich 133

Droescher, Georg 152
Dudamel, Gustavo 248
Duport, Jean-Louis 91
Dvořák, Antonín 141, 162, 213, 242
Dvořáková, Ludmila 216

E
Eccard, Johannes 39, 43, 256, 259
Eckert, Karl 130, 133f., 264
Egk, Werner 174
    Peer Gynt 174
Einem, Gottfried von 178
    Concerto für Orchester 178
Eitner, Robert 129
Elgar, Edward 141, 237, 248
    1. Sinfonie 237, 248
    2. Sinfonie 237, 248
    Violincellokonzert 237, 248
    Falstaff 237
    Sea Pictures 237
    The Dream of Gerontius 237, 248
Elisabeth Charlotte von der Pfalz 41
Elisabeth Christine von Braunschweig-Bevern . . . . . 58, 61, 69f.
Elisabeth Louise von Brandenburg-Schwedt 69
Elmendorff, Karl 174
Engels, Friedrich 194
Erdmann, Eduard 167
    Klavierkonzert 167
Erede, Alberto 204
Eschenbach, Christoph 214, 238
Ettinger, Dan 241
Everding, August 231

F
Falbe, Joachim Martin 64
Fasch, Carl Friedrich Christian 98
Fechhelm, Carl Friedrich 89
Fedeli, Ruggiero 48
Felsenstein, Walter 193
Ferdinand von Preußen . . . . 69f.
Fincke 34
Fisch, Asher 241
Fischer-Dieskau, Dietrich 203
Flimm, Jürgen 245, 270
Flor, Claus Peter 219

Flotow, Friedrich von 181
   Martha   181
Fonds für notleidende Witwen
und Waisen . . . . 83, 97, 126, 262f.
Forster, Karl 192
Forum Fridericianum 58, 199, 261
Franck, César. 178
Freyer, Achim 210
Frick, Gottlob 203
Fricke, Heinz. 209, 219, 257, 268
Friedländer, Gottlieb 34
Friedrich I., König in Preußen . . . 47f., 260
Friedrich II. der Große,
König von Preußen. 19f., 48, 53, 58,
59, 61, 65, 69f., 72, 73, 76, 77, 80, 82, 83, 88, 91,
162, 255, 260f.
Friedrich I. von Brandenburg,
Kurfürst. 26
Friedrich II. von Brandenburg,
Kurfürst. 26, 27, 29
Friedrich III. von Brandenburg *siehe*
Friedrich I., König in Preußen
Friedrich VI., Burggraf von Nürnberg *siehe*
Friedrich I. von Brandenburg, Kurfürst
Friedrich, Lothar 227
Friedrich August I. von Sachsen,
Kurfürst. 53
Friedrich Wilhelm I.,
König in Preußen 16, 44, 47f.,
53, 62, 260
Friedrich Wilhelm II.,
König von Preußen . . 83, 88, 91f., *93*, 97, 261
Friedrich Wilhelm III.,
König von Preußen . . . 97, 102, *103*, 105, 262
Friedrich Wilhelm IV.,
König von Preußen. 109, 115, 120, 130
Friedrich Wilhelm von Brandenburg,
Großer Kurfürst 47, 53, 260
Friedrich Wilhelm von
Brandenburg-Schwedt 69
Fricsay, Ferenc. 193
Furnerius, Gislenus 31, 34, 36
Furtwängler, Wilhelm. 20, 152, 155f.,
166,169f., *171*, 173f., 178, 192f., *195*, 199f., 210,
228, 257, 265-267

G
Gaertner, Eduard *122*
Galuppi, Baldassare 69
Ganz, Leopold 96
Ganz, Moritz 96
Gehry, Frank 238
Georg Wilhelm von Brandenburg,
Kurfürst. 41, 44, 259
Gerster, Ottmar 203
Geszty, Sylvia. 216
Gielen, Michael. 238, *239*, 241f., 257
Giulini, Carlo Maria 238
Glasunow, Alexander 141
Gluck, Christoph Willibald 92, 106,
162, 189,192, 234
   Iphigenia in Tauris   92
   Orfeo ed Euridice   192, 234
Glückselig, Karl Egon 193
Goebbels, Joseph. 170, 174, 181
Göring, Hermann 173f., 200
Goldberg, Reiner. 216
Goldmann, Friedrich 216
Goldschmidt, Berthold 162
Goppel, Hans. 34
Grassi, Bernardo Pasquino 43
Graun, Carl Heinrich 20, *60*, 61f.,
63, 70, 79f., 82, 83, 101, 256, 261
   Cleopatra e Cesare   20, 261
   Der Tod Jesu   79f., 101, 261
   Montezuma   62, 82
   Semiramide   62
   Te Deum   80, 83
Graun, Johann Gottlieb . . . . 61f., 70, 260f.
Grieg, Edvard. 141
Grümmer, Elisabeth 203
Guggeis, Thomas. 255

H
Haenchen, Hartmut 219, 238
Händel, Georg Friedrich 21, 53, 83,
101, 106, 141, 162, 261
   Das Alexanderfest   106
   Concerti grossi   141
   Der Messias   83, 101, 261
Hager, Kurt 224, 232
Hauer, Joseph Matthias 166
   Sinfonietta   166
   Wandlungen   166

Haydn, Joseph 101f., 105f.,
126, 129, 133, 141, 162, 203, 219, 238, 262
   Die Jahreszeiten   101, 133, 203
   Die Schöpfung   101, 238, 262
   Sinfonie Nr. 104   126
Hayne, Gottlieb 61
Hegel, Georg Wilhelm Friedrich 92
Heger, Robert 174, 181, 257, 266
Heine, Heinrich 109
   Briefe aus Berlin   109
Heinichen, Johann David 53
Heinrich von Preußen. 70
Henning, Carl Wilhelm 123, 126,
129, 263
Hensel, Wilhelm *112*
Herbig, Günther 219
Heyworth, Peter 158
Hieronymus 34
Hildebrandt, Theodor *111*
Hiller, Johann Adam 83, 261
Himmel, Friedrich Heinrich . . 91, 97, 262
Hindemith, Paul 156, 166f., 169,
174, 193, 210, 265f.
   Kammermusik Nr. 5   166
   Konzert für Orchester   167
   Konzertmusik für Blasorchester   166
   Mathis der Maler   174
   Neues vom Tage   167
Hindoyan, Domingo 241
Hitler, Adolf 169, 178
Hochberg, Bolko von 130
Hofkantorei 13, 34, 36f., 43, 259
Holliger, Heinz 238
Honecker, Erich 224
Hopf, Hans 203
Horaz 65
Horneburg, Johannes 34
Horvat, Milan 213
Hülsen, Botho von 130
Hülsen-Haeseler, Georg von 152
Humperdinck, Engelbert 192
   Hänsel und Gretel   192

I
Iffland, August Wilhelm. 92, 98, 102
Instrumentalmusik 37, 44, 61f.,
70, 79, 88, 101f., 105, 141, 259

J

Jacobus Clemens non Papa 37
Järvi, Paavo. 255
Janáček, Leoš. 161, 166, 203
    Jenůfa 161
    Sinfonietta 166
Janin, Johann. 37
Janitsch, Johann Gottlieb . . . 61, 73, 79, 261
Jansons, Arvīds. 213, *214*
Jarzebski, Adam 43
Jessner, Fritz 169
Joachim II. von Brandenburg,
Kurfürst. 13, 29, 34, 36, 259
Joachim Friedrich von Brandenburg,
Kurfürst. 37, 43
Johann Georg von Brandenburg,
Kurfürst. 35, 36f., 259
Johann Sigismund von Brandenburg,
Kurfürst. 43f., 259
Joneleit, Jens 234, 238
    Metanoia 234
    YESH MEE'AAYIN 238
Jordan, Philippe 241, 257
Josquin Desprez 37

K

Kahl, Heinrich . . . . .129f.
Kapellordnung 33, 34, 259
Karajan, Herbert von 20, 174, *175*, 178, 181, 192, 210, 227f., 257, 266
Katzer, Georg. 210
    Baukasten für Orchester 210
Kegel, Herbert 203, 219
Keilberth, Joseph 193, 257, 267
Kempe, Rudolf 204
Kestenberg, Leo 156
Kirchenmusik 29, 43, 47, 79f., 83
Klee, Bernhard 216
Kleiber, Erich. 20, 156, *160*, 161f., 166f., 169, *171f.*, 173, 197, 199f., 203, 216, 228, 241, 257, 265-267
Kleinert, Rolf 204
Klemperer, Otto 20, 156, 158, *159*, 162, 166f., 169f., *171*, 189, 199, 228, 257, 265
Klose, Margarete 189
Klughardt, August 133
    Die Zerstörung Jerusalems 133

Knappertsbusch, Hans 193
Knobelsdorff, Georg Wenzeslaus
von. 62, 69, 80, 261
Koch, Helmut. 213
Kolbe, Cunz. 34
Kondraschin, Kirill 193, 213
Konwitschny, Franz . . . . . . 20, 193, 200, 203, *206*, 209, 248, 257, 267f.
Konzil von Konstanz 26, 27
Korngold, Erich Wolfgang 161
Kotzebue, August von 92
Krauss, Clemens 174, 266
Krebs, Konrad 29
Krenek, Ernst. 161, 166f., 265
    Das geheime Königreich 167
    Der Diktator 167
    Die Zwingburg 161
    Kleine Sinfonie 166
    Leben des Orest 167
    Schwergewicht oder
    Die Ehre der Nation 167
    Thema und 13 Variationen
    für Orchester 166
Krenz, Jan. 213
Krüger, Franz *104*
Küstner, Karl Theodor von 115, 123
Kunad, Reiner 219
Kupfer, Harry 210, 216, 228, 231, 268
Kurz, Siegfried 203, 219
    1. Sinfonie 203

L

Langhans, Carl Gotthard *90*, 91
Laugs, Robert 141
Lebrun, Jean 91
Legal, Ernst. 167, 189, 193f., 199f., 266
Lehmann, Fritz. 193
Lehndorf, Ernst A. H. von 70, 80
Lenin, Wladimir Iljitsch 194
Leopold von Anhalt-Köthen. 53
Liebknecht, Karl 194
Liszt, Franz 102, 126, 133, 141, 241, 248, 263
Löhr, Franz Conrad 66
Löwlein, Hans 203, 209
Lorenz, Siegfried. 216
Lortzing, Albert 216
    Der Wildschütz 216

Louis Ferdinand von Preußen 101
Ludwig, Leopold 193
Luisi, Fabio 238
Luther, Martin 29, 47, 80
Lutosławski, Witold 213
Luxemburg, Rosa 194

M

Mackeben, Theo 193
Mackerras, Charles 213
Märkl, Jun 238
Maglio, Alberto. 43
Mahler, Gustav 21, 141f., 155, 162, 167, 192f., 203, 213, 234, 237f., 241f., 245, 248, 264, 270
    1. Sinfonie 234
    2. Sinfonie 155, 167, 192, 237
    3. Sinfonie 237
    4. Sinfonie 237
    5. Sinfonie 234
    6. Sinfonie 237
    7. Sinfonie 234
    8. Sinfonie 237, 248
    9. Sinfonie 167, 234
    Das Lied von der Erde 234
    Kindertotenlieder 167
Mantius, Eduard 126
Markevitch, Igor 213
Marpurg, Friedrich Wilhelm 58
Marschner, Heinrich 106
Martin, Frank 213
Marx, Adolf Bernhard . . . 105, 109, *112*, 113
Marx, Karl 194
Massenet, Jules. 234
    Manon 234
Masur, Kurt. 203, 219, 238
Matačić, Lovro von. 203
Mehta, Zubin 236, 238, 242, 255, 257
Méhul, Étienne-Nicolas 101
Mendelssohn Bartholdy, Felix 102, 109, *111*, *114*, 115, 126, 129, 133, 162, 219, 242, 256, 263
    1. Klavierkonzert 109
    3. Sinfonie (Schottische Sinfonie) 126
    5. Sinfonie (Reformationssinfonie) 109, 263
    Capriccio brillant 109
    Capriccio fis-Moll 109

Die erste Walpurgisnacht 109, 263
Die Hebriden 109, 126, 263
Ein Sommernachtstraum 109
Meeresstille und glückliche Fahrt 109
Menuhin, Yehudi 193, 238, 267
Menzel, Adolph 70, 72, 77
Das Flötenkonzert Friedrichs
des Großen in Sanssouci 70, 72
Messen 29, 36f., 109, 262
Messiaen, Olivier 242
Metastasio, Pietro 91
Meyerbeer, Giacomo 20, 102, 106, 115, 123, *125*, 129, 256, 263
Die Hugenotten 115
Ein Feldlager in Schlesien 123, 263
Mietke, Michael 48
Milhaud, Darius 161
Christoph Kolumbus 161
Moeser, Carl . . . . 102, *104*, 105f., *107*, 109, 115, 123, 126, 256, 262f.
Quartettsoireen 102, 262
Mors, Jacob 34, 36
Motetten . . . . 36f.
Mozart, Konstanze 261
Mozart, Wolfgang Amadeus 21, 92, 101f., 105f., 109, 126, 129, 141f., 152, 161f., 173, 178, 181, 189, 193, 200, 203, 210, 213, 215, 231, 242, 261, 268
Così fan tutte 92, 203
Die Entführung aus dem Serail 92, 126
Die Zauberflöte 92, 231
Don Giovanni 193, 203, 210, 231
Haffner-Sinfonie 181
Le nozze di Figaro 142, 152, 181, 203
Requiem 101
Sinfonie Es-Dur 126
La clemenza di Tito 203
Muck, Karl 20, 133, 256, 265
Mundry, Isabel 238
Gefalteter Augenblick – eine Miniatur für großes Orchester 238
Musculus, Andreas 29
Musiktheater 16, 142, 156, 161, 166, 186, 189, 192f., 213, 228, 241, 248, 266, 270
Musikübende Gesellschaft . . . . . . 79f.
Mussbach, Peter 238, 241, 269
Mussolini, Benito 178
Mussorgsky, Modest 193, 234
Boris Godunow 193, 234

N
Nagano, Kent 238
Napoleon I. Bonaparte,
Kaiser der Franzosen 88, 97, 105, 262
Naumann, Johann Gottlieb 91
Nelsons, Andris 248, 255
Nézet-Séguin, Yannick 255
Nichelmann, Christoph 62
Nicolai, Friedrich 88
Nicolai, Otto 20, 120, 129, 133, 216, 234, 256, 263
Die lustigen Weiber von Windsor 216, 234, 263
Nicoli, Luigi *108*
Nikisch, Arthur 147, 155

O
Oistrach, David 200, 267
Oistrach, Igor *206*
Opera buffa 69, 91, 97, 210
Opera seria 62, 69, 91
Oratorien . . . . 74, 79, 91, 101, 133, 166, 192, 234, 237, 241, 248, 261f.
Orlando di Lasso 37

P
Paisiello, Giovanni 69
Palm, Kurt 189
Pappano, Antonio 238, 255
Paulick, Richard 199
Penderecki, Krzysztof 219, 268
Pepusch, Gottfried 53, 260
Pesne, Antoine *50*, *59*, *75*
Pfitzner, Hans 141f., 161, 173, 193, 213
Das Herz 173
Palestrina 213
Philippe de Monte 37
Pieck, Wilhelm 199
Piscator, Erwin 169
Pischner, Hans 209f., 216, 219, 268
Pisendel, Johann Georg 53
Praetorius, Bartholomäus 40
Prokofjew, Sergej 142, 219, 234, 248
Der Spieler 234, 248
Die Verlobung im Kloster 234
Puccini, Giacomo 174, 204, 234
La Bohème 204

Tosca 204, 234
Turandot 174

Q
Quander, Georg 228, 268
Quantz, Johann Joachim . . . . . 48, 61f., 71, 73, 256, 260f.

R
Radecke, Robert 129, 264
Rameau, Jean-Philippe 162
Ramler, Karl Wilhelm 80
Leben-Jesu-Trilogie 80
Rathaus, Karol . . . . 161f.
Fremde Erde 161
Rattle, Simon 242, 255
Ravel, Maurice 162, 166
Alborada del Gracioso 166
Redern, Wilhelm von 115
Reger, Max 141
Reichardt, Johann Friedrich . . . 80, 88, 91, *94*, *95*, 101f., 256, 261
Cantus lugubris in obitum Friderici Magni 88
Rellstab, Ludwig 123
Respighi, Ottorino 178
Reuter, Rolf 224, 268
Reznicek, Nikolaus von 155, 162
Rieck, Carl Friedrich 48
Riedt, Friedrich Wilhelm 79
Righini, Vincenzo . . . 91, 97f., 101, 256, 262
Rihm, Wolfgang 21
Rimkus, Günter 219, 224, 227
Rimsky-Korsakow, Nikolai . . 141, 234, 248
Die Zarenbraut 234, 248
Ritter, Georg Wenzel 91
Rögner, Heinz 209, 219, 257, 268
Roschdestwensky, Gennadi 213
Rosetti, Antonio 91
Rosier, Jost . . . . 36f.
Rossini, Gioachino 106, 189, 210
Der Barbier von Sevilla 210
Roth, François-Xavier 255
Rother, Arthur 193
Rowe, d. Ä., Walter . . . . 43f.
Rowicki, Witold 213
Rudolf II., Kaiser 43

Ruhnke, Martin 34, 36
Rungenhagen, Carl Friedrich. . . . 109, 263
Runnicles, Donald 238

S

Sack, Johann Philipp. 79
Said, Edward 269
Saint-Saëns, Camille. 141, 234
   Samson et Dalila 234
Salemkour, Julien 241
Salieri, Antonio. 69, 92
   Axur, König von Ormus 92
Sanderling, Kurt 204, 213, 219, 238
Sarti, Giuseppe. 69
Sawallisch, Wolfgang 213, 238
Scandello, Antonio. 37
Scarlatti, Domenico 69
Schaffrath, Christoph 61f., 70, 260
Scharoun, Hans 209
Schauspiel 92, 106, *114*, 156
Schech, Marianne 204
Scherchen, Hermann 193
Schick, Ernst Johann Christoph . . 98, 101f.
Schiller, Friedrich 92
Schillings, Max von . . 141, 152, 155f., 162, 265
Schinkel, Carl Friedrich. . . . . . 105f., *135*, 231, 262f.
Schlüter, Andreas *45*, 48
Schmidt, Franz. 161
Schmidt, Georg Friedrich. 71
Schmidt, Karl. 189, 192, 203
Schneider, Georg Abraham . . . . . *99*, 101f.
Schneider, Louis 34, 36
Schnitger, Arp 48
Schock, Rudolf 203
Schönberg, Arnold. . . . . . 155f., 161, 167, 169, 210, 234, 237, 241f.
   Begleitmusik zu einer
      Lichtspielscene 167
   Die glückliche Hand 167
   Ein Überlebender aus Warschau 242
   Erwartung 167
   Fünf Orchesterstücke op. 16 161, 210
   Moses und Aron 234
   Pelleas und Melisande 161
   Verklärte Nacht 155
Schostakowitsch, Dmitri 192, 203, 219, 241, 268

5. Sinfonie 192
1. Violinkonzert 241
Schreier, Peter 213, 216, 238
Schreker, Franz 156, 161f., 241
   Der ferne Klang 161, 241
   Der singende Teufel 161
Schröter, Gisela 216
Schubert, Franz 21, 126, 152, 155, 162, 167, 178, 213, 238, 241f., 255
   Sinfonie C-Dur 126, 238
   Sinfonie h-Moll
      (Unvollendete) 238, 242
Schuch, Ernst von 141
Schüler, Johannes 174, 181, 192, *196*, 203, 257, 266
Schulhoff, Erwin. 162, 265
Schulz, Matthias 245, 271
Schumann, Georg 192
Schumann, Robert. 21, 126, 133, 141, 152, 155, 162, 178, 181, 203, 213, 234, 241, 248, 271
   1. Sinfonie (Frühlingssinfonie) 126
   2. Sinfonie 241
   4. Sinfonie 181
   Szenen aus Goethes Faust 271
Sebastiani, Johann. 47
   Pastorello musicale 47
Sekles, Bernhard. 162
Seydelmann, Helmut 209, 268
Seyffarth, Johann Gabriel. 79
Shakespeare, William 92
Shani, Lahav 255
Sibelius, Jean 166, 178
   7. Sinfonie 166
Sigismund, Kaiser 26
Sinfonie-Soireen . . . . 18, 105, 120, 123, 126, *127*, 129f., 133, 161, 234, 263f.
Singspiel 92, 260
Skrjabin, Alexander 161
Smetana, Bedřich 141, 162
Solti, Georg 193, 238
Sophia Dorothea von Hannover . . 69, 80, 83
Sophie Charlotte von Hannover . . . 48, 53
Spencer, John. 43
Spohr, Louis 106, 126
   Faust 126
Spontini, Gaspare 20, 102, 105f., *108*, 109, *110*, 115, 123, 126, 161, 256, 262

Fernand Cortez 105
La Vestale 105, 161
Spontini-Fonds. 106, 262
Steffani, Agostino 48
Stein, Horst 203f., 209, 238, 257
Stiedry, Fritz 161
Stoy, Ernst 227
Strauss, Johann. 210, 242
   Die Fledermaus 142, 210, 242
Strauss, Richard 20f., 129, 141f., *143f.*, 145, 147, 152, 155, 161f., 167, *168*, 173f., 178, 181, 193, 199, 203, 210, 215, 228, 231, 237, 242, 248, 257, 264f., 268
   Arabella 168, 173
   Ariadne auf Naxos 141
   Der Bürger als Edelmann 142
   Der Rosenkavalier 141f., 174, 193, 199, 203, 242
   Die ägyptische Helena 174
   Die Frau ohne
      Schatten 141, 203, 210, 242
   Don Quixote 142
   Ein Heldenleben 142, 167
   Eine Alpensinfonie 142
   Elektra 141, 173, 210, 231, 248
   Salome 141
   Sinfonia domestica 142
   Till Eulenspiegels lustige
      Streiche 142, 181, 193, 199
   Vier letzte Lieder 199
Strawinsky, Igor 21, 162, 166f., 210, 237, 242
   Apollon Musagète 166
   Capriccio für Klavier und
      Orchester 166
   Le sacre du printemps 237, 242
   Les noces 166
   Oedipus Rex 167
   Psalmensinfonie 166
Stricker, Augustin Reinhard 53
Strobel, Heinrich. 169
Stumpp, Emil. *154*
Sucher, Joseph . . 20, 130, 133, *139*, 256, 264
Sucher, Rosa 133
Süß, Rainer 203
Suitner, Otmar 20, *207f.*, 210, 213, 215f., *218*, 219, 224, 231, 241, 245, 249, 255, 257, 268
Suthaus, Ludwig 189

Swarowsky, Hans. 174
Szell, Georg. 161

T
Taubert, Gottfried Wilhelm. . . . . 115, 123, 126, *128*, 129, *131*, 256, 263f.
Telemann, Georg Philipp 48, 80
Theiß, Caspar 29
Thielemann, Christian 242
Thilman, Johannes Paul. 203
Tiburtius, Joachim. 197, 200
Tieck, Ludwig *114*
Tietjen, Heinz 162, 169, 173, 189, 193
Toch, Ernst 162
Tomowa-Sintow, Anna. 216
Torelli, Giuseppe. 48
Toscanini, Arturo *171*, 173
Tschaikowsky, Peter 141, 162, 178, 189, 192-194, 234, 242
   5. Sinfonie 189
   6. Sinfonie 193
   Eugen Onegin 234
   Pique Dame 234
   Violinkonzert 192

U
Ulbricht, Walter 199
Unger, Gerhard. 203

V
Van der Nüll, Edwin 174, 178
van Douven, Jan Frans. *46*
Verdi, Giuseppe 21, 129, 142, 161, 181, 189, 193, 203, 234, 241f., 248, 264, 268
   Aida 203, 242
   Don Carlos 203
   Falstaff 234
   Il trovatore 234, 248
   La traviata 234
   Macbeth 193, 234, 241
   Maskenball 193
   Messa da Requiem 129, 203, 234, 264
   Otello 234
   Rigoletto 181, 192
   Simon Boccanegra 234
Voelkner, Peter. 189

Vogel, Siegfried. 216
Vokalmusik 34, 37, 43f., 70, 79, 101, 105, 203, 237
Volumier, Jean-Baptiste . . . 48, 53, 256, 260
von der Recke, Carl Leopold 98

W
Wagner, Richard 21, *121*, 130, 133f., 141f., 152, 161, 169, 173f., 178, 193, 200, 203f., 210, 213, 215, 227f., 231, 241f., 245, 248, 253, 263f., 266-270
   Das Rheingold 204, 210
   Der fliegende Holländer 203, 248, 263
   Der Ring des Nibelungen 133, 161, 173, 203, 228, 231, 245, 264, 269f.
   Die Meistersinger von Nürnberg 133, 142, 152, 173f., 178, 193, 200, 203, 213, 264, 266f.
   Faust-Ouvertüre 133
   Götterdämmerung 133
   Kaisermarsch 142
   Lohengrin 203, 248
   Parsifal 133, 193, 210, 227f., 231, 245, 248, 268
   Rienzi 133
   Tannhäuser 142, 169, 203, 213, 248
   Tristan und Isolde 134, 141, 174, 181, 193, 203, 231, 264
Wagner-Régeny, Rudolf 178
   Die Bürger von Calais 178
Walter, Bruno . . 155, 166, 169f., *171*, 173, 265
Wand, Günter 193
Wandel, Paul 199
Weber, Bernhard Anselm 98
Weber, Carl Maria von. 92, 105f., 109, 126, 141, 155, 162, 173, 181, 199, 210, 216, 242, 255f., 262
   Der Freischütz 92, 105f., 126, 181, 199, 210, 242, 255, 262
   Euryanthe 126, 199, 216
   Grand Duo concertant 109
   Oberon 126, 173
Weigle, Sebastian 241
Weill, Kurt 161, 166f., 265
   Der neue Orpheus 161
   Dreigroschenmusik 166f.
   Lindberghflug 167, 265
   Royal Palace 161

Weinberger, Jaromír. 161
   Schwanda, der Dudelsackpfeifer 161
Weingartner, Felix von 20, 130, 133, *140*, 141, 257, 264
Weizsäcker, Richard von 228
Wellber, Omer Meir 241
Weller, Walter 213
Werner, Anton von. *121*
Wesalius, Johann(es). 36, 38, 42, 255f., 259
Widmann, Jörg 238
   Armonica 238
   Con brio 238
   Teufel Amor 238
Wilhelm I., Deutscher Kaiser 130
Wilhelm II., Deutscher Kaiser . . 130, 141f., 147, 161f.
Wilhelmine von Preußen 58, 61f., 69
Willaert, Adrian 37
Winter, Peter von. 101
Winterfeld, Carl von 43
Wlaschiha, Ekkehard 216
Wolf-Ferrari, Ermanno 161
Wolff, Hugh. 238
Wunderlich, Fritz 204

Y
Young, Simone 241, *253*, 255, 257

Z
Zangius, Nikolaus 43, 259
Zelenka, Jan Dismas 53
Zelter, Carl Friedrich 101, 109
Zernick, Helmut 192
Zukerman, Pinchas 238

BILDNACHWEISE

Illustrationen
Banderole sowie S. 24/25, 56/57, 86/87, 118/119, 150/151, 184/185, 222/223 Adam Simpson / Heart Agency (Originalillustrationen für diese Buchpublikation)

Einleitung
S. 10/11: Fotografie von Peter Adamik, 2019, Staatsoper Unter den Linden
S. 14: Fotografie von Peter Adamik, 2019, Staatsoper Unter den Linden
S. 17: Fotografie von Marcus Ebener, 2018, Staatsoper Unter den Linden

Kapitel I: 1570–1740
S. 27: Chronik des Ulrich von Richental, 1465, Rosgartenmuseum Konstanz
S. 28: Zeichnung, 1936, aus: Albert Geyer, Geschichte des Schlosses zu Berlin, Berlin 1936
S. 30/31: Titelblatt und erste Notenseite eines Tenor-Stimmheftes, 1564, Domstiftsarchiv Brandenburg
S. 32: Stich, 1593, Landesarchiv Berlin
S. 33: Ausschnitt aus einer der ältesten erhaltenen Kantoreiordnungen, um 1572, Geheimes Staatsarchiv Preußischer Kulturbesitz
S. 35: Gemälde von Lucas Cranach d. J., 1564, Gemäldegalerie Alte Meister Dresden
S. 38: Inventarverzeichnis, 1582, Geheimes Staatsarchiv Preußischer Kulturbesitz
S. 39: Stich von Johann Herman, 1642, Biblioteka Jagiellońska Kraków
S. 40: Titelblatt einer Notenausgabe, 1616, Bayerische Staatsbibliothek
S. 41: Gemälde von Mathias Czwiczek, nach 1633, Stiftung Preußische Schlösser und Gärten Berlin-Brandenburg
S. 45: Kupferstich, ca. 1701, Stiftung Stadtmuseum Berlin
S. 46: Gemälde von Jan Frans van Douven, um 1700, Stiftung Preußischer Kulturbesitz
S. 49: Fotografie, 1943, Stiftung Preußischer Kulturbesitz
S. 50: Titelautograf mit Widmung von Johann Sebastian Bach, 1721, Staatsbibliothek zu Berlin – Preußischer Kulturbesitz
S. 51: Gemälde von Antoine Pesne, um 1711, Stiftung Preußischer Kulturbesitz
S. 52: Gemälde von Johann Friedrich Wentzel, 1701, Stiftung Preußische Schlösser und Gärten Berlin-Brandenburg

Kapitel II: 1740–1786
S. 59: Gemälde von Antoine Pesne, 1739/40, Stiftung Preußischer Kulturbesitz
S. 60: Stich nach einem Gemälde von Andreas Möller, um 1762, Stiftung Preußischer Kulturbesitz
S. 63: Notenautograf von Carl Heinrich Graun, Staatsbibliothek zu Berlin – Preußischer Kulturbesitz
S. 64: Stich von Johann Matthias Schuster nach Joachim Martin Falbe, 1756, Staatsbibliothek zu Berlin – Preußischer Kulturbesitz
S. 66: Gemälde von Franz Conrad Löhr, Ende 18. Jahrhundert, Stiftung Preußischer Kulturbesitz
S. 67: Kapelletat, 1740, Geheimes Staatsarchiv Preußischer Kulturbesitz
S. 68: Gemälde, um 1790, Stiftung Preußische Schlösser und Gärten Berlin-Brandenburg
S. 71: Kupfervignette von Georg Friedrich Schmidt, 1752
S. 72: Gemälde von Adolph Menzel, 1850/52, Stiftung Preußische Schlösser und Gärten Berlin-Brandenburg
S. 74: Titelblatt zum Textbuch, 1775, Staatsbibliothek zu Berlin – Preußischer Kulturbesitz
S. 75: Gemälde von Antoine Pesne, um 1844, Stiftung Preußische Schlösser und Gärten Berlin-Brandenburg
S. 76: Vorstudien zum Gemälde von Adolph Menzel, um 1850, Staatliche Museen zu Berlin – Kupferstichkabinett
S. 78: Kupferstich von Leopold Ludwig Müller, 1809, Staatliche Museen zu Berlin – Kupferstichkabinett
S. 81: Fotografie von 1911/12, Brandenburgisches Landesamt für Denkmalpflege und Archäologisches Landesmuseum, Messbildarchiv
S. 82: Titelblatt zum Librettodruck, 1771, Staatsbibliothek zu Berlin – Preußischer Kulturbesitz

Kapitel III: 1786–1842
S. 89: Gemälde von Carl Friedrich Fechhelm, Stiftung Stadtmuseum Berlin
S. 90: Radierung von Laurens & Thiele nach einer Zeichnung von Calau, um 1810, Stiftung Preußischer Kulturbesitz
S. 93: Gemälde von Pompeo Batoni, um 1765, Stiftung Preußischer Kulturbesitz
S. 94: Holzstich nach einem Gemälde von Anton Graff, um 1790, Stiftung Preußischer Kulturbesitz
S. 96: Programmzettel, 1834, Geheimes Staatsarchiv Preußischer Kulturbesitz
S. 99: Notenautograf von Georg Abraham Schneider, frühes 19. Jahrhundert, Staatsbibliothek zu Berlin – Preußischer Kulturbesitz
S. 100: Programmzettel, 1838, Geheimes Staatsarchiv Preußischer Kulturbesitz
S. 103: Partiturtitelblatt, 1826, Beethoven-Haus Bonn
S. 104: Lithografie von W. Beise nach einer Zeichnung von Franz Krüger, 1824, Stiftung Stadtmuseum Berlin

S. 107: Programmzettel, 1832, Geheimes Staatsarchiv Preußischer Kulturbesitz
S. 108: Gemälde von Luigi Nicoli, um 1815, Stiftung Preußischer Kulturbesitz
S. 110: Konzertzettel, 1835, Geheimes Staatsarchiv Preußischer Kulturbesitz
S. 111: Gemälde von Theodor Hildebrandt (zugeschrieben), 1834/35, Deutsches Historisches Museum
S. 112: Zeichnung von Wilhelm Hensel 1837, Stiftung Preußischer Kulturbesitz
S. 108: Bronzemünze, 1841, Staatsbibliothek zu Berlin – Preußischer Kulturbesitz

Kapitel IV: 1842–1918
S. 121: Gemälde von Anton von Werner, 1908, Stiftung Preußischer Kulturbesitz
S. 122: Gemälde von Eduard von Gaertner, 1845, Stiftung Preußischer Kulturbesitz
S. 124: Lithografie von J. Böhmer, 1844, Stiftung Stadtmuseum Berlin
S. 125: Lithografie von Josef Kriehuber, 1847, Stiftung Preußischer Kulturbesitz
S. 127: Gemälde von Lüttke, um 1850, Stiftung Stadtmuseum Berlin
S. 128: Foto, um 1870, Stiftung Preußischer Kulturbesitz
S. 131: Programmzettel, 1856, Landesarchiv Berlin
S. 132: Fotografie, Ende des 19. Jahrhunderts, Stiftung Stadtmuseum Berlin
S. 135: Fotografie, um 1935, Stiftung Preußischer Kulturbesitz
S. 136: Dienstordnung, 1905, Landesarchiv Berlin
S. 137: Kartenheftchen, 1911/12, Landesarchiv Berlin
S. 138: Fotografie, 1881, Landesarchiv Berlin
S. 139: Fotografie, um 1890, Stiftung Preußischer Kulturbesitz
S. 140: Fotografie, um 1895, Stiftung Preußischer Kulturbesitz

S. 143: Fotografie, 1908, Stiftung Preußischer Kulturbesitz
S. 144: Scherenschnitt, 1929, Stiftung Stadtmuseum Berlin
S. 146: Fotografie, 1930, Stiftung Stadtmuseum Berlin

Kapitel V: 1918–1945
S. 153: Theaterzettel, 1918, Landesarchiv Berlin
S. 154: Zeichnung 1928, Stiftung Stadtmuseum Berlin
S. 157: Fotografie, um 1930, Stiftung Stadtmuseum Berlin
S. 159: Fotografie, 1930, Stiftung Preußischer Kulturbesitz
S. 160: Fotografie, 1931, Stiftung Stadtmuseum Berlin
S. 163: Plakat, 1925, Österreichische Nationalbibliothek Wien
S. 164/165: Programmankündigung 1931/32, Stiftung Stadtmuseum Berlin
S. 168: Fotografie, 1933, Stiftung Stadtmuseum Berlin
S. 171: Fotografie, 1930, Süddeutsche Zeitung Photo
S. 172: Fotografie, 1928, Stiftung Stadtmuseum Berlin
S. 175: Fotografie, späte 1930er Jahre, Stiftung Preußischer Kulturbesitz
S. 176: Programmhefttitel, 1941, Stiftung Stadtmuseum Berlin
S. 177: Programmzettel, 1942, Stiftung Stadtmuseum Berlin
S. 179: Fotografie, 1941, Stiftung Preußischer Kulturbesitz
S. 180: Programmzettel, 1945, Stiftung Stadtmuseum Berlin

Kapitel VI: 1945–1989
S. 187: Fotografie, 1945, Stiftung Preußischer Kulturbesitz
S. 188: Fotografie, 1945, Stiftung Preußischer Kulturbesitz
S. 190/191: Programmzettel, 1945, Landesarchiv Berlin

S. 195: Plakat, 1947, Stiftung Stadtmuseum Berlin
S. 196: Fotografie, um 1950, Stiftung Stadtmuseum Berlin
S. 198: Fotografie, 1955, Stiftung Stadtmuseum Berlin
S. 201: Fotografie, 1955, Stiftung Stadtmuseum Berlin
S. 202: Fotografie, 1962, Stiftung Stadtmuseum Berlin
S. 205: Konzertplan 1957/58, Stiftung Stadtmuseum Berlin
S, 206: Fotografie, 1956, Stiftung Preußischer Kulturbesitz
S. 207: Fotografie, 1966, Stiftung Stadtmuseum Berlin
S. 208: Fotografie, 1966, Stiftung Stadtmuseum Berlin
S. 211: Fotografie, 1976, Archiv Lothar Friedrich
S. 212: Fotografie, 1988, Archiv Lothar Friedrich
S. 214: Plakat, 1967, Stiftung Stadtmuseum Berlin
S. 217: Fotografie, 1970, Stiftung Stadtmuseum Berlin
S. 218: Fotografie, 1984, Stiftung Stadtmuseum Berlin

Kapitel VII: 1989–2020
S. 225: Fotografie von Monika Rittershaus, 1992, Staatsoper Unter den Linden
S. 226: Dokument, 1989, Landesarchiv Berlin
S. 229: Fotografie, 1989, Landesarchiv Berlin
S. 230: Plakat, 1989, Stiftung Stadtmuseum Berlin
S. 233: Fotografie von Monika Rittershaus, 1992, Staatsoper Unter den Linden
S. 235: Fotografie von Monika Rittershaus, 2003, Staatsoper Unter den Linden
S. 236: Fotografie von Monika Rittershaus, 2003, Staatsoper Unter den Linden
S. 239: Fotografie von Monika Ritters-

haus, 2005, Staatsoper Unter den Linden
S. 240: Fotografie von Monika Rittershaus, 2006, Staatsoper Unter den Linden
S. 243: Plakat, 2002, Stiftung Stadtmuseum Berlin
S. 244: Fotografie von Monika Rittershaus, 2016, Staatsoper Unter den Linden
S. 247: Fotografie von Monika Rittershaus, 2017, Staatsoper Unter den Linden
S. 249: Fotografie von Peter Adamik, 2019, Staatsoper Unter den Linden
S. 250: Fotografie von Thomas Bartilla, 2018, Staatsoper Unter den Linden
S. 251: Fotografie von Thomas Bartilla, 2017, Staatsoper Unter den Linden
S. 252: Fotografie von Thomas Bartilla, 2018, Staatsoper Unter den Linden
S. 253: Fotografie von Thomas Bartilla, 2017, Staatsoper Unter den Linden
S. 254: Fotografie von Monika Rittershaus, 2018, Staatsoper Unter den Linden

DIE FREUNDE UND FÖRDERER
DER STAATSOPER UNTER DEN LINDEN

»Kunst braucht Freunde.« In diesem Sinne engagieren sich die Freunde und Förderer seit dem 250. Geburtstag der Staatsoper im Jahr 1992 für die Staatsoper Unter den Linden. Aus einem kleinen Kreis von Musikliebhaberinnen und -liebhabern entstand seitdem eine große Schar von nunmehr 1.500 Mitgliedern aus der ganzen Welt.

Die Freunde und Förderer der Staatsoper unterstützen neue Opernproduktionen, die Nachwuchsarbeit der Jungen Staatsoper und die Staatskapelle Berlin. Ein opern- und musikbegeistertes Publikum kommt im Förderverein zusammen, um sich auszutauschen, hinter die Kulissen des Opernhauses zu blicken, gemeinsam herausragende Opern und Konzerte zu erleben und das Kulturleben der Hauptstadt zu genießen.

Durch viele kleine und große Spenden fördern die Freunde und Förderer auch besondere Projekte der Staatskapelle, wie den Nachwuchs der Staatskapelle in der Orchesterakademie, die Festivitäten anlässlich des 450. Jubiläums und diese Publikation. Die Freunde und Förderer möchten dazu beitragen, den einzigartigen Klang der Staatskapelle zu erhalten.

Musik verbindet die unterschiedlichsten Menschen und lässt es Opern- und Konzertbesucherinnen und -besucher stets aufs Neue spüren: »Wir brauchen Kunst«.

Den Spenderinnen und Spendern, die ein Stipendium für die Orchesterakademie übernommen haben, den Stuhlpatinnen und -paten und allen Mitgliedern der Freunde und Förderer gilt großer Dank für Ihr Engagement zugunsten der Staatsoper Unter den Linden.

STAATSOPER-BERLIN.DE/FREUNDE
NEHMEN-SIE-PLATZ.DE

FREUNDE & FÖRDERER STAATSOPER UNTER DEN LINDEN

www.staatsoper-berlin.de/freunde

Werden auch Sie
Mitglied in unserem Verein und erleben Sie
die Staatsoper Unter den Linden sowie die Staatskapelle Berlin
von einer ganz persönlichen Seite.
Für unsere jüngeren Mitglieder bieten wir ein Sonderprogramm an.

[Bereits ab 150,– Euro p.a.]

ÜBER DIE AUTOREN

DETLEF GIESE

geboren 1972 in Dessau, aufgewachsen in Vorpommern, studierte Musikwissenschaft, Philosophie und Geschichte. Anschließend arbeitete er am Musikwissenschaftlichen Seminar der Humboldt-Universität Berlin, wo er 2004 promovierte. Seit 2008 ist er als Dramaturg für Musiktheater und Konzert an der Staatsoper Unter den Linden tätig, seit 2015 als Leitender Dramaturg. Zu seinen Veröffentlichungen zählen unter anderem eine Monographie zur Ästhetik und Geschichte der musikalischen Interpretation (2006), ein Opernführer zu Verdis »Aida« (Henschel Verlag 2012) und mehrere Dokumentationen zur Geschichte der Staatsoper Unter den Linden, darunter die Publikation »Diese kostbaren Augenblicke. 275 Jahre Opernhaus Unter den Linden« (Carl Hanser Verlag 2017), an der er maßgeblich mitwirkte.

EKKEHARD KRÜGER

geboren 1966, studierte Musikwissenschaft, Mittelalterliche Geschichte und Philosophie in Halle (Saale), Tübingen und Berlin. An der Universität Rostock wurde er 2003 mit einer Arbeit über eine aristokratische Musikaliensammlung aus dem 18. Jahrhundert promoviert. Von 2002 bis 2004 war er dort wissenschaftlicher Mitarbeiter im interdisziplinären Forschungsprojekt »eNoteHistory«. 1998 gründete er mit Tobias Schwinger in seiner Heimatstadt Beeskow den ortus musikverlag, in dem er als Herausgeber und Lektor vor allem Erstveröffentlichungen von Musik des 17. und 18. Jahrhunderts betreut. Als Kirchenmusiker im Nebenamt hat er eine besondere Affinität zur Orgel.

TOBIAS SCHWINGER

geboren 1966 in Dresden, studierte Musikwissenschaft und Philosophie in Halle (Saale) und Berlin. 2003 promovierte er zum Thema »Die Sammlung Thulemeier in der Staatsbibliothek zu Berlin Preußischer Kulturbesitz« an der Universität Rostock. Dort war er von 2002 bis 2004 als wissenschaftlicher Mitarbeiter im interdisziplinären Forschungsprojekt »eNoteHistory« tätig. Von 2006 bis 2018 arbeitete er an der Musikabteilung der Staatsbibliothek zu Berlin Preußischer Kulturbesitz, zunächst im Rahmen der Erschließung des Musikarchivs der Sing-Akademie zu Berlin, später im »Kompetenzzentrum Forschung und Information Musik«, sämtlich Projekte der Deutschen Forschungsgemeinschaft. Zusammen mit Ekkehard Krüger gründete er 1998 den ortus musikverlag.

IMPRESSUM

Dieses Buch erscheint in Zusammenarbeit mit der Staatsoper Unter den Linden, Berlin, im Carl Hanser Verlag, München.

1. Auflage 2020
© 2020 Carl Hanser Verlag GmbH & Co. KG, München
Alle Rechte vorbehalten

REDAKTION Detlef Giese und Daniel Schreiber
UMSCHLAG, GESTALTUNG UND SATZ Herburg Weiland GmbH, München
LITHOGRAFIE Fotosatz Amann GmbH & Co. KG, Memmingen
DRUCK UND BINDUNG CPI books GmbH, Leck

ISBN 978-3-446-26741-1
Printed in Germany